KB172119

세상을 바꾼
성평등 판결

사법정의와 여성 4

세상을 바꾼 성평등 판결

초판 1쇄 발행 · 2020년 2월 25일
초판 2쇄 발행 · 2020년 8월 10일

지은이 · 민주사회를 위한 변호사모임 여성인권위원회
펴낸이 · 한봉숙
펴낸곳 · 푸른사상사

주간 · 맹문재 | 편집 · 지순이 | 교정 · 김수란
등록 · 1999년 7월 8일 제2-2876호
주소 · 경기도 파주시 회동길 337-16
대표전화 · 031) 955-9111-2 | 팩시밀리 · 031) 955-9114
이메일 · prun21c@hanmail.net
홈페이지 · http://www.prun21c.com

ⓒ 민주사회를 위한 변호사모임 여성인권위원회, 2020

ISBN 979-11-308-1564-0 93360
값 22,000원

저자와의 합의에 의해 인지는 생략합니다.
이 도서의 전부 또는 일부 내용을 재사용하려면 사전에 저작권자와 푸른사상사의 서면
에 의한 동의를 받아야 합니다.
이 도서의 국립중앙도서관 출판예정도서목록(CIP)은 서지정보유통지원시스템 홈페이지
(http://seoji.nl.go.kr)와 국가자료종합목록 구축시스템(http://kolis-net.nl.go.kr)에서 이
용하실 수 있습니다. (CIP제어번호 : CIP2020006596)

여성학 총서 18

사법정의와 여성 4

세상을 바꾼
성평등 판결

—

민주사회를 위한 변호사모임
여성인권위원회

푸른사상
PRUNSASANG

법은 과연 여성에게 평등한가?

관심을 덜 받는 분야의 꾸준한 기록은 쉽지 않지만 중요하고 의미 있는 일입니다. 2006년 '법은 과연 여성에게 평등한가?'라는 질문을 던지며 시작된 판결 분석 작업은 2020년 오늘도 여전히 유효합니다. 여기에 더해, '법은 과연 여성에게 정의로운가?', '법은 과연 여성에 대한 차별을 시정해왔는가?', '법은 과연 여성에 대한 폭력을 줄여왔는가?'에 대한 답변도 쉽지 않습니다.

그런데 질문만 던질 수 없어, 우리는 법이 여성에게 평등하고 정의롭게 적용되도록 고군분투해왔습니다. 때로는 법을 바꾸고, 새롭게 만들어서 정의와 평등이 실현될 수 있기를 바라기도 했습니다. 여기서 '우리'는 용기 있게 자신의 목소리를 내고 꿋꿋하게 함께해준 당사자들, 인권·젠더 감수성으로 변호사들을 일깨워주는 활동가들, 민변 여성인권위원회 위원들 그리고 늘 응원해주고 지지해준 많은 사람들입니다. 이런 우리의 연대와 용기, 결기와 배려가 있었기에 견고하기만 한 차별, 폭력, 부정의에 조금씩 균열을 낼 수 있었습니다.

'연대와 배려'. 언제 들어도 기분 좋은 말입니다. 우리의 활동, 그리고 우리가 만든 이 책은 우리 위원들의 연대와 배려로 더 많은 사람들을 만날 준비를 하고 있습니다. 지금까지 세 권의 책을 발간하면서 쌓은 판례 선정과 집필 경험이 더 많은 사람들에게 '법은 여성들에게 어떻게 적용되고 있는지'를 알리고 토론할 수 있는 기회를 제공하기를 바랍니다.

네 번째 발간하는 이번 책에서는 2015년도부터 2018년도까지(낙태죄에 관한 헌법재판소 2019.4.11. 결정 포함) 나온 판례 중 14개를 선정하여 분석하고 평가하였습니다. 우리 위원들이 직접 대리인이 되어 진행한 사건도 있지만 그렇지 않은 사건 중에서도 함께 보면 좋은 판례들을 선정하였습니다. 이 책에서 이루어진 분석과 평가는 절대적이지 않지만, 판례를 보는 데 길라잡이 역할을 할 것입니다.

민변이 창립되던 1988년에는 여성회원이 1명밖에 없었고, 10년이 지난 1999년에야 그 숫자가 10명을 넘어 2000년 여성위원회가 출범하였습니다. 금년 5월이면 20주년을 맞이하는 민변 여성인권위원회는 이제는 200명이 넘는 회원들이 가족법, 여성에 대한 폭력, 여성노동 문제 등을 함께 고민하며 연구하며 법이 여성에게 평등하고 정의로울 수 있도록, 여성에 대한 차별과 폭력을 멈추게 할 수 있도록 노력하고 있습니다.

이 책이 출판되기까지도 우리의 연대와 배려는 빛났습니다. 판례를 선정하고 집필하고 출판할 때까지 많은 위원들이 참여하였고, 바쁜 업무 중에도 멋진 책으로 출간될 수 있게 준비하고 독려해주었습니다. 집필자와 감수자 특히 출판준비팀의 오현희 팀장, 김태선 교수, 이지선, 천지선, 강보경, 강성윤, 신고은, 김수빈 변호사와 장길완 간사에게 감사의 마음을 전합니다. 그리고 이 책을 기꺼이 출판해주신 푸른사상사의 한봉숙 대표님과 직원들께 감사드립니다. 항상 여성인권위원회의 활동을 응원하고 이 책이 출판될 수 있도록 지원해준 민주사회를 위한 변호사모임에도 진심으로 감사 인사를 드립니다.

2020년 2월
민주사회를 위한 변호사모임
전 여성인권위원장 위은진

세상을 바꾼 성평등 판결

6

여성에게 사법정의는 얼마나 가까이 와 있는가

이 책에 실린 글 열네 편은 2015년부터 2018년 사이에 선고된 판결과 이 책을 준비하는 동안 선고된 2019년 낙태죄 헌법불합치 결정을 다룹니다. 무수한 젠더법의 이슈를 모두 망라하지는 못했지만, 민변 여성인권위원회가 관심을 기울여온 여성 노동, 가족법, 젠더 기반 폭력의 이슈를 중심으로 하되, 법률가만이 아니라 시민이라면 모두 다 같이 되짚어볼 만한 의미 있는 판결을 선정하려고 노력했습니다.

여성은 노동하는 존재입니다. '어떤 여성 노동자가 노동법상의 근로자로 보호받는가'라는 오래된 노동법의 질문(안현지의 「야쿠르트 판매원은 근로자인가, 아닌가」)과 '우리 법은 감정노동을 알고 있는가'와 같은 새로운 질문(이종희의 「감정노동자를 보호하라」)을 다룬 두 편의 글을 싣습니다. 오래된 질문과 새로운 질문 모두 야쿠르트 판매원, 텔레마케터, 백화점 위탁판매원, 고객상담원과 같이 여성이 집중된 직종에서 제기되었다는 것에 주목해봅니다. 또, 산업재해라는 특수한 국면에서의 법률문제를 다룬 두 편의 글(천지선의 「반도체 산업 여성 노동자의 난소암·유방암은 직업병인가」, 강을영의 「산업재해로 인한 태아의 건강손상, 보상받을 수 있을까」)과 거의 모든 여성 노동자가 일상적으로 맞닥뜨린다고 해도 과언이 아닐 직장 내 성희롱에 관한 한 편의 글(이종희의「직장 내 성희롱과 2차 피해, 사용자의 책임은 무엇인가」)이 '여성 노동자는 일터에서 평등하고 안전하게 일하고 있는가'라는 질문으로 여러분을 이끌 것입니다.

여성은 임신하고 출산할 수 있다는 데에서 비롯된 몇 가지 문제를 다음의 글에서 다룹니다. 형법의 낙태죄 헌법불합치 결정을 분석한 천지선의「여성의 임신종결은 처벌받아야 하는가」는 헌법재판소 결정의 의의를 정리하고 재생산권을 보장할 수 있는 향후 입법 방향에 대해서 제언합니다. 김연주의「아동성폭력 피해자가 출산 경력을 알리지 않은 것은 혼인취소 사유인가」는 국제결혼으로 이주한 여성이 과거 아동기에 성폭력 피해로 임신하고 출산한 사실을 혼인 시 한국인 배우자에게 미리 알리지 않으면 혼인취소 사유가 되는지 여부가 문제된 사건에서 혼인법 고유의 쟁점을 아동 성폭력 피해자 보호라는 아동 인권과 여성 인권의 관점으로 두루 분석합니다. 최현정의「이혼 직후 출산한 아이의 아버지는 누구인가」는 친생추정에 관한 민법 제844조 제2항의 헌법불합치 결정을 분석하고 그 후 개정된 법률을 소개합니다. 한편, 출산 이후 양육 문제와 관련하여, 박지현은「육아에서 국가의 책임은 무엇인가」라는 제목으로, 해외 체류 기간 동안 받은 육아휴직급여를 부정수급으로 보아 육아휴직급여의 수급요건을 한정적으로 해석한 법원의 판결과 보육료와 양육비 지급 대상을 재외국민의 자녀에게까지 확대한 헌법재판소 결정을 대비하여 소개합니다.

성폭력 피해 생존자의 말하기인 '미투 운동'은 법원의 판결에도 분명한 흔적을 남겼습니다. 전민경의「'성인지 감수성'의 잣대로 성희롱·성폭행을 판단하다」와 한주현의「'피해자다움'이란 무엇인가」 두 편의 글이 젠더 기반 폭력 판례의 새 장을 연 판결들을 분석합니다.

『사법정의와 여성』 1권이 나왔을 때부터 줄곧 다루었던, 그만큼 중요한 주제인 두 편의 글이 있습니다. 강성윤의 「간통죄는 여성을 보호하는가 억압하는가」는 다섯 번이나 헌법재판소 문을 두드린 끝에 2015년 선고된 간통죄 위헌 결정에 관하여, 오수진의 「죽여야 사는 여성들, 어떻게 볼 것인가」는 가정폭력 피해자의 정당방위가 쟁점이 된 판결을 분석합니다.

마지막으로 오현희의 「대한민국은 미군 기지촌의 포주였는가」는 미군 기지촌 '위안부'의 존재를 사실로 인정하고 대한민국이 기지촌에서 미군 성매매를 조장하고 정당화한 불법행위책임을 최초로 인정한 판결을 분석합니다.

미국의 법학자 캐서린 매키넌은 "여성의 현실에 관해 진실을 이야기하는 것"이 여성인권 소송에 임하는 자신의 전략이라고 말합니다. 이 전략이 성공하기 위한 전제는 그 진실을 진지하게 청취하고 제대로 된 대답을 하는 법원의 존재입니다. 이 책에 실은 글은 한국의 법원이 법정에서 여성의 진실을 듣고 현재 어떠한 대답을 내놓고 있는지 풀어놓은 것이라 할 수 있겠습니다. 이제 독자 여러분이 직접 첫 장을 열고, 법원이 어떤 대답을 하고 있는지, 여성에게 사법정의는 얼마나 가까이 와 있는지 확인할 차례입니다.

2020년 2월
민주사회를 위한 변호사모임
여성인권위원장 차혜령

| 차례

세상을 바꾼 성평등 판결

반도체 산업 여성 노동자의
난소암·유방암은 직업병인가

천지선

 대상 판결 서울고등법원 2017.7.7. 선고 2016누38282 판결(난소암 판결)

관여 법관 : 김흥준(재판장), 김성수, 원익선

1심 서울행정법원 2016.1.28. 선고 2013구합53677 판결

관여 법관 : 박연욱(재판장), 민병국, 박혜영

1, 2심 모두 원고 승소, 피고 상고 포기로 확정되었다.

서울행정법원 2017.8.10. 선고 2015구단56048 판결(유방암1 판결)

관여 법관 : 심홍걸. 피고 항소 포기로 확정되었다.

서울행정법원 2018.12.19. 선고 2016구단64275 판결(유방암2 판결)

관여 법관 : 하석찬. 피고 항소 포기로 확정되었다.

천지선 낙태죄로 기소된 여성 변호인단, 삼성 반도체 유방암 사건(유방암2) 대리인, 낙태죄 위헌소원 대리인단, 이주여성법률지원단이었고, 현재 민변 여성인권위원회 내 가족법연구팀, 여성노동과 빈곤팀, 재생산건강권팀, 미군 기지촌 위안부 국가배상청구 대리인단에서 활동하고 있습니다.

반도체 산업 여성 노동자의
난소암·유방암은 직업병인가

I. 시작하며

법원은 여성의 업무상 재해를 판단함에 있어 성차를 고려하지 않고, 그것이 문제라는 의식조차 없어 보인다. 존경하는 선배님들은 여성의 업무상 재해에 대해 아래와 같이 정리하였다.

> 극단적으로 말하자면 아직 우리 법원은 업무상 재해 사건에서 젠더 이슈, 그러니까 성차를 어떻게 반영해야 하는지, 여성의 신체적·사회적 특수성을 어떻게 반영해야 하는지에 관한 원칙적인 판시를 한 적이 한 번도 없다.
> 그러나 피재자가 여성 근로자인 업무상 재해 사례 중, ① 여성의 신체적·생리적 특수성(성차)이 반영되었거나, ② 여성 전용(집중) 직군의 작업환경 및 작업자세·동작의 특성이 쟁점이 되었거나, ③ 여성 근로자의 심리적 또는 사회·경제적 특수성이 언급되는 판결이 있다면, 이를 여성 근로자 업무상 재해 관련 판결로 보아 분석하는 것은 상

당한 의미가 있다.[1]

반도체 생산공장의 오퍼레이터는 여성 전용 직군으로 알려져 있다. 비슷한 일을 하는 남성 노동자가 있지만, 소수이며 다른 직군으로 별도 채용하고 대우도 다른 것으로 안다. 여기서 소개할 세 판결들은 여성 전용 직군인 반도체 생산공장 오퍼레이터로 일했던 여성 노동자에게 발생한 여성암인 난소암(서울고등법원 2017.7.7. 선고 2016누38282 판결, 이하 '난소암 판결')과 유방암(서울행정법원 2017.8.10. 선고 2015구단56048 판결, 이하 '유방암1 판결', 서울행정법원 2018.12.19. 선고 2016구단64275 판결, 이하 '유방암2 판결')을 업무상 질병으로 인정한 판결이다. 법원이 반도체 노동자의 여성암을 업무상 재해로 인정한 것은 이 3건이 전부이다. 위 선배님들의 분류를 따르자면 이 판결들은 ① 여성 생식기인 난소와 유방에 발생한 암에 관한 판결이므로 여성의 신체적·생리적 특수성이 반영된 판결이면서, 이에 더하여 ② 여성 전용 직군의 작업환경의 특성이 쟁점이 된 판결에 해당한다. 이것이 이 판결들을 선정한 일차적인 이유이다.

하지만 이 판결들을 선정한 또 하나의 이유는 현재 대한민국 수출 1등 공신이라는 반도체 산업이 사실은 수많은 여성 노동자의 노력과 헌신과 희생 위에 세워졌다는 것을 알리고 싶었기 때문이다. '반도체' 하면 S전자나, 그 기업의 대표이사와 같은 으리으리한 이름들을 떠올린다. 하지만 실제 반도체를 직접 생산해온 상당수의 사람은 고등학교 3학년 또는

1   박선영·박복순·송효진·구미영·김진·양승엽, 『여성·가족 관련 판례에 대한 성인지적분석 및 입법과제1 여성노동분야』, 한국여성정책연구원, 2012, 263쪽.

고등학교를 갓 졸업한 10~20대 여성 노동자들이었다. 여기서 소개하는 세 판결 중 난소암 판결과 유방암2 판결의 원고도 고3 때 S사에 입사하여 각 6년 2개월, 7년을 근무하였고, 각 만 24세에 난소암, 만 38세에 유방암 진단을 받았다. 유방암1 판결의 원고는 1955년생으로 20대 초반 모토로라 주식회사에서 생산직 직원으로, 2002년 8월부터 2006년 9월까지 약 4년 1개월간 반도체 소자 제조 노동자로, 2006년 9월부터 S사 하청업체인 Q사에서 5년 2개월을 근무하였고, 2011년 유방암 진단을 받았다.

또한 노동자가 자신의 질병을 업무상 질병으로 인정받기는 여전히 쉽지 않지만, 인정 사례가 늘어나고 있다는 점은 고무적이다. 이 사례들을 통해 자신의 질병을 업무상 질병으로 인지하고, 희망을 얻는 사람이 있기를 바란다.

Ⅱ. 대상판결

법원에서 업무상 질병인지를 판단하는 첫 번째 기준은 산업재해보상보험법 제37조 제1항 제2호이다.[2]

---

2   산업재해보상보험법 제37조 제1항 제2호는 2019년 1월 15일 아래와 같이 개정되어 2019년 7월 16일부터 시행된다. 위 법률은 판결 당시 적용되었던 것이다.
    2. 업무상 질병
    가. 업무 수행 과정에서 물리적 인자(因子), 화학물질, 분진, 병원체, 신체에 부담을 주는 업무 등 근로자의 건강에 장해를 일으킬 수 있는 요인을 취급하거나 그에 노출되어 발생한 질병
    나. 업무상 부상이 원인이 되어 발생한 질병
    다. 「근로기준법」 제76조의2에 따른 직장 내 괴롭힘, 고객의 폭언 등으로 인한

산업재해보상보험법 제37조(업무상의 재해의 인정 기준) ① 근로자가 다음 각 호의 어느 하나에 해당하는 사유로 부상·질병 또는 장해가 발생하거나 사망하면 업무상의 재해로 본다. 다만, 업무와 재해 사이에 상당인과관계(相當因果關係)가 없는 경우에는 그러하지 아니하다.

2. 업무상 질병

가. 업무 수행 과정에서 물리적 인자(因子), 화학물질, 분진, 병원체, 신체에 부담을 주는 업무 등 근로자의 건강에 장해를 일으킬 수 있는 요인을 취급하거나 그에 노출되어 발생한 질병

나. 업무상 부상이 원인이 되어 발생한 질병

다. 그 밖에 업무와 관련하여 발생한 질병

실제로 사건을 진행하면서 문제가 되는 쟁점은 "업무와 재해 사이에 상당인과관계"가 있는지 여부이다. 이에 대해 대법원의 일관된 판례(법해석)는 다음과 같다.

산업재해보상보험법상의 '업무상의 재해'라고 함은 근로자의 업무 수행 중 그 업무에 기인하여 발생한 질병을 의미하는 것이므로 업무와 질병 사이에 인과관계가 있어야 하지만, 질병의 주된 발생원인이 업무 수행과 직접적인 관계가 없더라도 적어도 업무상의 과로나 스트레스가 질병의 주된 발생원인에 겹쳐서 질병을 유발 또는 악화시켰다면 그 사이에 인과관계가 있다고 보아야 하고, 그 인과관계는 반드시 의학적·자연과학적으로 명백히 증명하여야 하는 것이 아니라 제반사정으로 고려할 때 업무와 질병사이에 상당인과관계가 있다고 추단되면 증명된 것으로 보아야 하고, 또한 평소에 정상적인 근무가 가능한 기초질병이나 기존질병이 직무의 과중 등이 원인이

업무상 정신적 스트레스가 원인이 되어 발생한 질병

라. 그 밖에 업무와 관련하여 발생한 질병

되어 자연적인 진행속도 이상으로 급격하게 악화된 때에도 그 증명이 된 경우에 포함되는 것이고, 이때 업무와 질병 또는 사망과의 인과관계 유무는 보통 평균인이 아니라 당해 근로자의 건강과 신체조건을 기준으로 판단하여야 한다(대법원 2010.1.28. 선고 2009두5794 판결, 대법원 1999.2.9. 선고 98두16873 판결, 대법원 2008.2.28. 선고 2006두17956 판결 등).

대법원 판례의 요지는 ① 상당인과관계는 의학적·자연과학적으로 명백히 증명하여야 하는 것이 아니라 규범적·법률적 판단이고, ② 발병뿐아니라 악화도 포함되며, ③ 기준이 보통 평균인이나 해당 업무에 종사하는 노동자가 아니라 바로 그 질병에 걸린 노동자의 건강과 신체조건을 기준으로 판단하여야 한다는 것이다. 다시 말해 원래 그 노동자가 그 질병에 취약하게 태어났거나 자랐다고 해도 이를 이유로 업무상 질병을 부정하면 안 된다는 의미이다.

대법원의 판례가 이러함에도 불구하고 실제 업무상 질병 여부를 판단하는 근로복지공단은 노동자에게 사실상 의학적·과학적 증명을 요구하거나, 노동자 본인을 기준으로 해야 함에도 불구하고 기존의 병력이나 가족력 등을 문제 삼아 이를 불인정하곤 하였다. 의학적·과학적으로 업무와 질병 사이의 인과관계가 증명되려면 많은 연구가 축적되어야 하므로 오랜 시간이 걸린다. 반도체 산업은 비교적 새로운 산업이고 특히 빨리 변화하는 산업이어서 기존의 근로복지공단의 기준에 따르면 반도체 노동자들의 모든 업무상 질병은 인정될 수 없는 것이나 마찬가지였다.

난소암 판결은 다음과 같이 의학적 증명이 어려움을 이유로 업무상 질병임을 부정하는 것이 산업재해보상보험제도의 목적에 맞지 않으며, 오히려 노동자에게 책임 없는 사유를 이유로 사실관계가 제대로 규명되지 않은 사정에 관하여는 증명 책임에 있어 열악한 지위에 있는 노동자를 불리하게 취급하는 것은 형평에 어긋나고, 본래 대법원의 해석대로 의학적·과학적 판단이 아닌 규범적 판단에 의해야 함을 명시하였다.[3]

　　근로자의 질병에 관한 임상적 자료가 충분하지 않고, 작업현장에서 발병원인으로 거론되는 요소들과 근로자의 질병 사이의 인과관계를 의학적·자연과학적으로 규명하는 것이 현재의 의학적·자연과학적 기술 수준이나 성과에 비추어 불가능하거나 현저히 곤란한 경우라고 하더라도 그러한 사정만으로 만연히 상당인과관계를 부정하는 것은 타당하지 않다(서울고등법원 2017.7.7. 선고 2016누38282 판결).

　　여기에 근로자의 업무상 재해를 신속하고 공정하게 보상함으로써 근로자 보호에 이바지함을 목적으로 하는 산업재해보상보험제도의 취지와 손해로 인한 특수한 위험을 적절하게 분산시켜 공적 부조를 도모하고자 하는 사회보험제도의 목적 및 사회형평의 관념 등을 고려하여 그 인과관계의 유무를 규범적 관점에서 판단하여야 한다(서울고등법원 2017.7.7. 선고 2016누38282 판결).

　　작업장에서 발생할 수 있는 산업안전보건상의 위험을 사업주나 근로자 어느 일방에게 전가하는 것이 아니라 공적(公的) 보험을 통해 산업과 사회 전체가 이를 분담하도록 하는 산업재해보상보험제도의 목적 등에 비추어 보면, 근로자에게 책임 없는 사유로 사실관계가 제대로 규명되지 않은 사정에 관하여는 증명책임에 있어 열악한 지위에 있는 근로자를 불리하게 취급하는 것은 형평에 어긋난다(서울고등법원 2017.7.7. 선고 2016누38282 판결).

유방암1 판결도 산업재해보상보험제도의 목적을 강조하며, 노동자에게 책임 없는 사유로 제대로 규명되지 않은 사정에 관하여 증명책임에

3　위와 같은 내용의 판결이 위 판결이 처음인 것은 아니다. 같은 취지의 내용이 반도체 노동자의 업무상 질병 인정 판결에서 반복적으로 명시되었다.

있어 열악한 지위에 있는 노동자에게 불리하게 인정할 수 없다고 명시하였다.

　작업장에서 발생할 수 있는 산업안전보건상의 위험을 사업주나 근로자 어느 일방에게 전가하는 것이 아니라 공적 보험을 통해 산업과 사회 전체가 이를 분담하도록 하는 산업재해보상보험제도의 목적 등에 비추어 보면, 근로자에게 책임 없는 사유로 사실관계가 제대로 규명되지 않은 사정에 관하여는 증명책임에 있어 열악한 지위에 있는 근로자에게 불리하게 인정할 수는 없다(서울행정법원 2017.8.10. 선고 2015구단56048 판결).

　이러한 반도체 노동자의 업무상 질병에 관한 판결이 반복되었고, 마침내 대법원은 마찬가지로 고3 때 S사에 입사하여 근무한 후 다발성 경화증에 걸린 여성 노동자에 대한 2017년 8월 29일 2015두3867판결에서 마찬가지로 다음과 같이 판결한다.

　가. 산업재해보상보험제도는 작업장에서 발생할 수 있는 산업안전보건상의 위험을 사업주나 근로자 어느 일방에 전가하는 것이 아니라 공적(公的) 보험을 통해서 산업과 사회 전체가 이를 분담하고자 하는 목적을 가진다. 이 제도는 간접적으로 근로자의 열악한 작업환경이 개선되도록 하는 유인으로 작용하고, 궁극적으로 경제·산업 발전 과정에서 소외될 수 있는 근로자의 안전과 건강을 위한 최소한의 사회적 안전망을 제공함으로써 사회 전체의 갈등과 비용을 줄여 안정적으로 산업의 발전과 경제성장에 기여하고 있다.
　전통적인 산업분야에서는 산업재해 발생의 원인이 어느 정도 규명되어 있다. 그러나 첨단산업 분야에서는 작업현장에서 생길 수 있는 이른바 '직업병'에 대한 경험적·이론적 연구결과가 없거나 상대적으로 부족한 경우가 많다. 첨단산업은 발전 속도가 매우 빨라 작업장에서 사용되는 화학물질이 빈번히 바뀌고 화학물질 그 자체나 작업방식이 영업비밀에 해당하는 경우도 많다. 이러한 경우 산업재해의 존부와 발생 원인을 사후적으로 찾아내기가 쉽지 않다.

사업장이 개별적인 화학물질의 사용에 관한 법령상 기준을 벗어나지 않더라도, 그것만으로 안전하다고 단정할 수도 없다. 작업현장에서 사용되는 각종 화학물질에서 유해한 부산물이 나오고 근로자가 이러한 화학물질 등에 복합적으로 노출되어 원인이 뚜렷하게 규명되지 않은 질병에 걸릴 위험이 있는데, 이러한 위험을 미리 방지할 정도로 법령상 규제 기준이 마련되지 못할 수 있기 때문이다. 또한 첨단산업 분야의 경우 수많은 유해화학물질로부터 근로자를 보호하기 위한 안전대책이나 교육 역시 불충분할 수 있다.

이러한 점을 감안하여 사회보장제도로 사회적 안전망의 사각지대에 대한 보호를 강화함과 동시에 규범적 차원에서 당사자들 사이의 이해관계를 조정하고 갈등을 해소할 필요가 있다. 산업재해보상보험제도는 무과실 책임을 전제로 한 것으로 기업 등 사업자의 과실 유무를 묻지 않고 산업재해에 대한 보상을 하되, 사회 전체가 비용을 분담하도록 한다. 산업사회가 원활하게 유지·발전하도록 하는 윤활유와 같은 이러한 기능은 첨단산업 분야에서 더욱 중요한 의미를 갖는다. 첨단산업은 불확실한 위험을 감수해야 하는 상황에 부딪칠 수도 있는데, 그러한 위험을 대비하는 보험은 근로자의 희생을 보상하면서도 첨단산업의 발전을 장려하는 기능이 있기 때문이다. 위와 같은 이해관계 조정 등의 필요성과 산업재해보상보험의 사회적 기능은 산업재해보상보험의 지급 여부에 결정적인 요건으로 작용하는 인과관계를 판단하는 과정에서 규범적으로 조화롭게 반영되어야 한다.

나. 산업재해보상보험법 제5조 제1호가 정하는 업무상의 사유에 따른 질병으로 인정하려면 업무와 질병 사이에 인과관계가 있어야 하고 그 증명책임은 원칙적으로 근로자측에 있다. 여기에서 말하는 인과관계는 반드시 의학적·자연과학적으로 명백히 증명되어야 하는 것은 아니고 법적·규범적 관점에서 상당인과관계가 인정되면 그 증명이 있다고 보아야 한다. 산업재해의 발생원인에 관한 직접적인 증거가 없더라도 근로자의 취업 당시 건강상태, 질병의 원인, 작업장에 발병원인이 될 만한 물질이 있었는지 여부, 발

병원인물질이 있는 작업장에서 근무한 기간 등의 여러 사정을 고려하여 경험칙과 사회통념에 따라 합리적인 추론을 통하여 인과관계를 인정할 수 있다. 이때 업무와 질병 사이의 인과관계는 사회 평균인이 아니라 질병이 생긴 근로자의 건강과 신체조건을 기준으로 판단하여야 한다(대법원 2017.8.29 선고 2015두3867 판결).

유해화학물질의 측정수치가 작업환경노출 허용기준 범위 안에 있다고 할지라도 근로자가 유해화학물질에 저농도로 장기간 노출될 경우에는 건강상 장애를 초래할 가능성이 있다. 뿐만 아니라, 작업환경노출 허용기준은 단일물질에 노출됨을 전제로 하는 것인데, 여러 유해화학물질에 복합적으로 노출되거나 주·야간 교대근무를 하는 작업환경의 유해요소까지 복합적으로 작용하는 경우 유해요소들이 서로 상승작용을 일으켜 질병 발생의 위험이 높아질 수 있다(대법원 2017.8.29 선고 2015두3867 판결)

이처럼 대법원은 산업재해보상보험제도의 목적과 첨단산업 분야의 업무상 질병의 인정이 어려움을 명시하면서, 법령상 규제 기준이 마련되지 못할 수 있기 때문에 사업장이 개별적인 화학물질의 사용에 관한 법령상 기준을 벗어나지 않더라도 안전하다고 단정할 수 없으며, 산업재해보상보험법상 업무와 질병 사이의 인과관계가 법적·규범적 관점에서 상당인과관계이며 그 기준은 질병이 생긴 노동자임을 명백히 하고, 유해화학물질에 저농도로 장기간 노출될 경우에는 건강상 장애를 초래할 가능성이 있으며, 여러 유해요소에 복합적으로 노출된 경우 유해요소들이 서로 상승작용을 일으켜 질병 발생의 위험이 높아질 수 있다고 인정하는 등 첨단산업 분야 업무상 질병의 인정 기준을 제시하였다.

유방암2 판결은 위 대법원 판결 이후 선고되었기 때문에, 산업재해보상보험제도의 목적의 고려, 상당인과관계(법적·규범적 증명)의 법리, 근로자 본인 기준의 법리, 소위 추정의 원칙, 유해요인 복합노출의 상가작용에 관한 법리를 판결에서 밝히되, 이를 구체화시켰다.

　한편, 첨단산업 분야에서 유해 화학물질로 인한 질병에 대해 산업재해보상보험으로 근로자를 보호할 현실적 · 규범적 이유가 있는 점, 산업재해보상보험제도의 목적과 기능 등을 종합적으로 고려할 때, 근로자에게 발병한 질병이 이른바 '희귀질환' 또는 첨단산업 현장에서 새롭게 발생하는 유형의 질환에 해당하고, 그에 관한 연구결과가 충분하지 않아 발병원인으로 의심되는 요소들과 근로자의 질병 사이에 인과관계를 명확하게 규명하는 것이 현재의 의학과 자연과학 수준에서 곤란하더라도 그것만으로 인과관계를 쉽사리 부정할 수 없다. 특히, 희귀질환의 평균 유병률이나 연령별 평균 유병률에 비해 특정 산업 종사자군이나 특정 사업장에서 그 질환의 발병률 또는 일정 연령대의 발병률이 높거나, 사업주의 협조 거부 또는 관련 행정청의 조사 거부나 지연 등으로 그 질환에 영향을 미칠 수 있는 작업환경상 유해요소들의 종류와 노출 정도를 구체적으로 특정할 수 없었다는 등의 특별한 사정이 인정된다면, 이는 상당인과관계를 인정하는 단계에서 근로자에게 유리한 간접사실로 고려할 수 있다(서울행정법원 2018.12.19. 선고 2016구단64275 판결).

　다양한 종류의 유해인자에 복합적으로 노출되었을 경우 개별 유해요인들이 특정 질환의 발병이나 악화에 복합적 · 누적적으로 작용할 가능성을 간과해서는 안 된다. 그러나 산보연은 원고가 이 사건 사업장에서 근무하는 동안 전리방사선, 산화에틸렌, 이소프로필 알코올(IPA), 유기용제 및 극저주파 전자기장 등에 복합적으로 노출되었던 것으로 보이고 이 사건 역학조사 보고서에서 복합노출을 고려하여야 함을 명시적으로 인정하였음에도 과학적 지식의 한계를 이유로 각각의 개별 요인들을 기준으로 업무관련성을 평가하여 결국 이 사건 상병의 업무관련성이 낮다는 결론을 내렸는데, 이는 대법원의 판례 법리에 명백히 반하는 것이고, 이 법원의 진료기록 감정의(직업환경의학과)의 의학적 소견과도 배치된다(서울행정법원 2018.12.19. 선고 2016구단64275 판결).

이에 더하여 유방암2 판결은 몇 가지 의의를 더 가진다. 유방암 발병을 이유로 원고가 근무한 S사·협력사 퇴직자 보상제도에 따라 보상을 신청한 노동자는 18명이 더 있었는데, 이들의 발병 연령을 들어 '반도체 공장에서의 업무가 유방암 발병을 유발 내지는 촉진하는 요인일 수 있다는 추론을 가능하게 함'을 명시하였다. 또한 이 판결은 가족력 등 유전적 원인이 있는지 의심되는 반도체 노동자의 질병을 업무상 질병으로 인정한 최초의 판결이며, 직업성 암의 잠복기를 고려한 판결이다. 원고의 유방암은 퇴사 13년 8개월 후 발병하였다.

유방암이 발병한 연령이 모두 40대 미만이었는바, 2012년도 한국인 여성의 유방암 발병 비율이 40대 및 50대의 연령층에서 가장 높다는 통계 조사의 결과를 고려하면, 이 사건 사업장 등 반도체 공장에서의 업무가 유방암 발병을 유발 내지는 촉진하는 요인일 수 있다는 추론을 가능하게 한다(서울행정법원 2018.12.19. 선고 2016구단64275 판결).

원고의 셋째 언니가 유방암의 진단을 받은 사실이 있어 원고에게 유방암의 가족력 등 유전적 원인이 있는지 여부가 의심되나, 산보연의 이 사건 역학조사 결과에 의하면, 원고에 대한 BRCA 유전자 돌연변이 검사 결과 원고에게 BRCA1 유전자의 돌연변이가 있는 것으로는 나타났지만, 이는 유방암 발병과의 관련성이 아직 명확하게 밝혀지지 않은 돌연변이로 조사되었으므로, 원고에게 가족력 등 이 사건 상병을 유발시킬 유전적 원인이 있다고는 단정할 수 없다. 더욱이 앞서 본 바와 같이 유방암의 발병 원인 중 유전적 원인의 비율은 25% 정도이고, 대부분의 유방암은 비유전적 원인에 의하여 발병되는 것으로 알려져 있다(서울행정법원 2018.12.19. 선고 2016구단64275 판결).

Ⅲ. 대상판결에 대한 검토

비록 젠더 이슈, 여성의 신체적·사회적 특수성을 반영한 판단이 없는 것은 아쉽지만, 이 판결들은 여성 노동자들의 업무상 질병을 인정한 판결로 내용도 훌륭하다. 그래서 앞으로 더 나아졌으면 하는 방향에 대한 의견을 제시하며 이 글을 마치려 한다. 결론부터 말하자면 노동자가 업무상 질병을 좀 더 쉽고 빨리 인정받을 수 있기를 바란다.

먼저 증명책임의 완화 또는 재분배이다. 2018년 대만 대법원에서도 전자산업 노동자에 대한 의미 있는 판결이 나왔다. 대만 대법원은 RCA 판결에서 '화학물질 노출로 인한 대규모 직업병 사건에서 피해자가 유해물질(의 존재), 불법행위, 그런 행위들의 과정, 피해양상 등에 관하여 그 불법행위들과 자신이 입은 피해 사이의 관계를 합리적인 수준의 확률이 존재한다는 수준으로 증명할 수 있는 경우 피해자의 입증책임이 충족되었다.'고 보아 '책임이 없다는 판결을 받으려면, 그런 인과관계가 존재하지 않음을 피고가 증명하도록'하였다. 다른 체계를 가지고 있어 단순 비교는 어렵지만, 영국, 독일, 프랑스, 일본, 이탈리아, 캐나다 온타리오주, 스위스, 오스트리아 등도 직업병의 증거수집 등 조사 책임을 산재보험기관에 두거나 직업병 목록을 두고 이에 대해 법률상 추정의 원칙을 적용하는 등 여러 가지 방법으로 노동자의 증명책임을 완화하고 있다.[4]

대한민국의 경우 업무상 질병의 증명책임은 원칙적으로 원고인 산재를 당한 노동자가 지고 있다. 이는 동등한 힘을 가진 개인을 전제하는 근대 민사법의 원칙 때문인데, 노동자의 종속성, 현실적 경제력, 정보력을

---

4   근로복지연구원, 『Global Trends』 제21호, 2017.

고려하면 수정되어야 한다. 노동자의 현실을 고려하여 남녀고용평등과 일·가정 양립 지원에 관한 법률 제30조(입증책임)는 "이 법과 관련한 분쟁해결에서 입증책임은 사업주가 부담한다."고 하여 입증책임을 전환하고 있는데, 산업재해보상보험법에도 이러한 규정이 필요하다.

두 번째로 소송비용 부담의 완화이다. 민사소송법 제98조(소송비용부담의 원칙)는 "소송비용은 패소한 당사자가 부담한다."고 규정하여 소송비용을 패소자가 부담하되, 동법 제99조(원칙에 대한 예외)에 기해 그 예외를 인정하고 있다. 노동자들의 직업병 인정 소송뿐 아니라 공익 소송이라 불리는 많은 소송들은 새로운 주장을 하는 소송이기 때문에 그만큼 질 확률도 높다. 하지만 사회 전체를 고려할 때 꼭 필요한 소송이다. 많은 억울한 사람들이 패소 시 소송비용의 부담 때문에 소송을 포기하지 않도록 법원이 적극적으로 공익 소송에 대해 패소 시 소송비용을 덜어주는 해석이 가능하며 또 필요하다. 또한 입법부가 이를 명시하는 것도 방법이 될 수 있다.

마지막으로 시간상의 부담 완화이다. 세 사건 모두 업무상 질병임을 인정받았지만, 이를 위해 지난한 시간을 거쳐야 했다. 난소암 사건은 2013년에 시작하여 1심이 2016년 1월, 2심이 2017년 7월에 끝났다. 두 유방암 사건은 다행히 1심 확정되었지만, 각 2015년에 시작하여 2017년 8월, 2016년에 시작하여 2018년 12월에 끝났다. 이러한 시간상의 부담은 많은 노동자들이 산재 승인 시도조차 못 하게 하는 걸림돌 중 하나이다.

Ⅳ. 나가며

반도체 노동자의 건강과 인권 지킴이 반올림에 따르면, 2019년 3월 20일 현재 법원 또는 공단에서 난소암을 직업병으로 인정받은 전자산업 여성 노동자는 총 3명, 유방암은 총 6명이다. 추가로 6명의 여성 노동자가 2019년 3월 4일 유방암 산재신청을 하였다. 노동자가 안전한 환경에서 일을 하고, 일 때문에 아프면 치료받고 복귀할 수 있는 것은 노동자의 당연한 권리이다. 이들의 당연한 권리가 좀 더 쉽고 빨리, 그리고 많이 보장되기를, 더 나아가 젠더 이슈, 여성의 신체적·사회적 특수성을 반영한 판단이 나오기를 기대한다.

산업재해로 인한 태아의 건강손상, 보상받을 수 있을까

강을영

대상 판결 현재 대법원 2016두41071 사건으로 계류 중에 있습니다.

서울고등법원 2016.5.11. 선고 2015누31307 판결
관여 법관 김용빈(재판장), 김경환, 정승규

서울행정법원 2014.12.19. 선고 2014구단50654 판결
관여 법관 이상덕, 피고가 항소하였다.

강을영 여성인권위원회에서 활동하고 있으며 여성노동과 빈곤팀 팀장을 맡고 있습니다.

산업재해로 인한 태아의 건강손상,
보상받을 수 있을까

Ⅰ. 시작하며

모체 내에 있을 때 어머니의 노동환경으로 인해 건강에 손상을 입은 상태로 태어난 영아는 어머니가 노동자로서 적용받는 산업재해보상보험법을 근거로 보상을 받을 수 있을 것인가? 출산 이전의 태아는 모체로 인해 생명을 얻어 모체와 함께 생존하다가, 태어나면서 모체로부터 분리되어 독립적인 인격체가 되는 특성이 있다. 태아가 모체로부터 생명을 얻는 속성으로 인해 모체의 노동환경이 태아의 건강에 영향이 미칠 수 있다는 점은 사회통념상 일반인의 경험칙으로 추단할 수 있는 사실이다. 주류 회사나 담배 회사들이 지나친 음주 및 지나친 흡연에 대한 경고 문구에 기형아 출산의 위험을 경고해야 하는 공적인 의무를 지는 점에서도 이러한 사실은 쉽게 확인할 수 있다. 그러나 산업재해보상보험법이 이에 대해 명시적 규정을 두지 않았기에 법원으로 해석의 공이 넘겨져 있다.

우리 근로기준법 및 산업안전보건법 등 노동관계법은 임산부를 유해

노동환경이나 유해 노동조건으로부터 보호하기 위한 다수의 규정을 두고 있다. 이 규정은 임산부의 건강만이 아니라 태아의 건강까지 보호하려는 취지를 담고 있음이 자명하다. 임산부는 태아를 잉태한 여성 노동자이며, 임산부의 건강에 대한 특별한 보호 의무는 새로운 사회의 구성원인 태아가 건강하게 출생할 수 있도록 사회가 조력하는 의무로부터 나오는 것이다. 임산부 보호 법률의 취지와 목적에도 불구하고, 형식적으로 태아가 어머니의 유해한 노동환경에 노출되어 질병을 갖게 된 경우에 대해서는 명시적인 보호규정이 없다.

따라서 아이에 대한 보호 여부는 현재로서는 법원의 해석에 맡겨져 있다. 1심은 태아와 모체를 동일체로 보아 출생아의 산업재해를 인정한 반면 2심은 산업재해보상보험법상의 수급권자는 노동자로 규정하고 있다는 형식적인 근거를 들어 출생아의 질병에 대한 보호를 부정하였다. 현재 사건은 대법원에 계류 중으로 그 결과에 귀추가 주목되고 있다. '아이는 어디에서 오는가'라는 근원적인 질문과 산업재해보상보험법(이하 '산재보험법'이라 한다)의 목적 범위는 어디까지인가라는 법률의 문제, 법원은 형식적인 수급권자 규정에 얼마나 기속되어야 하는가라는 형식적인 문제 등이 과제이다.

이 글에서는 사건의 사실관계와 1심 및 2심 판결, 유사 쟁점을 둘러싼 다른 나라의 판결 사례, 국가인권위원회의 대법원 재판부에 대한 의견 제출 등을 살펴보며 이 사안의 의미를 검토해보고자 한다.

II. 대상판결

1. 사실관계

1) 사건의 개요 및 역학조사 결과

원고들은 4명의 간호사로 2002~2003년경 제주의료원에 입사했는데, 2009년 6월경~2009년 7월경 첫째 또는 둘째 아이를 임신한 후 2010년 3월경~2010년 4월경 선천성 심장질환(각 난원공개존, 심실중격결손, 폐동맥판막 폐쇄 및 심방중격결손, 동맥관개방)을 가진 아이를 출산한 근로자들이다.

이 사건에 대하여 제주의료원의 의뢰로 서울대 산학협력단 역학조사 보고서(2012.2.29.)가 제출되었고, 근로복지공단의 의뢰로 한국산업안전공단 산하 산업안전보건연구원의 역학조사(2013.3.) 결과가 제출되었다.

역학조사 결과보고에 의하면, 제주의료원에서 2009년과 2010년에 임신한 간호사 27명 중 9명이 유산하였다. 18명이 출산하였는데 이 중 14명이 정상아를 출산하였고, 4명이 선천성 심장질환아를 출산하였다. 2009년 우리나라 일반 인구 기준 유산율은 20.3%이며, 제주도 일반 인구 기준 유산율은 20.6%인데, 제주의료원의 유산율은 2009년 40%, 2010년 38.5%로 일반 기준을 상당히 상회하였다. 우리나라 일반 인구 기준 선천성 심장질환아 출산율은 2006년 3.147%, 제주도 일반 인구 기준 1.997%인 반면, 제주의료원의 경우 40%로, 우리나라 일반 인구 기준 10배에 이르렀다.

간호사들은 각 근무조별로 30분 내지 1시간씩 약품 분쇄 작업을 수행하였는데, 평균 300~500정을 분쇄하는 과정에 약품을 흡입한 것으로 추

산업재료로 인한 태아의 건강손상, 보상받을 수 있을까 강글영

정되었다. 약품은 미국 FDA 기준 X등급이 17종, D등급이 37종에 이르렀는데, 이들 등급은 임산부가 복용할 경우 선천성 심장기형의 위험이 증가하는 약품이거나 태아의 남성생식기 기형 초래 가능성 있는 약품들이다. 원고들의 임신 시기 사용이 증가하였는데 현재는 공익근무요원이 분쇄하고 있다.

그 외 오물처리 작업, 욕창환자 드레싱 및 용품 소독·제작, 11~15kg에 달하는 박스 나르기, 작업 내내 서서 일하기, 쪼그려서 작업하기, 불규칙한 작업스케줄(저녁조에도 근무 배치)이 확인되었다. 경영상 이유로 만성적인 간호사 부족으로 1인당 40여 명의 환자를 담당하였는데 환자들 대부분 노인성 질환 장기입원 환자들이었다.

2) 요양급여 청구에 대한 두 번의 거부처분

원고들은 심장질환을 가지고 태어난 자녀들의 질병에 대하여 2012년 12월 11일 피고에게 요양급여를 청구하였다. 피고는, 업무상 재해란 근로자 본인의 부상·질병·장해·사망만을 의미하며 원고들의 자녀는 산재보험법의 적용을 받는 근로자로 볼 수 없다며 거부처분을 하였다. 이에 대해 원고들은 심사청구하였으나 피고는 기각 결정하였다.

원고들은, '태아에 심장 형성의 장애가 발생하였을 당시에 태아는 모체의 일부였으므로, 발병 당시 태아의 질병은 모체의 질병으로 보아야 한다. 산재보험법의 적용 여부는 근로자에게 질병이 발병할 당시를 기준으로 하며, 발병 이후 근로자 지위를 상실하였다고 하여도 계속 산재보험이 적용되므로, 자녀의 선천성 심장질환을 업무상 질병으로 인정하여야 한다'고 주장하며 2013년 9월 12일 다시 요양급여를 청구하였다. 피고는

'재해발생일시를 특정하고, 초진소견서, 신청 상병을 확인할 수 있는 각종 검사자료 및 결과지를 제출하라'고 자료보완 요구한 다음, '초진소견서 제출되지 않아 상병명 및 요양기간 등 확인이 불가하다'며 2차 거부처분을 하였다.

2. 판결 내용

대상판결에 대하여 1) 법원의 심리 판단의 범위, 2) 업무에 기인한 태아의 건강손상이 (노동자 본인의) 업무상 재해에 해당하는지 여부, 3) 상당인과관계의 존부에 관하여 그 내용을 비교하여 살펴보겠다.

1) 법원의 심리 판단의 범위

(1) 1심

'초진소견서 미제출'이 2차 거부처분 사유인데, 산재보험법은 재해에 대한 의학적 소견을 적은 서류 첨부를 의무화하고 있을 뿐 '초진소견서 제출 의무'는 법적 근거가 없고, 초진소견서는 업무와 재해 사이의 상당인과관계 판단의 참고자료에 불과하므로, 초진소견서 미제출은 그 자체로 거부처분 사유가 되기 어려우며, 실질적 쟁점에 대한 판단을 회피하기 위한 가장적 이유 제시에 불과하다.

'상당인과관계가 있는지 여부'와 '태아에게 발생한 건강손상을 산재보험법상 업무상 재해로 볼 수 있는지 여부'는 기본적 사실관계를 달리하며, 후자는 2차 거부처분 사유가 아니다. 그러나 후자에 대해 1차 거부처분에서 피고가 검토 판단한 바 있으므로, 법원이 후자에 대해 심리 판단하는 것이, '행정의 선결권'을 보장하고 '처분 상대방의 신뢰를 보호하고 방어권을 보장'하기 위하여 성립된 거부처분 취소소송에서의 법원의 심리 및 취소판결의 기속력의 범위(기본적 사실관계 동일성)에 관한 법리의 기본정신에 어긋나지 않으며 분쟁의 일회적 해결 및 소송경제의 측면에서 바람직하다.

피고의 내심의 의사와 무관하게 2차 거부처분의 사유는 규범적 의무로 '업무와 재해 사이의 상당인과관계를 인정할 근거가 부족하다'는 것으로 해석되고, 법원은 이를 대상으로 심리 판단할 수 있다.

(2) 2심

2차 거부처분은 명시적으로는 초진소견서 미제출이나, 실질적으로는 1차 거부처분인 원고들이 아닌 자녀의 질병은 산재보험법상 원고들에 대한 업무상 재해에 해당하지 않는다는 것으로 볼 수 있다. 피고는 초진소견서 미제출과 함께 원고들 본인의 상병명 및 요양기간을 확인할 수 없음을 이유로 삼았는데 이는 근로자 본인의 질병만이 업무상 재해에 해당한다는 1차 거부처분 사유를 전제로 하고 이를 구체적으로 확인하고자 하는 것이다.

시행규칙 제79조 제1항 및 요양업무처리규정 제7조는 별지 2호 요양급여신청서와 별지 3호 초진소견서를 첨부하도록 하고 있는데, 서식의 재해자란, 초진소견서의 성명, 주민등록번호, 재해일자 기재는 서로 다른 사람을 대상으로 하는 것이 아니다.

2차 처분사유를 '근로자 자녀에게 발생한 질병은 산재보험법 보상범위에 포함되지 않는다'는 주장으로 볼 수 있고, 이를 처분사유의 추가, 변경으로 보더라도 1차 처분사유와 기본적 사실관계 동일성이 인정되므로 가능하다.

이 사건 쟁점은 여성 근로자가 임신 중에 업무상 유해요소에 노출되어 선천성 심장질환아를 출산한 경우 그 자녀의 질병을 산재보험법상 근로자 본인에 대한 업무상 재해에 포함시킬 수 있는지 및 원고들 자녀의 선천성 심장질환과 원고들의 업무 사이에 상당인과관계가 존재하는지 여부이다.

피고가 2심에서 추가한 사유로 원고들 자녀에게 산재보험급여의 수급권이 있더라도 산재보험법상 수급권자와 청구권자가 분리될 수 없어 원고들에게 보험급여의 청구권이 없다는 점을 추가하였으므로, 이에 처분사유 추가가 가능한지 그리고 그 추가가 적법한지 여부도 판단대상이다. 원고들에게 자녀의 선천성 질병에 대한 산재보험급여의 수급권이 없는 이상 그 청구권도 있다고 할 수 없으므로 추가한 새로운 처분사유도 적법하다.

2) 업무에 기인한 태아의 건강손상이 (근로자 본인의) 업무상 재해에 해당하는지

(1) 1심

모체의 태아는 원칙적으로 단일체이며 독립적 인격이 없으므로 태아에게 발생한 법적 권리 의무는 모체에 귀속된다. 태아의 건강손상은 모체의 노동능력에 미치는 영향 정도와 관계없이 모체의 건강손상에 해당한다. 업무상 재해는 업무와 재해 사이의 상당인과관계가 있을 것만을 요건으로 할 뿐, 질병의 발병 시점이나 보험급여의 지급 시점에 재해자 또는 수급권자가 여전히 근로자일 것을 요건으로 하지 않으므로, 출산으로 모체와 태아의 인격적 분리로 그전에 업무상 재해였던 것이 업무상 재해가 아닌 것으로 변모되지 않는다.

다만 요양급여를 제외한 다른 종류의 급여들(휴업급여, 장해급여)을 어느 범위에서 지급하여야 하는지에 관해서는 고용노동부 장관이 제기한 우려에 타당한 측면이 있다. 이는 법 정책적으로 풀 문제이며 산재보험법과 하위법령 개정을 통해 명확히 정하는 것이 바람직할 것이나 입법자가 이를 게을리하는 경우 법원은 입법의 흠결이나 공백이 있음을 이유로 재판을 거부할 수는 없으므로 공백을 해결하기 위해 '법형성'을 하여 해법을 도출해야 한다. 그러나 휴업급여, 장해급여, 유족급여 등의 곤란한 문제들이 요양급여 지급 거부를 정당화할 근거는 안 된다.

(2) 2심

산재보험급여 수급권은 법률에 의한 형성을 필요로 하며, 수급요건, 수급권자의 범위, 급여금액 등은 법률에 의해 비로소 확정된다. 산재보험법에 의하면 수급권자는 업무상 사유로 부상당하거나 질병에 걸린 근로자 본인에 한정된다.

3) 상당인과관계의 존부

(1) 1심

실제 근무 간호사 수는 2008년 76%, 2009년 79%, 2010년 61%였으며, 주야간 3교대(주간 07:00~15:00, 저녁 15:00~23:00, 야간 23:00~07:00) 근무로, 근로시간보다 1시간 일찍 출근하고, 30분 늦게 퇴근하였으며, 거의 휴식시간 없고 식사도 10분에 마쳐야 했으며, 임신한 간호사들은 야간조에서만 제외되었다. 입원환자의 80% 이상이 70세 이상 고령이며, 그들 중 절반 가량이 뇌혈관질환, 치매, 파킨슨병으로 요양 중이어서 식사, 배뇨, 객담 배출이 이루어졌다.

미국 식품의약국(FDA)은 임산부에 영향을 미칠 수 있는 의약품 5개 등급으로 분류(A, B, C, D, X)하고, D등급은 태아에 대한 위험성이 증명되었으며, 임산부에 사용함으로써 얻는 이익이 태아에 대한 위험보다 큰 경우, 임산부의 생명이 위급한 경우나 다른 약물로 효과가 없는 경우에만 부득이하게 사용할 수 있다. X등급은 인체와 동물 모두에게 태아의 기형이 증명된 약물로 임산부와 가임기 여성에 사용을 금지하도록 권고하고 있다. 제주의료원에서 원고들이 분쇄작업 수행한 약품 중 D등급이 37종, X등급이 17종이다. 2011년부터 약제과에서 분쇄작업 수행 이후 선천성 질환아 출산이 발생하지 않았다. 심장은 대략 임신 1개월에서 2개월까지 약 4주 동안 짧은 시간에 복잡한 과정을 거쳐 형성되는데, 이 과정 중 만들어져야 하는 것이 덜 만들어지거나 아예 형성되지 않거나, 심방, 심실, 대혈관들이 서로 잘못 연결되는 해부학적 문제가 발생하여 수술적 치료가 필요하다. 태아의 심장질환을 유발하는 약물로는 항경련제, 항응고제, 각성제, 우울증 치료제, 피임약 등이 있다.

발병원인이 업무 수행과 직접 관계가 없더라도 업무상 과로나 스트레스가 주된 발생 원인에 겹쳐져 질병을 유발 또는 악화시켰다면 인과관계가 있다고 보아야 한다. 선천성 심장질환의 발병원인과 메커니즘이 의학적, 자연과학적으로 명백히 밝혀지지 않았다 하더라도 임신 중 업무상 과로와 스트레스, 주야간 교대근무, 임산부와 태아에게 유해한 약물 등 작업환경상 유해한 요소에 일정기간 지속적·복합적으로 노출된 후 선천성 심장질환아를 출산하였으므로 선천성 심장질환의 발병과 업무 간에 상당인과관계가 있다는 추단이 가능하다. 원고들에게서 직업환경적 요인 이외 관련 병력, 가족력, 유전자 결함, 임신 중 알코올이나 그 밖의 유해약물 복용 등과 같은 태아의 건강손상 유발인자가 확인되지는 않았다.

(2) 2심

여성 근로자에게 업무상 질병을 야기할 수 있는 유해요소로 태아에게 건강손상이 발생한 것을 보험사고로 보더라도 출산 이후에는 보험급여 수급권의 주체를 출산한 자녀로 볼 수 있음은 별론으로 하고 여성 근로자 본인이 보험급여 수급권자가 될 수 없다.

산재보험법이 업무에 기인하여 태아에게 발생한 건강손상을 아예 배제하고 있거나 이를 보험사고로 포함시키면서도 그 보험사고에 대하여 태아 또는 출산한 자녀에게 보험급여 수급권을 부여하지 않는다면 평등권 침해가 될지언정, 여성 근로자에게 출산한 자녀를 위한 보험급여수급권을 인정하지 않는 것 자체로 임신한 여성 근로자에 대한 차별이 되지는 않는다.

태아의 출산 이후에는 어머니가 아닌 출산아가 지닌 선천성 질병으로 바뀌므로 그 업무상 재해는 원고들과는 독립된 법인격체인 원고들의 자녀들에 대한 질병이다. 출산으로 모체와 출산아가 분리되는 이상 그 질병은 출산아가 지닌 것이므로 업무상 재해도 출산아에 대한 것으로 보아야 한다.

여성 근로자의 업무상 사유로 발생한 태아의 건강손상으로 비롯된 출산아의 선천성 질병은 근로자 본인의 업무상 재해에 해당한다고 볼 수 없다.

Ⅲ. 대상판결에 대한 검토

해외 사례 및 우리나라 헌법의 가치기준을 근거로 위 판결 내용의 의미를 살펴본다.

1. 독일의 경우

1977년 6월 22일자 결정에 의하면, 독일연방헌법재판소는 여성 노동자의 임신 중 업무에 기인해 태아에게 건강손상이 발생하여 선천성 장애아가 출생한 사건에서 '업무상 사유로 노동자에게 발생한 재해'라고만 규정하던 독일제국보험법 제539조 제1항 해석 적용에서 장애아를 산재보험급여 지급대상에서 제외하는 것은 독일기본법 제20조 제1항 사회국가원리 구현에서 '본성상 단일체인 임신한 여성 노동자와 태아를 합리적 근거 없이 차별하는 것이어서 독일기본법 제3조 제1항의 평등원칙에 위반된다며 한정위헌 결정'하였다.[1]

위 결정에서 독일연방헌법재판소는 어머니와 태아 사이는 생물학적으로 분리할 수 없는 '자연적 통일체'로, 만약 태아가 어머니의 임신기간 동안 발생한 보험사고로 인해 건강이 손상되었음에도 불구하고 법적인 산재보험을 통한 보상을 받지 못한다면 이는 동등대우 및 사회국가 원칙에 위배된다고 판단하였다. 이후 1996년 8월 7일 제정된 독일사회법전 제7권은 '임신 중 모의 보험사고로 인한 태아의 건강손상도 보험사고에 해당

---

1   서울행정법원 2014.12.19. 선고 2014구단50654 판결 재인용.

하며, 그러한 한도 내에서 태아는 피보험자와 동일하다.[2] 업무상 질병의 경우에 일반적으로 모에게 업무상 질병을 야기할 수 있을 정도의 유해요소로 인하여 태아에게 건강손상이 발생하였다면 (비록 모에게는 업무상 질병이 발생하지 않았다 하더라도) 이는 보험사고로 본다'고 이 점을 확인하는 규정을 두었다.[3]

2. 일본의 경우

일본 최고재판소도 미나마타병 사건의 상고심에서 태아는 모체의 일부분이기 때문에 태아에 대한 상해는 곧 모체에 대한 상해에 해당한다고 판단하였다.[4]

3. 우리 헌법 및 국가인권위원회의 의견서 제출

우리 헌법 제36조 제2항은 국가는 모성의 보호를 위하여 노력하여야 한다고 규정하고 있으며, 헌법 제10조에 따라 모든 국민은 인간으로서의 존엄과 가치를 가지며, 국가는 개인이 가지는 불가침의 기본적 인권을 보장할 의무를 지도록 하고 있다. 나아가 헌법 제34조 제1항은 모든 국민은 인간다운 생활을 할 권리를 가진다고 천명하고 있다.

---

2 국가인권위원회, 「요양급여신청반려처분 취소소송(대법원 2016두41071)에 대한 대법원 의견제출」(2018.12.24.)에서 재인용. BVerfGE 45. 376. Beschluss des Ersten Senates vom 22. Juni. 1977 − BvL 2/74 − Unfallversicherung

3 위의 글에서 재인용.

4 위의 글에서 재인용.

태아는 태아 상태에서는 모성의 보호를 통해 함께 보호를 받게 되며, 태어나면서는 헌법 제10조가 보장하는 기본권의 주체가 된다. 여기서 태아가 건강한 노동환경에서 일하는 어머니의 모체에서 자라 건강하게 태어날 권리를 보장할 국가의 의무가 도출될 수 있을 것이다.[5] 나아가 유해한 노동환경에서 일하는 어머니의 모체 내에서 질병에 걸리게 되었다면, 모체와 동일체의 상태에서 질병에 걸리게 된 부분에 대하여 적절한 보상이 이루어지도록 해야 할 국가의 의무가 도출될 수 있을 것이다.

태아가 사회구성원이 되는 것은 모의 임신과 출산이라는 생물학적 과정을 전제로 한다. 모의 건강은 태아의 건강에 영향을 미칠 수밖에 없다. 임산부에 대한 유해 노동환경을 배제하는 규정은 모와 태아 모두의 건강을 지키기 위한 규정이다. 생물학적이고 누구도 부인할 수 없는 자연발생적인 전제가 법률의 해석에서 배제된다면 법률의 해석 결과는 현실과 괴리되는 결론으로 나아갈 수밖에 없다.

국가인권위원회도 2018년 12월 24일 인권의 보호와 향상에 중대한 영향을 미치는 재판에 해당한다고 판단하고 대법원 담당 재판부에, "헌법이 규정하는 모성보호와 여성근로의 특별보호, 국제인권기준, 산업재해보상보험법 제정 목적 등을 고려할 때, 태아와 모체가 동일체인 이상 산업재해로 태아에게 발생된 선천적 건강손상은 근로자의 업무상 재해에 해당하며, 이러한 경우를 유산한 경우와 달리 산업재해보상보험법 대상으로 인정하지 않는 것은 차별 소지가 있으므로 요양급여신청반려처분을 취소해줄 것을 요청한다"는 내용으로 의견을 제출하기로 의결하였다.

---

5   국가인권위원회 상임위원회 결정, 「생식건강 유해인자 노출 근로자 및 그 자녀의 건강권 보호를 위한 제도개선 권고」, 2018.7.12.

Ⅳ. 나가며

　법령이 문언상 법령의 제정 목적과 취지에 부합하지 않는 면이 있을 때, 법원이 문언의 형식에만 맞추어 해석할 것인지, 법령의 본래 취지와 목적에 부합하도록 문언의 숨은 의미까지도 해석하여 법령이 현실에 부합하도록 나아갈 것인지는 법원의 역할에 맡겨져 있다. 법령의 문언에 따라 해석하는 것이 원칙이라는 견해도 있지만, 법령의 취지와 목적에 맞게 법령을 해석하고 그 결과 법원의 판결에 맞게 추후 법령이 개정된 경우도 없는 것이 아니다.

　휴업급여 및 장해급여 등의 기준을 설정하기 어렵다는 고용노동부의 고충을 이해하더라도 이는 향후 개선해나갈 수 있는 부분이며, 이러한 고충이 당장 모체 내에 있는 동안 어머니가 유해한 노동환경에 노출됨으로써 선천성 심장질환을 앓고 태어나게 된 자녀의 요양급여마저 거부하는 것을 정당하게 하지는 않는다. 업무상 인과관계 있는 재해에 대하여 보상을 목적으로 하는 산업재해보상보험법의 목적과 취지에 반한다고 볼 수 있기 때문이다.

　법규범은 법적 안정성만을 뼈대로 삼고 있지 않으며, 법적 안정성과 더불어 법적 타당성과 정의에도 부합하여야 할 것이다. 이에 법령이 미처 규정하지 못한 부분이 있더라도, 법령의 취지와 목적에 맞도록 사안을 해석함으로써 산업재해보상보험법 본연의 취지와 모와 태아의 자연적 동일체성에 대한 전제에 부합하게 대법원 판결이 이루어지길 희망해 본다.

직장 내 성희롱과 2차 피해, 사용자의 책임은 무엇인가

이종희

 대상 판결

서울중앙지방법원 2014.12.18. 선고 2013가합536064 판결

관여 법관 : 이정호(재판장), 손태원, 유선우

아래 대법원 판결의 1심 판결이다. 1심과 2심에서는 직속 팀장의 행위가 직장 내 성희롱에 해당하는지도 주요 쟁점이었으나, 이 글에서는 다루지 않겠다.

서울고등법원 2015.12.18. 선고 2015나2003264 판결

관여 법관 : 김인욱(재판장), 김동현, 강민성

아래 대법원 판결의 원심판결이다.

대법원 2017.12.22. 선고 2016다202947 판결

관여 대법관 : 김창석(재판장), 김재형(주심), 박보영, 이기택

이후 환송심에서 대법원 판결의 취지에 따라 판결이 선고되었다(서울고등법원 2018.4.20. 선고 2017나2076631 판결. 관여 법관 임성근, 김구년, 박효선). 피고가 이에 재상고하였으나 대법원의 심리불속행기각 판결 선고로 확정되었다(대법원 2018.7.23. 선고 2018다232072 판결 참조)

이종희 민변 여성인권위원회에 있는 팀 중 하나인 여성노동과 빈곤팀에서 주로 활동하고 있습니다. 르노삼성성희롱사건공동대책위 활동을 하며 관련 소송도 함께 하고 있습니다. 여성, 노동, 차별 문제가 교차하는 지점에 관심을 가지고 있습니다.

직장 내 성희롱과 2차 피해, 사용자의 책임은 무엇인가

– 르노삼성 성희롱 사건 판결을 중심으로[1]

I. 시작하며

1999년 남녀고용평등법 등에서 직장 내 성희롱 금지가 입법화된 이후, 국가인권위원회 진정례, 법원의 판례가 축적되어 성희롱에 관한 판단기준이 어느 정도 정립되었고, 성희롱을 대수롭지 않은 일로 여기는 사회 인식도 변화해왔다. 최초의 성희롱 사건인 서울대 성희롱 사건의 경우 근로시간 내, 직장 안에서 벌어진 행위에 대해서도 사용자 책임이 부정

1 　이 글은 필자가 르노삼성 사건 판결과 관련하여 기고한 아래의 글들을 수정하고 평석을 덧붙인 글이다. 이종희, 「직장 내 성희롱의 사용자 책임을 확대하고 성희롱 문제 제기 이후 보복조치의 의미를 밝힌 판결」, 『매일노동뉴스』 2015.1.21; 이종희, 「르노삼성 성희롱 사건 손해배상청구소송」, 『한국의 공익 인권소송 2』, 법문사, 2018; 이종희, 「성희롱 피해자 불리한 조치 금지의 입법취지·판단기준·증명책임에 관해 최초로 판시한 판결」, 『매일노동뉴스』 2018.1.17; 이종희, 「르노삼성 성희롱 사건의 쟁점과 의의 – 직장 내 성희롱 2차 피해 문제를 중심으로」, 『월간 노동법률』 2018년 5월호.

되었으나,[2] 이후 성희롱의 사용자 책임을 인정하는 판결들이 등장했다.

그러나 법령상 규정된 성희롱 예방교육 의무를 다했다거나 성희롱이 은밀하게 이루어졌다는 이유 등으로 사용자가 책임을 면하는 경우가 많다. 최근 미투운동으로 직장 내 성희롱 이슈가 다시 부각되었지만, 고용상 불이익 등 2차 피해에 대한 우려로 자신의 피해에 대해 문제 제기를 하는 것이 쉽지 않은 현실도 지속되고 있다. 구 '남녀고용평등법과 일·가정 양립 지원에 관한 법률'(2017년 11월 28일 법률 제15109호로 개정되기 전의 것. 이하 '구 남녀고용평등법'이라 한다) 제14조 제2항은 "직장 내 성희롱과 관련하여 피해를 입은 근로자 또는 성희롱 피해 발생을 주장하는 근로자에게 해고나 그 밖의 불리한 조치를 하여서는 아니 된다."라고 규정하고 위반 시 형사처벌까지 규정하고 있었으나 해당 조항이 문제되어 사건화된 사례가 드물어 실질적인 규범력은 떨어지는 상황이다.

그러한 가운데 '르노삼성 성희롱 사건' 판결로 알려진 대상판결들은 직장 내 성희롱에 대한 사용자 책임과 성희롱 피해자에 대한 2차 피해가 전면적인 쟁점이 되어 회사의 책임이 인정된 사안으로서 의의가 있다.

II. 대상판결

1. 사건의 경과 및 쟁점

피고 르노삼성자동차주식회사(이하 '피고 회사')에서 1년 가까이 직속 팀장의 성희롱에 시달리던 원고는 2013년 3월경 피해 사실을 피고 회사에 신고하였으나 오히려 사건조사를 담당하던 인사팀 직원의 발언 등에 의하여 자신에 대한 허위소문이 유포되었다. 이에 원고는 직장 내 성희롱 및 신고 이후 조사 과정에서의 문제 등을 이유로 2013년 6월 성희롱 가해자, 피고 회사 등을 상대로 손해배상청구소송을 제기하였다.

이후 원고는 자신에게 유리한 진술서를 받는 과정에서 후배 직원을 협박하였다는 이유로 2013년 9월 견책 징계를 받았다(이후 지방노동위원회와 중앙노동위원회는 모두 위 징계가 부당하다는 판정을 내렸다). 원고는 2012년 1월부터 공통업무(서무업무) 없이 전문업무만을 수행하고 있었는데, 원고의 전문업무가 곧 축소되고 원고에게 엔지니어링 경험이 부족하다는 이유로, 2013년 10월경 원고의 전문업무를 축소하고 공통업무만 부여하겠다는 취지의 업무배치 통보를 받았다.

앞서 2013년 7월에는 원고에게 유리한 자료를 건네준 동료 직원(이하 '조력자')의 6개월 치 근태를 소급적으로 조사한 결과 조력자가 정직 징계를 받는 일이 있었다(이후 지방노동위원회, 중앙노동위원회는 조력자에 대한 징계가 부당하다고 판정했고 피고 회사의 재심판정 취소청구도 1심에서 기각됐다[3]). 2013년 12월. 원고와 조력자에 대한 각 징계가 부당하다는 지방노동위원회의 판정이 있고 나서 이틀 후에는 조력자가 피고 회사 문서를 반출하였다는 혐의로 직무정지 및 대기발령을 통보받았고, 조력자가 대기발령 통보를 받은 날 짐 싸는 것을 도와주던 원고 또한 며칠 후 직무정지 및 대기발령 통보를 받고 피고 회사 측으로부터 절도방조죄로 고소당하였다(조력자도 절도죄로 고소당하여 기소유예처분을 받았으나 헌법재판소에서 이를

---

3   이 사건은 항소심 중 소 취하로 종결되었다.

취소하는 결정을 하였고, 원고는 혐의 없음 처분을 받았다).

그 후 원고는 ① 2013년 7. 조력자에 대한 정직처분, ② 2013년 9. 원고에 대한 견책처분, ③ 2013년 10. 원고에 대한 업무배치 통보, ④ 2013년 12월 원고에 대한 직무정지와 대기발령 등이 구 남녀고용평등법 제14조 제2항에서 금지하는 '불리한 조치'에 해당한다는 등의 이유로 2013년 6. 제기한 손해배상청구소송의 청구원인을 추가하였다(이하 ① 내지 ④의 원문자는 이 사건에서 쟁점이 된 불리한 조치를 특정할 때 사용하겠다).

피고 회사는 위 각 조치에 대하여 모두 별도의 사유를 들었는데, 직장 내 성희롱에 대한 사용자 책임의 성립 여부와 함께 위 각 조치가 직장 내 성희롱 피해와 관련하여 이루어진 것으로서 구 남녀고용평등 제14조 제2항 위반의 불법행위에 해당하는지도 주요 쟁점이 되었다. 앞서 청구한 인사팀 직원의 발언 부분과 관련해서는 명예훼손에 해당하는지, 명예훼손이 아니더라도 불법행위로서 피고 회사의 사용자 책임이 인정되는지가 쟁점이 되었다.

2. 법원 판결의 요지

1) 직장 내 성희롱 부분

1심 법원은 원고가 주장한 사실관계를 대부분 인정하고 직속 팀장의 언행이 직장 내 성희롱에 해당한다고 판단하였으나, 사무집행관련성이 없다고 보아 민법 제756조에 기한 회사의 사용자 책임은 부정하였다. 직속 팀장이 원고와 업무 외의 사적인 자리를 갖기 위해 접근하면서 성희롱 행위가 시작된 것으로 보이는 점, 회사가 성희롱 예방교육을 부실하게 하는 등으로 성희롱 방지 조치를 결여하였다고 보기도 어려운 점, 직속 팀장의 성희롱 행위는 개인적으로 이루어지고 피해자인 원고도 상당한 기간 동안 이를 공개하지 않았으므로 회사가 이를 알았거나 알 수 있었다고 보기도 어려운 점 등을 그 근거로 설시하였다.

그러나 항소심 법원은 남녀고용평등법에 따라 사업주의 사무에는 직장 내 성희롱 예방 등의 사무가 규범적으로 포함되게 되었고, 상급자도 설령 사업주로부터 명시적으로 직장 내 성희롱 예방 등의 직무를 부여받지 않았다 하더라도 그 부하직원에 대한 직장 내 성희롱 예방 등은 규범적으로 그가 수행하여야 할 직무라면서, "부하직원의 업무환경에 영향을 미칠 수 있는 상급자가 그 부하직원에 대하여 직장 내 성희롱을 한 경우에는 그 자체로 직무위반행위"라며 사무집행관련성이 인정된다고 판시하였다.

사용자 책임을 부정한 서울대 성희롱 사건 판결은 사업주의 성희롱 예방 등 의무가 도입되기 전의 판결이라 원용할 수 없다는 점을 명확히 하였으며, 사용자가 직장 내 성희롱에 대하여 알 수 없었다는 것이 사용자 책임의 면책사유에 해당하지 않는다는 점도 명시하였다. 이러한 법리에 기초하여 피고 회사의 사용자 책임을 인정하였으며, 그 위자료를 700만 원으로 정하였다.

다만 부진정연대채무관계에 있는 직속 팀장이 1심 판결 이후 확정된 위자료 1,000만 원을 변제하였다는 이유로 이 부분 청구는 최종적으로 기각되었다. 피고 회사는 결국 자신이 승소한 직장 내 성희롱 부분에 관해 사용자 책임이 성립할 수 없다며 상고이유를 주장하였으나, 대법원은 원·피고 모두 상고하지 않은 부분이라는 이유로 판단하지 아니하였다.

2) 성희롱 피해자를 직접적인 대상으로 한 불리한 조치 부분

1심 법원은 원고의 성희롱 신고 이후 일어났던 불리한 조치에 대해서 원고가 주장한 일들의 사실관계를 대부분 인정하면서도, 구 남녀고용평등법 제14조 제2항에 대해서는 별다른 설시 없이 모두 별도의 인사조치 사유에 기한 조치라는 회사의 주장을 받아들이며 불법행위책임을 부정하였다.

항소심 법원부터 직장 내 성희롱과 관련하여 피해를 입은 근로자 또는 성희롱 피해 발생을 주장하는 근로자(이하 '피해근로자 등')에 대한 해고나 그 밖의 불리한 조치를 금지한 구 남녀고용평등법 제14조 제2항의 의미와 판단기준 등에 관하여 설시하였고, 각 불리한 조치가 남녀고용평등법 위반에 해당됨이 일부 또는 전부 인정되었다.

대법원은 구 남녀고용평등법 제14조 제2항의 입법취지를 판시하면서, "사업주의 조치가 피해근로자 등에 대한 불리한 조치로서 위법한 것인지 여부는 불리한 조치가 직장 내 성희롱에 대한 문제 제기 등과 근접한 시기에 있었는지, 불리한 조치를 한 경위와 과정, 불리한 조치를 하면서 사업주가 내세운 사유가 피해근로자 등의 문제 제기 이전부터 존재하였던 것인지, 피해근로자 등의 행위로 인한 타인의 권리나 이익 침해 정도와 불리한 조치로 피해근로자 등이 입은 불이익 정도, 불리한 조치가 종전 관행이나 동종 사안과 비교하여 이례적이거나 차별적인 취급인지 여부, 불리한 조치에 대하여 피해근로자 등이 구제신청 등을 한 경우에는 그 경과 등을 종합적으로 고려하여 판단해야 한다"면서 그 위반 여부에 대해 판단기준을 제시하였다.

이러한 판단기준은 항소심 판결의 설시와 크게 다르다고 보기는 어렵다.[4] '사업주가 내세우는 사유가 피해근로자 등의 문제 제기 이전부터 존재하였던 것인지 여부'라는 판단요소는 항소심 법원과 대법원이 공통되게 내세운 판단요소이다. 다만 대법원은 '불리한 조치가 종전 관행이나 동종 사안과 비교하여 이례적이거나 차별적인 취급인지 여부', '불리한 조치에 대한 분쟁 경과' 등을 추가적인 판단요소로 내세웠다.

이는 각 불리한 조치에 대한 판단을 달리하는 결과로 나아갔다. 항소심 법원은 '엔지니어링 경험 부족'이라는 원고에게 원초적으로 존재하는 사유를 명목으로 한 ③ 업무배치 통보에 관해서만 불리한 조치 금지 조항 위반이라고 보고 피고 회사가 배상하여야 할 위자료 액수를 700만 원으로 정하였다. 나머지의 경우 별건의 혐의에 기초한 것으로 보고 성희롱 문제 제기 등과의 관련성을 부정하였다. 그러나 대법원은 유독 원고에 대해서만 엄격하고 까다로운 기준이 적용된 점과 해당 조치와 관련된 분쟁의 경과 등을 설시하며 ② 원고에 대한 견책처분, ④ 원고에 대한 직무정지와 대기발령 등에 관해서도 불리한 조치 금지 조항 위반으로 볼 수 있다고 판단하였다.

---

4   환송 전 항소심 법원은, "사업주 등의 직장 내 성희롱 피해 근로자에 대한 불리한 조치가 직장 내 성희롱에 대한 피해 근로자의 문제 제기 등을 이유로 한 것인지 여부는 불리한 조치를 하게 된 경위와 시기, 사업주 등이 내세우는 불리한 조치의 사유가 명목에 불과한지, 불리한 조치가 주로 직장 내 성희롱에 대한 피해 근로자의 문제 제기 등에 대한 보복조치로 이루어진 것인지 등을 종합적으로 고려하여 판단하여야 할 것이고(직접적인 사안은 아니지만 대법원 2012.10.25. 선고 2012도8694 판결 참조), 그 판단을 함에 있어서 사업주 등이 내세우는 사유가 직장 내 성희롱에 대한 피해 근로자의 문제 제기 등이 있기 이전에 존재하였는지 여부, 그리고 직장 내 성희롱에 대한 피해 근로자의 문제 제기 등과는 별개로 존재하는 피해 근로자의 다른 적극적인 행위에 기한 것인지 여부는 중요한 고려사항이 된다 할 것이다."라고 밝혔다.

한편, 항소심 법원과 대법원은 모두 남녀고용평등법에서 관련 분쟁의 해결에서 사업주가 증명책임을 부담한다는 규정(제30조)을 두고 있음을 근거로 피해근로자 등에 대한 불리한 조치가 성희롱과 관련성이 없거나 정당한 사유가 있다는 점에 대하여 사업주에게 증명책임이 있다고 판시하였다. 항소심 법원은 피해근로자 등에 대한 불리한 조치 금지 의무의 수범자는 법인인 회사뿐만 아니라 양벌규정에 의하여 임직원 등도 해당된다는 점을 판시하였다.

3) 조력자를 대상으로 한 불리한 조치 부분

항소심 법원은 조력자는 구 남녀고용평등법 제14조 제2항의 불리한 조치의 대상이 될 수 없다며 불법행위책임을 부정하였다.

대법원은 피해근로자 등을 도와준 동료 근로자에게 불리한 조치를 한 경우 구 남녀고용평등법 제14조 제2항을 직접 위반한 것으로 보기는 어렵다고 본 항소심 판결을 긍정하면서도, 피해근로자 등에 대한 보호 의무를 위반한 것으로서 사업주는 민법 제750조에 따라 불법행위책임을 질 수 있다고 판시하였다. 그러한 판단에서 피해자와 그에게 도움을 준 동료 근로자가 갖게 되는 정서적 유대감, 동료 근로자가 불리한 조치를 당할 경우 피해근로자 등이 사실상 고립되는 상황에 처하게 되고 구제절차 인용을 포기하거나 단념하라는 압박으로 느끼게 되는 사정 등을 고려할 것을 설시하였다.

한편 성희롱 피해자를 도와준 제3자에 대한 불리한 조치를 이유로 피해자에게 발생한 손해는 '특별한 사정으로 인한 손해'로서 이러한 손해를 알았거나 알 수 있었을 경우 손해배상 책임이 인정된다면서, 예견가능성이 있는지 여부는 "사업주가 도움을 준 동료 근로자에 대한 징계처분 등을 한 경위와 동기, 피해 근로자등이 성희롱 피해에 대한 이의제기나 권리를 구제받기 위한 행위를 한 시점과 사업주가 징계처분 등을 한 시점 사이의 근접성, 사업주의 행위로 피해근로자 등에게 발생할 것으로 예견되는 불이익 등 여러 사정을 고려하여 판단하여야 한다."고 밝혔다. ① 이 사건 조력자에 대한 정직처분의 경우 원고에게 도움을 주었다는 사실을 알게 된 직후 회사가 차별적이고 부당한 처분을 하였다는 점을 주요 근거로 예견가능성이 있다고 보았다.

원고의 상고를 인용하며 대법원에서 파기한 ① 2013년 7. 조력자에 대한 정직처분, ② 2013년 9. 원고에 대한 견책처분, ④ 2013년 12월 원고에 대한 직무정지와 대기발령 등에 대해서 환송심 법원이 위자료 3,000만 원을 추가로 인정하였다.

4) 인사팀 직원의 발언 부분

1심 법원은, 인사팀 직원이 회사 내 다른 직원들에게 '원고가 성격이 보통이 아니더라. 아마 일방적으로 당하고만 계시지는 않았을 것이다', '피해자가 민감하게 반응한 부분이 있을 수 있다. 주관적인 것이 개입되기 때문에 남자에게 불리하게 진행되는 게 대부분이다'라는 말을 했던 사실을 인정하면서도, "구체적 사실관계에 관해 언급한 것이 아니었고 단순히 자신의 개인적인 인상을 사적인 자리에서 간략하게 설명한 것에 불과"하다며 인사팀 직원이 원고의 명예를 훼손하는 불법행위를 한 것은 아니라고 판단하였다. 이에 회사의 사용자 책임도 부정하였다.

그러나 항소심 법원은 사업장에서 직장 내 성희롱 사건에 대하여 조사

업무를 수행하는 자의 조리상 의무를 설시하며, 인사팀 직원의 발언이 사실의 적시인지 여부와 상관없이 직장 내 성희롱 사건의 조사업무를 수행하는 사람이 지켜야 하는 의무를 저버린 위법한 행위라고 보았다. 이에 피고 회사의 사용자 책임을 인정하며 그 위자료를 300만 원으로 정하였다.

대법원도 마찬가지로, 명문의 규정은 없으나 헌법 규정과 남녀고용평등법의 입법취지 등을 들어 직장 내 성희롱 사건 조사에 참여한 자에게 비밀을 엄격하게 지키고 공정성을 잃지 않아야 할 의무가 있다고 판시하였다. 이를 위반할 경우 피해근로자 등에게 추가적인 2차 피해가 발생할 수 있고 이는 결국 피해근로자 등으로 하여금 직장 내 성희롱을 신고하는 것조차 단념하도록 할 수 있다고 지적하며, 이 부분에 대한 피고의 상고를 기각하였다.

Ⅲ. 대상판결에 대한 검토

1. 직장 내 성희롱에 대한 사용자 책임 확장

성희롱이 법원에서 처음 다루어졌던 사건인 서울대 성희롱 사건의 경우 성희롱 행위자의 성적 언동이 연구실 등지에서 발생하였음에도 사용자 책임이 부정되었으나, 직장 내 성희롱에 관한 사업주의 의무가 법률상 규정된 후 직장 내 성희롱에 대한 사용자 책임을 인정하는 판결들이 점차 등장하였다. 그러나 사업장 밖, 근무시간 외에서 일어나는 성희롱 사건에서, 그것이 결국 상급자 등이 자신의 직장 내 지위를 이용한 것임에도 불구하고 직무와 무관하고 회사의 예측가능성이 없었다는 이유 등으로 사용자 책임이 쉽게 부정되어왔다. 가령 '금양물류 성희롱 사건'의 경우 사용자 책임의 요건 중의 하나로 예측가능성을 설시하였고, 사적인 영역에서 성희롱이 일어났고 피해자도 공개하지 않아 사용자가 알 수 없었다며 사용자 책임을 부정한 바 있다.[5] 대상판결 중 1심 판결도 비슷한 이유로 성희롱 행위에 대한 사용자 책임을 부정하였다.

이렇듯 직장 내 성희롱을 여전히 개인의 일탈로만 보는 관점이 남아 있는 상황에서, 대상판결 중 2심 판결은 부하직원의 업무환경에 영향을 미칠 수 있는 상급자가 그 부하직원에 대하여 직장 내 성희롱을 하는 경우 그 자체로 사무집행관련성이 있는 행위로 봄으로써 사용자 책임의 인정 범위를 크게 확대하는 판시를 하였다는 데서 의의가 있다. 대법원은 아동복지시설 원장의 성희롱 사건에서 "고용조건을 결정할 수 있는 권한을 부여받고 있음을 이용하여 그 업무 수행과 시간적, 장소적인 근접성이 인정되는 상황에서"사무집행관련성을 인정할 수 있다는 판시를 한 바 있는데,[6] 대상판결에서는 '고용조건 결정권한'을 보다 완화하여 '업무환경에 영향을 미칠 수 있는지 여부'를 사무집행관련성의 징표로 보았으며, 시간적, 장소적 근접성이라는 판단요소에서 벗어났다.

또한 사용자가 직장 내 성희롱에 대하여 알 수 없었다는 것이 사용자 책임의 면책사유에 해당하지 않는다는 점을 명시하였다는 점에서도 의

5   서울중앙지방법원 2012.8.17. 선고 2011가단67239 판결, 그 항소심인 서울중앙지방법원 2015.5.1. 선고 2012나43354 판결. 이종희, 「성희롱 발생과 이후 조치에 대한 사용자의 민사상 책임」, 『사법정의와 여성 Ⅲ』, 2014, 165~188쪽에서 위 판결에 대하여 비판적인 평석을 게재한 바 있다.

6   대법원 2009.2.26. 선고 2008다89712 판결.

의가 있다. 성희롱 예방교육의 형식성, 성희롱 사건 지침의 부적절성 등을 살펴 성희롱 예방교육을 다하였다는 피고 회사의 주장을 배척한 것도 의미 있게 볼 부분이다.

다만 이 부분 판단이 상고심 심판 대상이 되지 아니하여 대법원의 판단을 받지 못한 것은 아쉬운 부분이다.

대법원은 성희롱의 성립요건 중 '지위를 이용하거나 업무와 관련하여'에 관하여 포괄적인 업무관련성을 나타낸 것으로서 업무 수행의 기회나 업무 수행에 편승하여 성적 언동이 이루어진 경우뿐 아니라 권한을 남용하거나 업무 수행을 빙자하여 성적 언동을 한 경우도 이에 포함된다고 밝힌 바 있다.[7] 그렇다면 '지위를 이용하거나 업무와 관련하여'라는 성희롱의 성립요건은 민법 제756조 사용자 책임 성립요건으로서 '사무집행과 관련하여'와 다른 것으로 보기 어렵다. 즉, 직장 내 성희롱이 성립한다면 일응 사용자 책임이 성립한다고 볼 것이고, 사용자가 그 책임을 면하기 위해서는 면책사유, 즉 피용자의 선임 및 그 사무감독에 상당한 주의를 하였다는 것을 항변으로 주장·입증해야 할 것이다.

따라서 사용자의 예측가능성은 사용자 책임을 묻는 성희롱 피해자가 주장·입증해야 하는 요건이 될 수 없다. 사용자가 성희롱 피해를 알거나 알 수 있었다는 점은 사용자가 그 이후 성희롱 행위자 등에 대한 조치 의무와 피해자에 대한 불리한 조치 금지 의무 등을 다하였는지와 관련해서 고려하여야 할 사항이지, 이미 발생한 성희롱과 관련하여 피용자의 선임 및 그 사무감독에 상당한 주의를 다하였는지를 살필 때 별달리 고려할 사항이라고 할 수 없을 것이다.

---

7   대법원 2006.12.21. 선고 2005두13414 판결.

2. 피해근로자 등에 대한 불리한 조치 금지 의무에 대한 최초의 판시

피해근로자 등에 대한 불리한 조치를 금지하는 조항은 2001년 남녀고용평등법 개정 시 도입되었으나, 해당 조항이 적용된 판결이 손에 꼽을 정도로 드물다.

구 남녀고용평등법 제14조 제2항이 적용되어 기소된 몇몇 형사판결의 경우,[8] 성희롱 이후 형식적인 사유도 갖추지 못한 채 성희롱 피해자를 해고한 사안으로, 사용자 측에서 다른 사유를 들어 불리한 조치를 하는 경우 해당 조항 위반이라고 볼 수 있을지에 관하여 기준점을 마련해주는 판결은 아니다. 이른바 '삼성전기 성희롱 사건'에 관한 판결에서 남녀고용평등법 제14조를 근거로 성희롱 사실을 고지받고도 피해자에게 적절한 업무를 부여하지 않는 등 불이익한 조치를 한 사용자에 대하여 별도의 손해배상 책임을 인정한 바 있었으나,[9] 사업주의 의무를 포괄적으로 해석하는 선에서 그칠 뿐 해당 조항에 관한 법리를 정립하는 판결은 아니었다.

이러한 상황에서 대상판결은 해당 조항의 입법취지, 수범자, 판단기준, 증명책임 등에 관해 최초로 판시하였다는 점에서 무엇보다 의미가 크다.

사안에 관한 구체적인 판단 과정과 관련해서도 참고할 만한 지점이 많다. 항소심 판결의 경우 구 남녀고용평등법 제14조 제2항의 수범자, 판

---

8   서울중앙지방법원 2014.3.14. 선고 2013노4054 판결, 울산지방법원 2011.12. 16. 선고 2011노1175 판결 등.

9   서울행정법원 2009.8.27. 선고 2008구합46279 판결.

단기준, 증명책임에 관해 새로이 설시한 판결이었으나, 피고 회사가 드는 사유가 성희롱 문제 제기 이전에 존재하였던 사유였는지를 지나치게 결정적인 요인으로 본 나머지, 새로이 발생하는 상황에서 이루어진 일련의 불리한 조치들은 직장 내 성희롱 및 다른 조치들과 연속선상에서 파악하지 못하는 한계를 드러냈다.

다행히 대법원 판결은 현실에서 왜 성희롱 피해자 대부분이 자신의 피해를 고스란히 감수하는지를 인식하였다. 그러한 인식하에 회사가 명목상으로 드는 불리한 조치의 사유를 형식적으로 판단하는 것이 아니라, 성희롱 이후 사건의 경과를 연속적으로 바라보면서 왜 유독 원고에 대해서만 엄격하고 까다로운 기준이 적용되는지 그 불리한 조치가 이루어지게 된 경위와 동기의 실질을 살펴 사안에 대한 판단을 하였다.

직장 내 성희롱 피해자에 대한 각종 보복 조치의 집약판이라고 할 수 있는 르노삼성 성희롱 사건과 그에 관한 판결은 남녀고용평등법이 개정되는 하나의 계기가 되기도 하였다. 남녀고용평등법에서는 직장 내 성희롱 행위자에게 사업주가 징계를 하여야 하며, 피해근로자 등에게 해고나 그 밖의 불리한 조치를 하여서는 안 된다는 개략적인 규정만 두고 있었으나, 2018년 5월 29일부터 시행되고 있는 개정 남녀고용평등법에서는 직장 내 성희롱 발생 시 사업주의 의무가 강화되고 직장 내 성희롱 피해자에 대한 불리한 조치가 구체화되었다.

대상판결에서 피해근로자 본인이 아닌 제3자는 구 남녀고용평등법 제14조 제2항의 불리한 조치의 직접적인 대상이 될 수 없다고 보았는데, 개정 남녀고용평등법 제14조 제6항으로 불리한 조치의 대상이 추가되었다. 그러나 '신고한 근로자'만 불리한 조치의 대상으로 추가하였을 뿐 이 사건과 같이 자료를 제공하는 등으로 도와준 근로자의 경우는 포함하지 못하고 있어 입법적 개선이 여전히 필요해 보인다.

항소심 판결부터 명문의 규정이 없음에도 조리상 조사참여자의 비밀유지 의무를 인정하였는데, 이는 개정 남녀고용평등법 제14조 제7항으로 반영되었다.

Ⅳ. 나가며

르노삼성 사건 피해자는 결국 손해배상청구소송에서 승소 판결을 받았으나, 그러한 판결이 확정되기까지 5년에 가까운 시간이 걸렸다. 총 4,000만 원의 위자료는 통상의 성희롱 사건에서 인정되는 위자료보다 많다고 할 수 있으나, 피해자가 그동안 겪어야 했던 2차 피해를 고려할 때 충분한 손해전보가 가능한 금액이라고 할 수도 없다. 피해자는 2014년 6월 피고 회사 등을 남녀고용평등법위반으로 고소하였으나, 2017년 12월 대법원 판결 이후에서야 기소가 이루어져 형사소송 1심은 아직 진행 중이다.

남녀고용평등법이 개정되어 문언상 직장 내 성희롱과 관련한 사업주의 의무가 강화되고 구체화되었으나, 중요한 것은 실제 사안에서 해당 규범을 실질화시키는 것이다. 사업주가 드는 명목상의 사유로 남녀고용평등법위반의 불리한 처우가 아니라고 보거나 수사를 지연한다면 남녀고용평등법의 명문규정에도 불구하고 많은 성희롱 피해자들은 침묵을 택할 수밖에 없다.

제도적으로는, 대만의 성희롱금지 법제에서처럼 피해자의 명예회복을 위한 조치를 명령할 수 있도록 규정하거나, 성희롱·성차별 피해를 신속하고 효과적으로 조사하고 구제명령을 내릴 수 있는 미국의 EEOC와 같은 전문기관을 두는 방안에 대해서도 논의가 필요하다.[10]

---

10 구미영, 「성희롱 피해자 및 조력자에 대한 불리한 조치와 사업주의 책임 − 대법원 2017.12.22. 선고 2016다202947 판결」, 『월간 노동리뷰』 2018년 2월호, 65~66쪽.

감정노동자를 보호하라

이종희

서울남부지방법원 2013.6.21. 선고 2012가단25092 판결
　관여 법관 : 이예슬
서울남부지방법원 서울남부지방법원 2014.8.21. 선고 2013나8125 판결
　관여 법관 : 임병렬(재판장), 임대호(주심), 박정기
　첫 번째 대상판결(서울남부지방법원 2012가단25092 판결)의 항소심 판결이다. 상
　고기간 도과로 확정되었다.

이종희 민변 여성인권위원회에 있는 팀 중 하나인 여성노동과 빈곤팀에서 주로 활동하고 있습니다. 르노삼성성희롱사건공동대책위 활동을 하며 관련 소송도 함께 하고 있습니다.

감정노동자를 보호하라

Ⅰ. 시작하며

근래 들어 서비스직 노동자들이 고강도로 경험하게 되는 감정노동이 사회적 쟁점이 되면서 감정노동으로 인한 문제를 해결하고자 하는 여러 움직임들이 있었다.

서울시에서 2016년 1월 지방자치단체 최초로 조례를 제정하여 서울시 및 산하기관의 감정노동 종사자의 권리를 규정한 것을 시작으로 여러 지방자치단체에서 관련 조례를 제정하였다. 국가인권위원회는 「2017~2021 국가인권정책기본계획 권고」를 통해 감정노동자의 건강권 보호를 위한 법제도 정비를 권고했다. 몇 가지 입법도 이루어졌다. 2016년 3월 은행법, 보험업법 등 금융관련법에서 고객응대직원에 대한 보호조치 의무를 규정하였고, 같은 달 산업재해보상보험법 시행령 별표로 정한 '업무상 질병에 대한 구체적인 인정기준'에 "업무와 관련하여 고객 등으로부터 폭력 또는 폭언 등 정신적 충격을 유발할 수 있는 사건 또는 이와 직접 관련된 스트레스로 인하여 발생한 적응장애 또는 우울병 에피소드"가 추가되었다. 2018년 4월 산업안전보건법 개정에서 고객응대근로자에 대한 고객의 폭언 등으로 인해 발생하는 건강장해를 예방하기 위한 사업주의 조치를 의무화하였고 고객응대근로자의 업무중단요구권 등을 규정하게 되었다.[1]

법원 판결 중에 감정노동을 많이 수행하는 노동자의 업무상 재해 등을 다룬 사건은 여럿 찾아볼 수 있으나 '감정노동'의 문제를 직접적으로 언급한 사안은 흔하지 않다. 대상판결은 감정노동이 주요 쟁점이 된 드문 사례로서 주목할 필요가 있다.

Ⅱ. 대상판결

1. 사건의 당사자 및 개요

피고인 서비스에이주식회사(이하 '피고 회사')는 SK텔레콤의 자회사로서 SK텔레콤 고객센터를 운영하였고, 원고는 2007년 9월 17일부터 피고 회사에 입사한 이래 분당지점, 강남지점 등에서 방문 고객 상담 업무를 담당하여 왔다.

원고는 열악한 근무환경에서 이른바 '감정노동자'로 근무하면서 지속적으로 스트레스가 누적되어 우울증이 발병한 상태였고, 임대폰 관련 고

---

1 2019년 1월 근로기준법 개정에서 직장 내 괴롭힘 금지에 관한 조항이 삽입되었으나, 고객 등 제3자에 의한 괴롭힘까지 포괄하지 못하고 있다.

객 불만 처리 과정에서 원고에게 아무런 잘못이 없음에도 지점장으로부터 무조건적인 사과 요구, 징계 경고 및 사직 압박 등을 받아 자살시도에 이르는 등 우울증이 악화되었다며 피고 회사에게 손해배상을 청구하였다.

사건의 경위와 관련하여 1심과 항소심의 사실 인정이 다소 다른 부분이 있어 이를 구별하여 아래에서 살펴보겠다.

2. 법원이 인정한 기초사실

1) 임대폰 관련 고객 불만 처리 경위

1심 인정사실	2심 인정사실

원고는 2012년 3월 13일 13시 18분경 휴대전화를 분실하여 임대폰을 제공받기 위하여 강남지점을 방문한 고객 A에게 임대전화기 개통에 관한 상담을 하면서, 기존의 번호와 동일한 번호로 임대전화기를 개통할 경우 기존의 분실된 휴대전화기로는 수신이 되지 않는다는 점 등 임대전화기를 개통할 경우 발생할 수 있는 문제를 설명해주었고, A 역시 이에 관한 설명을 들었다고 의사를 표시하고 동의한 후 임대전화기를 개통하였다.

그런데, A의 동생 B는 상담 당일인 2012년 3월 13일 14시 18분경 SK텔레콤 고객센터에 '자신의 언니 A가 제대로 설명받지 못한 채 임대전화기를 개통하는 바람에 분실된 휴대전화기를 찾을 수 없게 되었다'는 취지의 1차 고객불만을 접수하였다.

1심 인정사실	2심 인정사실
원고는 강남지점 지점장에게 임대 전화기 개통으로 발생할 수 있는 문제점에 대하여 충분히 설명했음을 해명했으나, 지점장으로부터 해당 고객에게 사과를 하라는 답변을 들었다.	고객센터는 강남지점 지점장에게 1차 고객불만을 전달하였다. 지점장은 사실관계 확인 후 내부전산망을 통하여 고객센터에 A에게 임대폰 관련 필요 사항을 설명했다고 답변하였다.
B는 상담 당일 저녁 무렵에 또다시 같은 내용으로 2차 고객불만을 접수하였다.	고객센터가 17시 5분경 B에게 전화하여 위와 같은 내용을 전하였으나, B는 동일한 취지의 불만을 이야기하며 고발을 언급하였다.
	지점장은 고객센터의 요청을 받고 B에게 전화하여 사과했으나, B가 원고로부터 직접 설명 듣기를 원하여 원고에게 B와 통화하도록 조치했다.
원고가 18시 28분경 B에게 해당사항에 관하여 설명하면서 A가 직접 전화할 것을 요구하였으나, B로부터 막무가내식 폭언과 고성을 듣자, 통화를 중단하고 먼저 전화를 끊었다.	
	B는 위 통화 후 18시 47분경 고객센터에 원고가 불친절하다며 불만을 제기하는 내용의 2차 고객불만을 접수하였다.
B는 23시 53분경 다시 피고가 운영하고 있는 SK텔레콤 고객센터 사이버상담실에 3차 고객불만을 게시하였다.	

1심 인정사실	2심 인정사실
피고 회사는 위 3차 불만 접수된 다음 날(2014.3.14.) B에게 해당 직원의 CS 교육 및 상급자에게 조치하여 페널티를 부과하겠다는 안내를 하였다. B는 해당 직원인 원고의 직접적인 사과 전화를 요청하였고, 이에 피고 회사는 다시 강남지점 부지점장에게 원고의 사과전화 확인을 요구하는 이메일을 발송하였다.	피고 회사는 위 3차 불만 접수된 다음 날(2014.3.14.) B에게 해당 직원의 CS 교육 및 상급자에게 조치하여 페널티를 부과하겠다는 안내를 하면서 B의 불만을 해소하고자 노력하였다. 그럼에도 B가 원고의 직접적인 사과 전화를 요청했고, 이에 피고 회사는 강남지점 부지점장에게 B의 3차 불만 내용과 B에게 안내한 내용을 첨부하면서 원고의 사과전화가 가능한지 확인을 부탁하는 이메일을 발송하였다.
	지점장과 부지점장은 상의하여 2014년 3월 13일 11시 59분경 내부 전산망을 통하여 사이버 고객센터에 경위를 다시 설명하고 OB[2]를 하지 않겠다는 내용을 전달하였다.
	고객센터는 같은 날 14시 43분경 B와 통화했고, B는 어젯밤에 글을 올린 후 직원이 잘 처리해주겠다고 답변했다며 고맙다는 취지로 말했다.
	지점장은 같은 날 14시 00분경 원고에게 전날 사이버 고객상담실에 접수된 3차 고객불만사항에 대하여 알려주면서 "사과를 하지 그랬어"라고 말하자, 원고가 그 내용을 보여달라고 하여 B의 불만 내용과 원고에 대한 징계를 하겠다는 내용의 메모 등을 출력하여 주었다.

원고는 주변 동료들에게 이 사건에 대하여 억울한 입장이고 지점장에 대하여 서운하며, 해당 고객을 고소하겠다는 말을 남긴 후 피고 회사에게 사직서를 제출하였는데, 사직서에는 '본인은 정신적 압박의 고통과 충격으로 인하여 2013년 3월 14일자로 퇴직하고자 하오니 허락하여 주시기 바랍니다'라고 기재되어 있고, '퇴직자 의견란'의 퇴직사유란에는 불만 고객 응대란에 체크가 되어 있으며, '향후계획'에는 '안정과 휴식 및 병원진료'라고, '건의사항'에는 '서비스직일지라도 기본적으로 직원들의 인격은 지켜줘야 함이 당연함'이라고 기재되어 있다.

2) 원고의 자살시도

원고는 2013년 3월 15일 수면제를 과다 복용하여 자살을 시도하였고, 같은 날 '회사 업무 등 환경적인 스트레스에서 기인한 것으로 추정되는 불면, 집중력 저하, 분노 등 상병이 의심되는 상태를 보이고 있어 향후 이에 대한 적절한 치료적 접근이 필요할 것으로 판단된다'는 소견과 함께 중증도의 우울성 에피소드(의증), 기타 심한 스트레스에 대한 반응(의증), 비기질적 불면증(의증)의 진단을 받았다.

3) 피고 회사 상담직원의 근무여건

피고 회사 강남지점은 타 지점에 비하여 상담 건수가 많아 업무량이 많은 편이었다. 정규 운영시간은 9시부터 6시까지였으나, 대부분 대기고객

---

2 고객으로부터 걸려오는 전화를 받는 "InBound"의 반대용어인 "OutBound"의 약자로, 고객에게 전화를 거는 것을 의미한다.

으로 인하여 초과근무를 해야 했다.

피고 회사는 지점별로 매년 1회씩 스트레스 관리교육(HIP)을 실시하고, 반기별로 1회씩 캔미팅(Can Meeting)을 시행하고 있다.

원고는 여러 지점에서 근무하여 상담처리건수가 타직원에 비하여 월등히 높은 편이었고, 해외 포상휴가를 다녀온 바도 있다.

4) 피고 회사의 상담직원 급여체계

상담직원들의 임금은 기본급, 상여금, 직급수당, 식비, 교통비, 성과급(인센티브)의 형태로 구성되어 있고, 월평균 실수령액이 160만여 원 정도인데, 기본급(86만 원)은 최저임금 수준이었다. 성과급(인센티브)은 상담 내용에 대한 고객만족도(50점), 직무지식 평가시험결과(10점), 처리 업무의 양(15점), CIA 업무 완비율(5점), 대외기관 또는 본사 고객보호원 불만 접수(5점), 상담메모 입력율(3점), 스마트청구서 유지건수(2점), 지점장 및 부지점장의 정성평가(10점) 등의 평가항목에 관한 점수의 합계를 기준으로 최저 12만 5천 원에서 최고 27만 5천 원까지 차등 지급되었다.

위 성과급 결정 기준 중 대외기관 또는 본사 고객보호원 불만 접수(5점) 부분은 업무 오처리의 경우 건당 0.2점 감점, 직원 불친절 불만 접수의 경우 건당 0.5점 감점하도록 되어 있고, 지점장과 부지점장에 의하여 직원 개개인에 대하여 이루어지는 정성평가(10점)는 태도, 패기, 지점협조도, 솔선수범, 업무집중도, 예절 등으로 평가하도록 되어 있다.

5) 고객불만 사항 접수에 대한 처리절차

1심 인정사실	2심 인정사실
그 불만원인을 밝혀서 책임소재를 확인하고, 중재하는 등의 제도적 절차가 마련되어 있지 않고, 대부분의 경우 지점장 내지 부지점장이 해당 직원으로 하여금 고객에게 사과를 하도록 지시하는 한편, 불만 고객에게는 해당 직원을 교육시키고 징계하겠다는 취지의 안내를 하는 것으로 마무리 짓고 있다.	접수를 받은 고객센터 상담원이 고객을 응대하여 불만을 해소하도록 하고 있고, 이 과정에서 해당 직원에게 별도의 교육을 시키고 페널티를 부과하겠다는 안내를 의례적으로 하기도 한다. 그럼에도 고객의 불만이 해소되지 않을 경우 해당 지점으로부터 불만접수 내용을 이관하도록 하고 있는데, 해당 지점의 지점장은 해당 직원에게 사실관계를 확인한 후 고객에게 사과를 하도록 지시한다.

3. 법원의 판단 내용

1심 법원은 피고 회사의 손해배상 책임을 인정하였으나, 항소심 법원은 1심 판결을 취소하고 원고의 청구를 기각하였다.

1) 1심 판결의 내용

(1) 감정노동자에 대한 사용자의 보호 의무에 관한 판시

'감정노동(Emotional labor)'에 대하여 "배우가 연기를 하듯 타인의 감정을 맞추기 위하여 자신의 감정을 억누르고 통제하는 일을 일상적으로 수행하는 노동"이라고 하면서, "감정노동을 수행하는 근로자의 경우 고객에게 즐거움 같은 감정적 반응을 주도록 요구되는 동시에 사용자로부터 감정 활동의 통제, 실적 향상 및 고객 친절에 대한 지속적인 압력을 받고 있어 이로 인한 우울증, 대인 기피증 등 직무 스트레스성 직업병에 심각하게 노출되어 있다"라고 밝혔다.

이에 근거하여 "감정노동자를 고용하고 있는 사용자로서는 ① 고객의 무리한 요구나 폭언에 대하여 근로자를 보호할 수 있는 방안을 적극적으로 마련해야 하고, ② 발생 사안에 따라 적극적으로 대처할 수 있는 지침을 제공하여 근로자로 하여금 이를 활용할 수 있도록 해야 하며, ③ 고객과 사이에 근로자 개인이 감당할 수 있는 수준 이상의 문제가 발생할 경우 관리감독자로서 개입하여 분쟁의 원인을 밝히는 등 중재 역할을 다하여야 하고, ④ 고객의 위신을 높이는 데에 지나치게 집중한 나머지 사실관계를 따져보지도 않은 채 근로자에게 무조건적인 사과를 지시함으로써 인격적인 모멸감을 주어서는 안 된다고 할 것이다. ⑤ 또한 노동 과정에서 식사시간, 화장실 가기 등 기본적인 생활상의 욕구를 만족시켜야 하고, ⑥ 고객과의 분쟁이나 좋지 않은 일이 발생했을 때 또는 심리적인 휴식이 필요할 때 쉴 수 있는 자율성을 보장해야 하며, ⑦ 노동 과정을 고려하지 않은 과도한 업무량에 대하여는 이를 적정선에서 규제하여야 할 근로계약상 보호 의무 내지 배려 의무를 부담한다"라고 판시하였다.

(2) 이 사건에서의 판단

피고 회사는 고객의 무리한 요구나 폭언에 대하여 근로자를 보호하기 위하여 적극적인 조치를 취하지 않은 채 고객의 입장에만 지나치게 집중한 나머지 오히려 근로자 개인에게 책임을 떠넘기고 사실관계를 따져보지도 않은 채 일방적으로 사과를 지시함으로써 근로자인 원고로 하여금 무력감, 인격적인 모멸감을 주었고, 이는 사용자로서 당연히 부담하는 보호 의무 내지 배려 의무를 위반한 것으로 판단하였다.

또한, 피고 회사의 이러한 보호 의무 위반 행위는 원고로 하여금 우울증을 발병하게 하거나 적어도 악화시킴으로써 자살시도와 같은 극단적인 선택에까지 이르게 했고, 이를 두고 원고의 개인적 취약성에 기인한 것으로 치부해버릴 수 없다며, 피고 회사는 원고에게 원고의 우울증을 발병 내지 악화시킨 데 대한 손해를 배상할 책임이 있다고 판단하였다.

다만 원고도 문제를 해결하려는 적극적인 노력을 하지 않은 채 피고 회사에 사직서를 제출하고 자살을 시도하는 등 극단적 행동을 선택한 잘못이 있다며 피고의 손해배상 책임을 70%로 제한하였다. 재취업을 하지 못한 휴업손해에 관한 주장은 배척하였다.

2) 항소심 판결의 내용

원고가 고객 상담 업무를 하는 이른바 '감정노동자'로서 평소 고객을 응대하는 과정에서 일정한 정도의 스트레스를 받았음은 경험칙상 인정할 수 있다고 하면서도, 원고가 그 스트레스로 인하여 임대폰 관련 고객 불만 처리 사건 이전에 우울증까지 발병한 상태였다고 인정하기 부족하다고 보았다.

원고의 업무에 스트레스를 유발 요인이 있어 이 사건 이전에 이미 우울증이 발병한 상태에 있었다고 하더라도 그로 인하여 사용자에게 불법행위책임을 묻기 위해서는 사용자가 피용자의 정신적 건강에 관한 보호조치를 하는 등 적절한 근로환경을 제공함으로써 피용자를 보호하고 부조할 의무를 위반한 사실 및 그로 인하여 근로자에게 우울증이 발생할 수 있음을 알았거나 알 수 있었음에도 불구하고 그 회피를 위한 별다른 보호조치를 위하지 않은 고의 또는 과실이 있음이 인정되어야 할 것이라고 보았다.

그러면서 피고의 보호 의무 위반 여부에 관하여, 고객 응대가 주업무인 피고 회사로서는 성과급 제도를 운영함에 있어서 고객만족도를 반영하는 것은 불가피한 것으로 보이는 점, 성과급 결정에 고객만족도의 반영비율이 그다지 높지 않으며 성과급 자체도 급여의 10%에 불과한 점, 피고 회사가 고객의 클레임에 해당 상담직원에게 무조건적인 사과 요구를 하고 있다고 볼 수 없는 점, 피고 회사는 매년 1회 스트레스 관리교육, 반기별 캔미팅을 실시하고 있는 점, 원고가 강남지점의 업무 내용이나 시간이 다른 지점에 비하여 질적으로나 양적으로 과도하여 극심한 우울증을 초래할 정도라고 볼 자료가 없는 점 등을 들어 이 사건 이전에 피고가 원고의 정신적 건강에 관하여 근로자에 대한 보호 의무를 위반하였다고 보기 어렵다고 판단하였다.

피고 회사 또는 지점장이 원고와 B 사이에 발생한 문제를 처리하는 과정에서 원고에게 부당한 사과를 강요하였다거나 징계를 경고하였다는 점을 인정하기 어렵다고 판단하였다.

Ⅲ. 대상판결에 대한 검토

1. '감정노동'이라는 개념의 등장

대상판결에서 '이른바 감정노동', '이른바 감정노동자'라는 말로 '감정노동'의 개념이 등장하였다. 근로기준법은 '근로'란 '정신노동과 육체노동'이라고만 정의하고 있을 뿐이고, 우리 법률에서 '감정노동'이라는 개념은 별도로 존재하지 않는다.

감정노동(emotional labor)이라는 용어는 미국의 사회학자 앨리 러셀 혹실드(Arlie Russell Hochschild)가 1983년 『The Managed Heart: Commercialization of Human Feeling』(마음의 관리 : 인간 감정의 상품화)이라는 책에서 이 개념을 제시하면서 등장하였다.[3] 대체로 감정노동이란 조직이 요구하는 직무에 맞게 자신의 감정을 조절하는 것으로 고객에게 특정한 감정만을 표현하도록 하는 노동이 제공되는 것을 의미한다고 보고 있다.[4]

'감정노동', '감정노동자'라는 말로 지칭되지만, 이를 통해 지칭하고자 하는 업무의 객관적 성격은 고객응대 업무 또는 대인서비스 업무라고 할 것이다. 사회학적 용어를 바로 법률적 용어로 전환시키기에는 어려움이 있다. 고객응대 업무를 하는 서비스직이라고 하여 '감정노동'만 하는 것은 아니며 여러 신체적, 정신적 노동도 동시에 수행한다.[5] 어느 정도의 감정노동을 수행하여야 '감정노동자'가 될 것인지 규정하는 사람마다 다를 수밖에 없고, 감정노동자를 별도의 범주로 보고 법적 규율을 한다면 그 범주 설정이 더욱 문제가 될 것이다. 그러나 '감정노동'이라는 개념은 고객응대 업무에서 감정 통제로 인한 위험 요인을 주목하게 해 주는 것

3 한국에서는 『감정노동 : 노동은 우리의 감정을 어떻게 상품으로 만드는가』(이매진, 2009)라는 제목으로 번역 및 출판되었다.
4 김종진·송민지, 「한국 사회 감정노동 실태와 개선방향 연구」, 경제사회발전노사정위원회 학술연구용역, 2014, 7쪽.
5 김미영, 「대인서비스 노동의 특성과 노동법의 규율 : 가사도우미, 요양보호사 및 유통업체 판매직을 중심으로」, 『이화젠더법학』 제7권 제1호, 2015, 5~6쪽.

으로서 의의가 있다.

1심 판결은 국가인권위원회에서 2019년 9월 발간한 「여성 감정노동자 인권수첩」을 인용하여, 감정노동에 관하여 정의하였다. 1심 판결이 감정 노동자에 대한 사용자의 보호 의무를 구체적으로 제시할 수 있었던 것은 감정노동에 대한 개념 정의를 통해서 감정노동이 가지는 그 특성을 포착 하였기 때문이다. 반면 2심 판결에서 '감정노동'에 대한 언급 없이 일반 적인 사용자의 보호 의무에 관해서만 설시하였다.

2. 근로자에 대한 일반적인 보호 의무와 감정노동에 대한
   사용자의 의무

대상판결에서 사용자의 손해배상 책임 인정과 관련하여 직접적으로는 근로계약상 보호 의무 위반 여부가 문제되었다.

우리 판례와 통설은 근로계약에 수반되는 부수적 의무로서 보호 의무 를 인정하고 있다. 대법원은 "사용자는 근로계약에 수반되는 신의칙상의 부수적 의무로서 피용자가 노무를 제공하는 과정에서 생명, 신체, 건강 을 해치는 일이 없도록 물적 환경을 정비하는 등 필요한 조치를 강구하 여야 할 보호 의무"를 부담한다는 판시를 여러 차례 내놓은 바 있다.[6] 보 호 의무 위반으로 인한 손해에 대하여 채무불이행책임과 경합하여 불법 행위책임이 성립한다고 보고 있다.[7]

---

6   대법원 1999.2.23. 선고 97다12082 판결; 대법원 2000.5.16. 선고 99다47129
     판결; 대법원 2001.7.27. 99다56734 판결 등.
7   대법원 1997.4.25. 선고 96다53086 판결.

개별사안에서 사용자의 보호 의무를 어디까지 인정할 수 있을 것인가는 추상적 판시와 별개로 문제된다. 가해자의 성희롱 행위가 은밀하게 이루어졌다는 이유로 사용자의 보호 의무 위반이 아니라고 판단한 경우가 있으며,[8] 야간에 회사 기숙사 내에서 발생한 입사자들 사이의 구타행위에 대해서 사용자의 보호 의무를 부정하기도 하였다.[9]

주·야간으로 일을 하게 한 상태에서 피용자에게 장거리운전까지 하게 한 사안에서는 피용자의 교통사고로 인한 상해에 대하여는 사용자가 보호 의무를 위반하였다고 평가하였다.[10]

우리 법제는 산업안전보건법 등에서 물리적·화학적 위험요인을 위주로 사용자의 의무를 설계하고 있고, 인적 위험에 대한 사용자의 의무가 구체적으로 규정되어 있지 않다.[11] 그로 인하여 인적 위험에 대한 사용자의 보호 의무를 인정하는 데 인색한 편이다.

대인서비스 업무의 경우 사용자는 노동자로 하여금 대인적 위험을 마주하게 하면서 이익을 얻는다. 대인서비스 업무에서 사용자의 이익창출의 가능성과 불법행위의 위험성은 비례한다. 그렇다면, 고객 등 제3자에 의하여 서비스노동자가 겪게 되는 위험에 대하여 사용자는 안전·보건조치의 일환으로서 그 예방과 해소를 위한 방안을 적극적으로 마련할 의무가 있다.

1심 판결과 2심 판결의 결론이 다른 것은 사실 인정을 달리하였기 때문이기도 하지만, 감정노동과 관련한 사용자의 의무에 대한 구체화 정도

---

8   대법원 1998.2.10. 선고 95다39533 판결.
9   대법원 2001.7.27. 99다56734 판결.
10   대법원 2000.5.16. 선고 99다47129 판결.
11   김미영, 앞의 글, 14쪽.

가 달랐기 때문이기도 하다. 1심 판결에서는 감정노동의 특성에 주목하여 그와 관련한 사용자의 의무를 7개로 나누어서 구체적으로 설시한 반면, 2심 판결에서는 일반적인 사용자의 보호 의무만을 기준으로 삼았다. 1심 판결은 고객의 불만원인에 대한 정확한 책임소재를 확인한다거나 관리감독자가 개입하여 중재하는 등의 제도적 절차가 마련되어 있지 않은 점 등을 주목한 반면, 2심 판결은 매년 스트레스 관리교육을 실시하고 반기별 캔미팅을 시행하는 것 정도로 콜센터 노동자가 겪게 될 스트레스에 대한 예방조치를 다한 것으로 보았다. 불만 고객에게 페널티를 부과하겠다고 안내한 것에 대하여 1심 판결은 노동자가 압박을 받을 수밖에 없는 상황으로 평가한 반면, 2심 판결은 이를 단지 불만을 누그러뜨리기 위한 의례적인 조치라고 평가하였다.

Ⅳ. 나가며

대상판결에 나온 고객센터 등에서 수행하는 고객응대 업무는 여성 노동자가 집중되어 있는 대표적인 직군이다. 상냥함, 친절함 등의 감정 표현은 여성이 가진 특성처럼 이야기되며 별도의 노동능력으로 인식되지 아니하고 저평가되는 경우가 많았다.[12] 이는 감정노동이 많이 필요한 서비스 업무가 저임금화, 불안정화되는 경향과 연결된다.

1심 판결은 그동안 저평가되었던 감정노동의 특성을 살펴 그에 대한 사용자의 보호 의무를 구체적으로 판시하였다는 데서 의의가 크다. 비록

---

12 박귀천·신수정, 「감정노동과 법」, 『중앙법학』 제20권 제3호(3), 362~363쪽.

항소심 법원에서 파기되었으나, 최근 산업안전보건법에서 고객응대 근로자에 대한 사업주의 조치를 의무화하고, 감정노동이 노동자의 건강에 미치는 영향에 대한 연구가 축적되어 가는 추세를 고려할 때, 단순히 몇 차례의 스트레스 교육만으로 사용자의 의무를 다하였다고 본 항소심 판결의 관점은 비판을 면하기 어렵게 될 것이다.

고객으로부터 폭언을 당했을 때 업무중단이 가능한 문화와 환경이 조성되어 있는지(권리로서 업무중단권을 실제 행사할 수 있는지), 고객과의 갈등 시 책임소재를 확인할 수 있는 절차가 마련되어 있고 그를 통한 실질적 구제가 가능한지 등 사용자의 의무 위반과 관련한 더 구체적 기준이 마련될 필요가 있다. 또한 서비스 업무가 다수 도급화되어 있는 현실을 고려할 때 원청의 책임에 대한 기준도 마련되어야 할 것이다.

야쿠르트 판매원은 근로자인가, 아닌가

안현지

대상 판결

대법원 2016.8.24. 선고 2015다253986 판결(야쿠르트 위탁판매원)
  관여 대법관 : 권순일(재판장), 박보영(주심), 박병대, 김신

대법원 2016.10.27. 선고 2016다29890 판결(은행 전화권유판매원)
  관여 대법관 : 이기택(재판장), 김신(주심), 김용덕, 김소영

대법원 2017.1.25. 선고 2015다59146, 2015다63299 판결(백화점 판매원)
  관여 대법관 : 김신(재판장), 이기택(주심), 김용덕, 김소영

안현지 민변 여성인권위원회 여성노동과 빈곤팀에서 활동하며 서울노동권익센터의 지원을 받아 여성지적장애인의 산업재해 요양불승인처분취소 소송을 수행하였습니다.

야쿠르트 판매원은 근로자인가, 아닌가

I. 시작하며

여성들이 주로 종사하는 이른바 '여성 직종' 종사자들은 가부장적 통념에 의하여 주변적 노동력으로 여겨진 결과 인건비 절감을 위해 회사 밖으로 밀려나 근로자로서의 보호는 받지 못한다. 그러나 여전히 회사의 필요에 의하여 지휘 감독 아래 종속적 노동을 하는 이중고(二重苦)를 겪고 있다.

'여성 직종' 종사자의 근로기준법상 근로자성이 문제된 최근 판결에서 대법원은 야쿠르트 위탁판매원은 근로자로 인정하지 않았으나 은행 전화권유판매원(텔레마케터)과 백화점 위탁판매원은 근로자로 인정하여 사용자에게 근무한 기간에 상응하는 퇴직금을 지급하도록 하였다.

대법원은 근로기준법상 근로자에 해당하는지는 계약의 형식보다 실질로 판단한다는 원칙을 확립하여 적용하고 있다. 실질로 판단해야 하는 이유는 형식은 사용자가 쉽게 꾸밀 수 있는 것이기 때문이다. 사용자는 형식을 꾸밀 유인도 능력도 있으므로 그 형식과 다른 실질을 드러내는 것은 소송의 당사자, 소송대리인과 법관이 근로관계의 현실을 이해하고 사건을 얼마나 깊게 들여다보느냐에 달려 있다. 니시타니 사토시는『노동법의 기초구조』에서 "계약형식 등을 과도하게 중시하는 것은 의도적인 '비근로자화'를 법적으로 추인하는 결과로 될 수밖에 없다."고 하였다.[1]

대법원은 실질 판단 원칙에 따라 종속성의 세부 판단기준을 제시하고 판단기준을 적용할 때 사용자가 경제적으로 우월한 지위를 이용하여 임의로 정할 여지가 있는지, 명시적으로 정하지 않았어도 다른 방식으로 실질적 불이익을 주는 식으로 사실상 강제하고 있는지에 특히 주의를 기울이고 있다. 또한 보수체계나 계약의 결정 및 변경 경위에서 종속성을 포착한 백화점 판매원에 관한 대법원 판결과 같이 새로운 종속성 판단기준을 발견하기도 한다. 그러나 '보수의 성격이 근로 자체의 대가인지 여부'라는 종속성 판단기준은 사실상 기능을 못 하는 문제점이 있다.

Ⅱ. 근로기준법상 근로자의 의미와 대법원의 판단기준

근로기준법상 근로자란 직업의 종류와 관계없이 임금을 목적으로 사업이나 사업장에 근로를 제공하는 자를 말한다(근로기준법 제2조 제1항 제1호).

---

1 니시타니 사토시, 한국노동법학회 · 한국비교노동법학회 편역,『노동법의 기초구조』, 박영사, 2016, 231쪽

대법원[2]은 "근로기준법상의 근로자에 해당하는지 여부는 계약의 형식이 고용계약인지 도급계약인지보다 그 실질에 있어 근로자가 사업 또는 사업장에 임금을 목적으로 종속적인 관계에서 사용자에게 근로를 제공하였는지 여부에 따라 판단하여야" 한다고 설시한 다음 종속적 관계에 있는지에 관한 판단기준으로 ① 업무 내용을 사용자가 정하고 ② 취업규칙 또는 복무(인사)규정 등의 적용을 받으며 ③ 업무 수행 과정에서 사용자가 상당한 지휘·감독을 하는지,[3] ④ 사용자가 근무시간과 근무장소를 지정하고 근로자가 이에 구속을 받는지, ⑤ 노무제공자가 스스로 비품·원자재나 작업도구 등을 소유하거나 제3자를 고용하여 업무를 대행케 하는 등 독립하여 자신의 계산으로 사업을 영위할 수 있는지, ⑥ 노무 제공을 통한 이윤의 창출과 손실의 초래 등 위험을 스스로 안고 있는지와 ⑦ 보수의 성격이 근로 자체의 대상적 성격인지, 기본급이나 고정급이 정하여졌는지 및 근로소득세의 원천징수 여부 등 보수에 관한 사항, ⑧ 근로 제공 관계의 계속성과 사용자에 대한 전속성의 유무와 그 정도, ⑨ 사회보장제도에 관한 법령에서 근로자로서 지위를 인정받는지 등의 경제적·사회적 여러 조건을 종합하여 판단하여야 한다고 밝혔다. 다만, 기본급이나 고정급이 정하여졌는지, 근로소득세를 원천징수하였는지, 사회보장제도에 관하여 근로자로 인정받는지 등의 사정은 사용자가 경제적으로 우월한 지위를 이용하여 임의로 정할 여지가 크다는 점에서 그러한 점들이 인정되지 않는다는 것만으로 근로자성을 쉽게 부정하여서는

2　대법원 2006.12.7. 선고 2004다29736 판결.
3　대법원 1994.12.9. 선고 94다22859 판결의 "구체적, 개별적 지휘 감독을 받는지"에서 완화되었다.

안 된다."라고 판시하였다.

Ⅲ. 대상판결 검토

1. 야쿠르트 위탁판매원(대법원 2016.8.24. 선고 2015다253986 판결)-근로자성 부정

1) 판결 내용

원고는 ㈜한국야쿠르트와 유제품 등을 고객에게 판매하고 회사에 대금을 수령 · 전달하고 매출실적에 따라 수수료를 지급받기로 하는 위탁판매계약을 체결한 후 2002년 2월 1일부터 2014년 2월 28일까지 용역을 제공하였고, 근로자임을 주장하며 퇴직금 등을 청구하였다.

대법원은 원심4) 및 제1심5)의 사실인정을 그대로 인용하여 노무제공자가 스스로 비품 · 원자재나 작업도구 등을 소유하지 않은 점을 제외하고는 종속성이 없으므로 원고는 근로자가 아니라고 판단하였다.

회사는 관리점 게시판에 일정표를 게시하고 고객관리 및 영업활동지침에 관한 서약서를 징구하였는데 이는 위탁판매계약상 의무를 주지시키는 것에 불과하고 일정 제품의 판매 할당을 하지 않았고 회사의 정기적 교육이 있었지만 불참 시 불이익을 주지 않았으므로 업무 수행 과정

---

4   부산지방법원 2015.11.20. 선고 2015나41982 판결.
5   부산지방법원 동부지원 2015.2.16. 선고 2014가단207735 판결.

에서 회사가 구체적 지휘나 감독을 한 것으로 볼 수 없는 점, 회사가 근무복을 제공하고 적립형 보험의 보험료 및 상조회비를 일부 지원하였지만 이는 판매활동을 장려하기 위한 것이지 근무상의 어떠한 지시나 통제를 받은 것으로는 평가할 수 없는 점, 회사는 취업규칙과 복무규정을 적용하지 않았고 위탁판매계약 위반 시에도 계약해지 외 징계는 할 수 없고 위탁판매원은 수금한 제품대금을 모두 회사에 전달하고 회사로부터 수수료를 지급받았는데 수수료는 판매실적에 연동되어 결정되는 것으로서 위탁판매원들이 제공하는 용역의 내용이나 시간과 반드시 비례적 관련성을 가진다고 볼 수 없는 점 등을 근거로 들었다.

2) 검토 의견

야쿠르트 위탁판매원은 '㈜한국야쿠르트'라는 하나의 회사에만 존재하는 직종으로서 근로 제공 관계의 계속성과 회사에 대한 전속성이 있음에도 불구하고 대법원이 종속성을 부인한 주된 근거는 위탁판매원의 자율성 또한 상당히 나타난다는 점에 있다. 이는 회사의 정책에 기인할 뿐만 아니라 판매 과정이 단순하고 위험 부담이 적으며 사용자는 판매 실적만 알면 되지 업무 내용을 통제할 필요성은 거의 없는 업무 자체의 성격에서도 기인한다.

위탁판매계약 위반 시 계약해지 외 징계는 못 한다는 점에 관해 아래 은행 전화권유판매원에 대한 대법원 2016.10.27. 선고 2016다29890 판결과 같이 위탁판매계약 위반 시 계약해지는 징계해고에 상응하는 불이익으로 볼 여지가 있는지까지 검토하지 않았다. '구체적 개별적 지휘 감독'이 '상당한 지휘 감독'으로 완화된 참조 판례를 인용하면서도 막상 판단에서는 '구체적 지휘 감독', '구체적 업무지시 감독'이 없었다는 데 그친 점도 아쉽다. '구체적 개별적' 지휘 감독이 없어도 '상당한' 지휘 감독은 있을 수 있다.

야쿠르트 위탁판매원은 직무수행능력, 투입자본 면에서 진입 문턱이 낮아 특히 기혼 여성 일자리를 획기적으로 창출하였고 회사는 별달리 착취, 갑질도 없었던 좋은 이미지를 가지고 있다.

12년이란 긴 시간 야쿠르트 위탁판매원으로서 일한 원고는 회사에 소속된 근로자로서의 정체성을 형성하였고 이에 퇴직금을 받아 마땅하다고 생각하였을 것이나 결국 근로자성을 인정받지는 못하였다. 남겨진 과제는 근로기준법 근로자로 인정받지 못한 야쿠르트 위탁판매원들을 법적으로 보호할 가능성이다. 사용자에 경제적으로 종속되어 상시적으로 근로를 제공하며 보수를 받아 생활을 하고 있다는 점[6]에서 특수형태근로종사자로 보아 적어도 업무상 재해로부터는 보호할 필요가 있다.

---

6 산업재해보상보험법 제125조(특수형태근로종사자에 대한 특례)
  ① 계약의 형식에 관계없이 근로자와 유사하게 노무를 제공함에도 「근로기준법」 등이 적용되지 아니하여 업무상의 재해로부터 보호할 필요가 있는 자로서 다음 각 호의 모두에 해당하는 자 중 대통령령으로 정하는 직종에 종사하는 자 (이하 이 조에서 "특수형태근로종사자"라 한다)의 노무(勞務)를 제공받는 사업은 제6조에도 불구하고 이 법의 적용을 받는 사업으로 본다.
  1. 주로 하나의 사업에 그 운영에 필요한 노무를 상시적으로 제공하고 보수를 받아 생활할 것
  2. 노무를 제공함에 있어서 타인을 사용하지 아니할 것
  ② 특수형태근로종사자는 제5조제2호에도 불구하고 이 법을 적용할 때에는 그 사업의 근로자로 본다. 다만, 특수형태근로종사자가 제4항에 따라 이 법의 적용제외를 신청한 경우에는 근로자로 보지 아니한다.

2. 은행 전화권유판매원(대법원 2015.7.9. 선고 2012다20550 판결)-근로자성 인정

1) 판결 내용

원고들은 피고 은행과 섭외영업위촉계약을 체결하고 고객 데이터베이스를 받아 고객에게 전화로 카드론을 홍보하고 신청을 권유하는 업무를 수행하는 전화권유판매원(텔레마케터)으로 일하였고 근로자임을 주장하며 퇴직금 등을 청구하였다.

대법원은 원심[7] 및 제1심[8]과 달리 종속성을 인정하였다. 피고 은행은 전화권유판매원들에게 업무 수행 중 준수할 사항이 기재된 '업무운용수칙' 및 '스크립트' 등을 배부하였는데 원심은 관련 법령을 준수하기 위한 내용일 뿐이라고 판단하였으나 대법원은 끝인사, 거절극복을 위한 대사, 고객들의 대응유형별로 카드론 상품을 이용하게 하기 위한 구체적인 대사도 상세하게 기재되어 있으므로 피고를 위한 업무 수행의 내용과 방법 등에 관한 지침으로서의 성격도 함께 포함되어 있다고 하여 업무내용을 사용자가 정한 근거로 보았다. 또한 피고 은행이 업무 수행 과정과 결과를 모니터링하고 실적을 관리하며 '업무운용수칙' 위반 시 제재를 가하고 '섭외영업위촉계약서'에 업무운용수칙 위반 시 징계해고에 상응하는 계약해지의 불이익이 규정되어 있으며 지시에 따라 계약 외 업무도 수행하였던 점에 비추어 대법원은 업무 수행 과정에서 사용자가 상당한 지휘

---

7 서울고등법원 2016.6.8. 선고 2016나1894 판결.
8 서울중앙지방법원 2015.12.24. 선고 2014가합30556 판결.

감독을 하였다고 판단하였다.

2) 검토 의견

전화권유판매원들이 은행과 맺은 '섭외영업위촉계약'에는 독립적으로 그 업무를 수행하는 것을 원칙으로 하고 은행은 직원에 상당하는 지휘 감독을 하지 아니한다는 규정이 있지만 법원은 계약 규정이 아닌 실질을 보아 위 계약의 세부 규정, '업무운용수칙' 및 '스크립트', 실제 업무 수행 내용 등을 종합하여 원고들의 근로자성을 인정하였다.

업무 자체의 성격을 보면 야쿠르트 위탁판매원의 경우와 달리 금융상품인 '카드론'을 전화로 판매하는 것이므로 금융상품의 세부 내용을 이해해야 하고 설명 의무 등 법령을 준수해야 하며 은행은 위법의 위험을 부담하는 데 따라 적법한 내용 설명 대사를 제공하고 그에 따르는지 지휘 감독하고 녹음하여 모니터링하고 업무 수행 불량을 제재해야 하는 등 업무 통제의 필요성이 컸다.

흥미로운 점은 매니저들이 전화권유판매원들에게 9시 30분부터 18시 30분까지 30분에서 1시간 단위로 실적에 관계없이 같은 수량의 고객 데이터베이스를 분배하였다는 사실을 놓고 원심과 대법원이 종속성 여부를 반대로 해석한 것이다. 원심 및 제1심은 실적에 관계없이 균등하게 고객 데이터베이스를 분배 받았다는 점에 주목하여 실적 부진에 따른 불이익이 없어 종속성이 없다는 근거로 삼았다. 그러나 대법원은 근무시간 중 30분 내지 1시간 단위로 고객 데이터베이스를 분배하는 것은 판매원들이 지각, 조퇴, 무단이탈, 결근할 경우 고객 데이터베이스를 적게 분배 받아 근무시간을 지키지 않으면 실질적 불이익을 받는 것이므로 종속성이 있다는 근거로 보았다. 실적 부진에 따른 불이익은 실적에 비례하는 수수료로 충분히 줄 수 있으므로 피고 은행 입장에서 굳이 고객 데이터베이스 분배로써 재차 실적 부진의 불이익을 줄 필요가 적다는 점에서 원심 및 제1심의 견해보다 대법원의 견해가 더 실질에 부합하여 설득력 있다.

3. 백화점 판매원(대법원 2017.1.25. 선고 2015다59146, 2015다63299[9] 판결) - 근로자성 인정

1) 판결 내용

넥타이, 스카프 등을 수입·제조·판매하는 피고 회사는 백화점 운영회사와 사이에 백화점 운영회사가 피고 회사의 물품을 외상 매입하여 백화점에서 판매한 후 그 판매 수익에서 수수류를 공제한 나머지 금액을 피고 회사에 지급하기로 하는 '백화점 특약매입거래계약'을 체결하고 판매 업무를 수행할 인력을 피고 회사가 파견하기로 약정하였다. 원고들은 피고 회사에 정규직으로 고용되었다가 일괄적으로 사직서를 제출하고 퇴직금을 지급받은 다음 회사와 '판매용역계약'을 체결하였는데 업무내용은 사직 전후 동일하게 백화점에서 판매 업무를 수행하는 것이었다. 원고들은 근로자임을 주장하며 피고 회사를 상대로 퇴직금 등을 청구하였다.

---

9   같은 날 선고된 동일 판결이다.

대법원은 원심[10]과 달리 원고와 피고의 '판매용역계약서'는 그 형식이 위임계약처럼 되어 있지만 실질은 임금을 목적으로 종속적인 관계에서 피고에게 근로를 제공한 근로계약관계라고 하여 종속성을 인정하였다.

특히 보수에 관하여 원심은 피고가 지급하는 수수료는 판매원들의 업무실적 결과에 비례하므로 수수료 액수에 상한과 하한이 있고 특정 시기에 고정급을 지급한 사정에도 불구하고 위임의 성질에 반한다고 볼 수 없다고 하였다. 그러나 대법원은 보수체계가 변하는 동안 피고가 판매원들의 동의를 받은 적도 없고 계약을 새로 체결하지도 않았던 점을 지적하며 피고에 대한 종속성을 뒷받침하는 근거로 삼았다. 또한 백화점 판매원들이 정규직으로 근무하다가 사직서를 제출하고 퇴직금을 지급받은 사실에 대하여 원심은 근로관계를 해소하려는 의사를 발견한 반면 대법원은 그 과정에서 피고 회사가 사용자로서 경제적으로 우월한 지위를 이용하여 임의로 정하였다고 볼 여지가 있는 요소들 즉 취업규칙 적용을 받지 못하고 근로소득세가 아닌 사업소득세를 납부하며 4대보험에서 근로자로서의 지위를 인정받지 못하는 점에 주목하였다.

2) 검토 의견

보수와 퇴직이라는 같은 사실을 놓고 원심과 대법원의 상반된 입장을 비교해볼 수 있다. 원심은 보수 형식이 판매수수료라는 점, 판매원들이 근로계약을 해지하고 판매용역계약을 새로 체결하였으므로 근로관계를

---

10 서울고등법원 2015.9.4. 선고 2014나49083 판결, 서울고등법원 2015.9.23. 선고 2014나49250 판결.

해지하려는 의사가 있었다는 점을 근거로 근로관계의 종속성을 부인하였는데 이는 사용자가 마음대로 할 수 있는 보수 형식과 계약 형식만 보고 그 결정과 변경 경위에 드러난 종속성을 보지 못한 것이다.

대법원은 사용자는 경제적으로 우월한 지위에서 보수체계를 정할 수도 있고 근로계약으로 할지 위임계약으로 할지 계약의 형식도 정할 수 있다는 점, 실제로 피고 회사는 보수체계를 여러 번 바꾸는 동안 종전 계약을 수정하지 않았고 판매원들의 동의를 받은 적도 없었으며 정규직 사원이던 판매원들을 일괄적으로 근로계약 해지에 이어 판매용역의 위임계약관계로 변경한 점에서 종속성을 포착하였는데 이는 원심보다 실질판단 원칙에 더 부합한다. 대법원이 발견한 이런 종속성은 판례가 밝힌 판단기준들에는 없는 것이다. 보수체계나 계약의 결정 및 변경 경위에서 드러나는 종속성은 이 사건만 아니라 다른 사건에서도 나타날 수 있으므로 판단기준으로 포함하는 것이 바람직하다.

이 사건 이후 선고된 하급심 판결에서 백화점 판매원의 근로자성에 대하여 엇갈린 결과가 나오고 있다. 백화점 판매원이라는 직종에 속하기만 하면 종속관계, 근로자성이 인정되는 것이 아니라 구체적 사실관계에 따라 업무 내용을 사용자가 정했는지, 상당한 지휘 감독이 있었는지 등에 관하여 달리 판단될 수 있다. 서울중앙지방법원 2018.8.30. 선고 2017가합530644 판결은 근로자로 인정하지 않았으나 서울중앙지방법원 2018. 9.6. 선고 2017가합526959 판결은 백화점 판매원을 근로자로 인정하였다. 두 사건에서 백화점 판매원들이 급여를 지급하는 판매 보조원들이 있었는데 판매원들이 이들을 고용한 것인지가 문제되었다. 앞의 판결은 판매 사원의 채용, 출퇴근 등은 피고 회사의 관여 없이 판매원들이 독자적으로 결정하고 관리하였으므로 판매원들이 고용한 것이라고 보았고 뒤의 판결은 피고 회사가 채용 인원을 정하고 채용 여부, 심사에도 관여하였으므로 판매원들이 고용한 것으로 볼 수 없다고 하였다. 또한 두 사건에서 상품 판매 가격을 피고 회사가 정한 점에 관하여 앞의 판결은 피고가 가진 브랜드의 통일성을 유지하기 위해 모든 매장에서 동일한 상품이 동일한 가격으로 판매되도록 관리할 필요가 있었으므로 피고가 업무 내용을 정했다는 근거로 볼 수 없다고 판단한 반면 뒤의 판결은 판매 가액은 판매에서 가장 중요한 요소이므로 피고가 업무 내용을 정했다는 근거라고 보았다. 근로자성을 부정한 앞의 판결에서 판매원들이 판매보조원을 고용하였다고 본 점은 수긍이 가나 상품 판매가격을 피고가 정한 사실에 관하여는 브랜드 통일성 유지 필요성이 있다는 것은 어느 모로 보나 피고 측 사정이므로 피고가 자신의 필요와 사정에 따라 업무 내용을 정하고 근로자가 그에 따라야 하는 것은 종속성을 나타낸다는 판단을 배제할 사유는 될 수 없다.

Ⅳ. 근로자성을 형식보다 실질로 판단한다는 것의 의미

대법원[11]은 사용자가 경제적으로 우월한 지위를 이용하여 임의로 정할 수 있는 것으로 기본급이나 고정급이 정하여졌는지, 근로소득세를 원천징수하였는지, 사회보장제도에 관하여 근로자로 인정받는지 등을 들고 있다. 그러나 형식이 아닌 실질로 판단하려면 단지 이 세 개뿐만 아니라 사용자가 임의로 정할 수 있는 모든 것이 종속성의 판단기준이 될 수

---

11 대법원 2006.12.7. 선고 2004다29736 판결.

있다고 생각해야 하며 더 나아가 백화점 판매원에 관한 대법원 판결에서 보듯 판례가 밝힌 판단기준 외에도 새로운 종속성의 판단 근거를 발견하고자 해야 한다.

가령 취업규칙 등 적용 여부도 사용자가 임의로 정할 수 있는 것이며 취업규칙을 적용하지 않아도 사용자는 다른 방법으로 규칙을 정하고 제재를 가할 수 있다. 백화점 판매원 판결에서 대법원은 백화점 판매원들이 취업규칙의 적용을 받지 못한 것은 사용자로서 경제적으로 우월한 지위를 이용하여 임의로 정하였다고 볼 여지도 있다고 하였다. 은행 전화권유판매원 판결에서 은행은 취업규칙을 적용하지 않았지만 대법원은 업무 수행 중 준수할 사항이 기재된 '업무운용수칙' 및 '스크립트' 등이 업무 수행의 내용, 방법 등에 관한 지침으로서의 성격도 포함하였다고 보아 사용자가 업무내용을 지정하고 업무 수행을 지휘 감독한 것으로 보았다.

사용자는 근무시간과 장소를 명시적으로 정하지 않고도 사실상 정하여 근로자를 그 시간에 그 장소에서 일하도록 구속할 수 있다. 근로관계의 실질은 사실상의 근무시간과 장소가 나타나는지, 지키지 않을 경우 실질적 불이익이 있는지를 파헤쳐 드러내야 한다. 은행 전화권유판매원 판결에서 법원은 전산 로그기록이 9시 30분부터 18시 30분 사이에 집중된 점, 통화량, 통화시간이 전산프로그램에 자동 저장되는 점, 은행 정규직인 매니저가 같이 근무하면서 전화권유판매원들의 출근 여부, 통화 여부, 통화 횟수 등을 알 수 있었고 통화 횟수나 실적에 따른 추가 데이터베이스 제공 등 각종 프로모션을 진행한 점, 30분 내지 1시간 단위로 데이터베이스를 분배하는 것은 판매원들에게 근태에 따라 실질적 불이익을 주는 점을 근거로 하여 사용자가 근무시간을 명시적으로 정하지 않았음에도 판매원들은 사실상 근무시간의 구속을 받았다고 판단했다.

V. '보수의 성격이 근로 자체의 대가인지 여부'라는 종속성 판단기준의 문제점

보수에 관하여 종속성 판단기준으로 열거된 것 중 '보수의 성격이 근로 자체의 대가인지 여부'는 상위 기준이고 '기본급·고정급이 정하여졌는지'는 하위 기준이다. '근로소득세의 원천징수 여부'도 판단기준으로 제시되나 이는 보수의 성격이 근로 자체의 대가인지를 가리는 것과는 상관이 없다. 위계상 상위 기준은 하위 기준들을 종합적으로 고려하여 판단할 수 있다. 그런데 하위 기준이 '기본급·고정급이 정하여졌는지' 하나뿐이며 게다가 이는 사용자가 임의로 정할 수 있는 것이라는 데에서 '보수의 성격이 근로 자체의 대가인지 여부'를 도대체 무엇으로 판단해야 할지 곤란이 발생한다.

대상 판례 전부에서 근로자들은 기본급이나 고정급을 받지 않았고 판매 실적에 따른 수수료를 받았다.

그런데 야쿠르트 위탁판매원 판결은 "각종 수수료의 금액은 기본적으로 각 위탁판매원의 판매실적에 연동되어 결정되는 것으로서, 위탁판매원들이 제공하는 용역의 내용이나 시간과 반드시 비례적 관련성을 가진다고 볼 수 없다", 은행 전화권유판매원 판결은 "수수료는 고정적인 근로의 대가라기보다는 투입한 근로의 양이나 질과는 관계없이 실적에 따라 지급하는 돈으로서의 성격을 가진다고 봄이 타당하다"라고 한 것은 판매수수료는 '근로의 양과 질' 또는 '용역의 내용이나 시간'과 비례적 관련성이 없다고 한 데 그쳤지만 '근로 자체의 대가'가 아니라고 판단한 것으로 해석할 수 있다.

이와 상반되게 아래 두 판결은 기본급 또는 고정급이 없고 성과급 또는 실적에 따른 수수료만을 지급받아 왔다 하더라도 보수의 성격을 근로의 대가인 임금이라고 명시적으로 판단하고 있다.

> 채권추심원의 근로자성 인정 판결(대법원 2016.4.15. 선고 2015다252891 판결)
> "원고들이 받은 보수는 기본급이나 고정급 없이 성과급의 형태로만 지급되었지만 이는 채권추심업무의 특성에 의한 것일 뿐이고, 원고들이 제공한 근로의 양과 질에 대한 대가로서의 임금의 성격을 지니지 아니한 것이라고 보기는 어렵다."

> 한국방송공사 시청료징수원의 근로자성 인정 판결(대법원 1993.2.9. 선고 대법 91다21381 판결)
> "위탁직 징수원이 기본급이나 고정급이 없이 징수한 시청료에 대한 일정비율의 금액만을 수수료 명목으로 지급받아 왔다 하더라도 그것이 전체 근로에 대한 대가로서 지급된 것임이 명백한 이상 그 임금으로서의 성격(일종의 성과급 또는 능률급)이 부정되어지는 것도 아니라 할 것"

야쿠르트 위탁판매원과 은행 전화권유판매원 판결에서 판매수수료가 '근로 자체의 대가'가 아니라고 판단한 것으로 해석하더라도 결론에서 앞의 판결은 종속성을 부정하고 뒤의 판결은 종속성을 인정하고 있어 '근로 자체의 대가'가 아닌 보수를 받더라도 '임금을 목적으로' 근로를 제공하였다고 볼 수 있다는 것인지 불분명하다.

이처럼 근로기준법은 근로자를 직업의 종류와 관계없이 '임금을 목적으로' 사업이나 사업장에 근로를 제공하는 자(근로기준법 제2조 제1항 제1호)라고 정의하므로 보수의 성격이 근로자성 판단의 핵심임에도 불구하고 관련 판단기준인 '보수의 성격이 근로 자체의 대가인지 여부'는 '기본급·고정급이 정하여졌는지'라는 그야말로 형식적인 판단기준 외 다른 하위 기준이 없는 결과, '기본급이나 고정급이 없는 것만으로 종속성을 쉽게 부정할 수 없다'는 소극적 의미에만 그칠 뿐 종속성 판별 기준으로서 사실상 기능을 하지 못하고 있다.

VI. 나가며

각 판결에서 실질 판단 원칙을 어떻게 적용하였는지 세부 판단기준을 통하여 살펴보았다.

대법원은 근로기준법상 근로자에 해당하는지는 계약의 형식보다 실질로 판단한다는 원칙을 확립하였는데 이는 사용자에 비해 열위에 있는 근로자를 보호하고자 하는 근로기준법의 취지에 따른 것이다. 사내 하청 근로자들에 대해 도급계약 형식을 하고 있더라도 실질에 따라 파견이나 묵시적 근로계약관계를 인정하는 것도 마찬가지이다. 점점 회사 밖으로 주변부로 밀려나는 여성 직종 근로자들을 법으로 보호하기 위해서는 실질 판단 원칙에 따라 기존 판단기준이 현실에 적합한지, 실효성이 있는지 검토하고 새로운 판단기준을 발견하는 적극적인 시도가 필요하다.

육아에서 국가의 책임은 무엇인가

박지현

 대법원 2017.8.23. 선고 2015두51651 판결(육아휴직급여 수급요건 사건)
　관여 법관 : 조재연(재판장), 조희대(주심), 고영한, 권순일
　2심 : 서울고등법원 2015.8.28. 선고 2014누56002 판결
　관여 법관 : 김명수(재판장), 여운국, 권순민
　1심 : 서울행정 2014.6.26. 선고 2014구합51166 판결
　관여 법관 : 반정우, 김용찬, 김정환

**헌법재판소 2018.1.25. 선고 2015헌마1047 판결(보육료 · 양육수당 지원대
상 사건)**
　관여 법관 : 이진성, 김이수, 김창중, 안창호, 강일원, 서기석, 조용호, 이선애, 유남
석

박지현 여성폭력방지팀 · 여성노동과 빈곤팀에서 활동하고 있으며 성폭력피해자 · 이주여성 법률지원 및 성폭력 · 성희롱 · 가정폭력 예방 강연 활동을 하고 있습니다.

육아에서 국가의 책임은 무엇인가

— 육아휴직 급여 수급요건과 보육료·양육수당 지원대상 사건을 중심으로

Ⅰ. 시작하며

자녀를 양육하는 근로자들에게 '근로자의 의무'와 '자녀의 양육'이 충돌하는 경우가 대부분인데, 남성 근로자보다 여성 근로자들에게 자녀양육 부담이 특히 편중되어 있어 경력단절이 되거나 일·가정양립이 어려운 것이 여성 근로자들의 현실이다.

이러한 근로자들, 특히 여성 근로자가 주로 담당하는 영유아 양육문제를 국가와 사회가 함께 해결해나갈 필요성이 증대하고 있음에도 불구하고 판례는 근로관계법령상 육아휴직 및 육아휴직급여의 법적 성격과 수급요건을 일률적이고 한정적으로 판단하고 있다.

일·가정양립을 위해 '남녀고용평등법'에 규정된 육아휴직제도는 사업주와의 관계에서 복직을 요구할 수 있는 점에서 사회보장 취지가 가미된 노동법적 권리라 할 수 있고, '고용보험법'에 규정된 육아휴직급여는 본질적으로 사회보험을 통해 지급되는 사회수급권이어서 전적으로 사회보

장법적 권리라 할 수 있다.[1]

육아휴직과 육아휴직급여 간에는 위와 같이 권리의 법적인 성격에 차이가 있고, 이를 서로 다른 법령에서 규율하고 있다. 그럼에도 불구하고 우리 판례는 육아휴직급여의 수급을 위해서 육아휴직이 종료되지 않을 것을 요구하여, 육아휴직급여 수급요건을 한정적으로 해석하고 있다. 그러나 한편으로는, 영유아보육법에서 규정하고 있는 아동에 대한 보육료·양육수당의 지원대상은 대한민국 국적을 보유한 채로 일정 기간 거주한 국민에게까지 확대하고 있어, 각 판결의 의미를 검토할 필요성이 있다.

II. 육아휴직 급여 수급요건

1. 사건의 개요

A는 甲주식회사에서 근무하다 2011년 1월 23일 자녀를 출산했고, 남편의 사업을 돕기 위해 멕시코로 출국하면서 자녀를 데리고 가려 하였으나 자녀의 건강상태 등을 우려하여 친정어머니에게 자녀를 맡긴 채 2011년 6월 4일 출국하여 2012년 2월 11일 귀국했다. 한편 A는 2011년 4월 1일부터 2012년 3월 31일까지의 육아휴직기간 동안 매월 육아휴직급여를 수령하였다. 이에 대해 서울지방고용노동청이 고용보험법 제73조 제3

---

1   김진, 「토론문」, 『육아휴직급여 판결을 통해 본 육아휴직급여제도의 현황 및 과제 토론회 자료집』, 서울사회복지공익법센터, 2014, 50쪽.

항 부정수급을 이유로 A가 해외에 체류하기 시작한 2011년 6월 4일부터 2012년 3월 31일까지의 기간에 대응하는 육아휴직급여 8,078,400원 및 위 금액의 100%에 해당하는 8,078,400원의 추가징수처분을 하였다.

1심에서는 간접적으로 육아를 한 경우라면 육아휴직 종료사유가 되지 않고 부정한 방법으로 수급한 사실이 없다고 보았으나 2심 및 대법원에서는 육아휴직의 종료사유로 남녀고용평등법 시행령에 '영유아와 동거하지 아니하게 된 때'라고 규정하였으므로 자녀와 실질적으로 동거하지 않았다면 육아휴직이 종료되었기 때문에 고용보험법상의 육아휴직급여를 수령할 수 없다는 결론을 내렸다. 다만 자녀와 동거하지 아니한 채로 수령한 육아휴직급여가 부정수급인지에 대해 2심이 부정수급이라고 판단한 것과 달리 대법원은 고용보험법상 잘못 지급한 급여일지언정 거짓이나 부정한 방법으로 한 수급은 아니라고 보았다.

2. 판결내용

1) 1심(서울행정법원 2014.6.26. 선고 2014구합51166 판결)

남녀고용평등법 제14조 제1항에 규정한 영유아와 동거하지 않게 된 경우는 영유아와 동거하지 않으면서 실질적으로 영유아를 양육하지 않는 경우로 한정해석하여야 하므로, 원고가 해외에서 체류하면서 영유아의 양육에 필요한 돈을 입금하는 등으로 영유아와 동거하지 아니한 기간 동안에도 원고의 어머니를 통해서 실질적으로 영유아를 양육하였다고 봄이 타당하다. 영유아와 동거하지 않게 되면 육아휴직이 종료된다는 사실을 일반인이 쉽게 알기 어려운 점, 원고가 영유아를 양육할 의사 없이 단순 해외출국 목적으로 육아휴직을 한 것으로 보이지 않는 점, 해외출국 목적이 실직 중인 남편의 해외 사업 가능성을 알아보기 위한 점 등에 비추어 고용보험법 제62조 및 제73조의 '거짓이나 그 밖의 부정한 방법'으로 육아휴직급여를 지급받았다고 보기 어렵다.

2) 2심(서울고등법원 2015.8.28. 선고 2014누56002 판결)

지방고용노동청장이 12개월 동안 육아휴직급여를 지급받고 그중 약 8개월 동안 자녀를 어머니에게 맡긴 채 해외에 체류한 갑에게 '육아휴직급여 수령 중 영유아를 양육하지 않고 해외에 체류하였다'는 이유로 고용보험법 제73조 및 제74조 등에 따라 육아휴직급여 제한처분과 지급받은 육아휴직급여 중 일부의 반환명령 및 추가징수 처분을 한 사안에서, 고용보험법상 육아휴직급여를 받기 위한 요건으로서 '자녀를 양육하기 위한 휴직'에 해당하기 위해서는 양육하는 영유아와 동거하는 것이 전제되어야 하고 '영유아와 동거하지 아니하게 된 경우'에는 육아휴직의 종료 사유에 해당하며, 갑이 불가피하고 우연한 사정으로 일시적으로 자녀와 동거하지 않게 되었다고 볼 수는 없어 자녀와 동거하지 아니한 기간에도 어머니를 통해 자녀를 실질적으로 양육하였다고 보기 어렵고, 자녀와의 비동거로 육아휴직이 이미 종료되어 더 이상 육아휴직상태에 있지 않았던 갑은 육아휴직급여의 수급자격이 없음에도 이와 같은 사정을 숨긴 채 해외에서 체류하는 동안 매달 육아휴직급여 신청을 하고 급여를 받았으므로, 고용보험법 제62조 및 제73조의 '거짓이나 그 밖의 부정한 방법'으로 육아휴직급여를 받은 자에 해당하여, 위 각 처분이 적법하다고 판단하였다.

3) 대법원 판결(대법원 2017.8.23. 선고 2015두51651 판결)

[1] 고용보험법상 육아휴직 급여를 지급받기 위해서는 원칙적으로 '육아휴직 대상 자녀를 양육하기 위한 것'임이 전제되어야 한다.

일반적으로 양육은 '아이를 보살펴서 자라게 함'을 말하는데, 부모는 자녀의 양육에 적합한 방식을 적절하게 선택할 수 있으므로 육아휴직 기간 동안에도 해당 육아휴직 중인 근로자 및 육아휴직 대상 자녀의 사정에 따라 다양한 방식으로 양육이 이루어질 수 있다. 육아휴직자가 육아휴직 대상 자녀를 국내에 두고 해외에 체류한 경우에도 그것이 육아휴직 대상인 자녀를 양육한 때에 해당하는지는 육아휴직자의 양육의사, 체류장소, 체류기간, 체류목적·경위, 육아휴직 전후의 양육의 형태와 방법 및 정도 등 여러 사정을 종합하여 사회통념에 따라 판단하여야 한다.

[2] 구 고용보험법(2014.1.21. 법률 제12323호로 개정되기 전의 것, 이하 '고용보험법'이라 한다) 제73조 제3항 및 제74조 제1항, 제62조 제1항이 정하고 있는 육아휴직 급여의 지급 제한, 반환명령 및 추가징수 요건으로서 '거짓이나 그 밖의 부정한 방법'이란 육아휴직 급여를 지급받을 수 없음에도 지급받을 자격을 가장하거나 지급받을 자격이 없다는 점 등을 감추기 위하여 행하는 일체의 부정행위로서 육아휴직 급여 지급에 관한 의사결정에 영향을 미칠 수 있는 적극적 및 소극적 행위를 뜻한다.

그런데 거짓이나 그 밖의 부정한 방법으로 육아휴직 급여를 지급받는 자는 침익적 처분인 육아휴직 급여 지급 제한, 반환명령 및 추가징수의 대상이 될 뿐 아니라, 고용보험법 제116조 제2항에 따라 형사처벌의 대상이 되는 점, 고용보험법 제74조 제1항에서 제62조 제3항을 준용하여, 수급자격자 또는 수급자격이 있었던 자에게 '잘못 지급된' 육아휴직 급여가 있으면 그 지급금액을 징수할 수 있도록 하는 별도의 반환명령에 관한 규정을 두고 있는 점 등에 비추어 볼 때, 육아휴직 급여가 부정수급에 해당하는지는 엄격하게 해석·적용하여야 한다.

따라서 '거짓이나 그 밖의 부정한 방법으로 급여를 지급받은 경우'에 해당한다고 보기 위해서는 허위, 기만, 은폐 등 사회통념상 부정이라고 인정되는 행위가 있어야 하고, 단순히 요건이 갖추어지지 아니하였음에도 급여를 수령한 경우까지 이에 해당한다고 볼 수는 없다. 그리고 육아휴직 중인 근로자가 관련 법령 및 행정관청에서 요구하는 육아휴직 급여 신청서 서식에 기재되어 있는 모든 사항을 사실대로 기재하고, 요청되는 제출서류도 모두 제대로 제출한 경우라면, 실질적인 육아휴직 급여 수급요건을 갖추지 못하였다고 하여 섣불리 은폐 등 소극적 행위에 의한 부정수급에 해당한다고 인정할 수는 없다.

3. 분석

1) 육아휴직급여 부정수급을 판단하는 기준

고용보험법상의 육아휴직급여를 수령하기 위해서는 ① 남녀고용평등법 제19조[2]에 따른 육아휴직을 30일 이상 부여받은 자가 ② 실업급여 수급요건에 준하는 피보험단위기간 요건 등을 갖춘 경우에 한해 ③ 육아휴직 시작 이후 1월부터 종료 이후 12월 이내에 신청하여야 한다.

2 　남녀고용평등법 제19조(육아휴직)
　　① 사업주는 근로자가 만 8세 이하 또는 초등학교 2학년 이하의 자녀(입양한 자녀를 포함한다)를 양육하기 위하여 휴직(이하 "육아휴직"이라 한다)을 신청하는 경우에 이를 허용하여야 한다. 다만, 대통령령으로 정하는 경우에는 그러하지 아니하다.
　　② 육아휴직의 기간은 1년 이내로 한다.
　　③ 사업주는 육아휴직을 이유로 해고나 그 밖의 불리한 처우를 하여서는 아니되며, 육아휴직 기간에는 그 근로자를 해고하지 못한다. 다만, 사업을 계속할 수 없는 경우에는 그러하지 아니하다.
　　④ 사업주는 육아휴직을 마친 후에는 휴직 전과 같은 업무 또는 같은 수준의 임금을 지급하는 직무에 복귀시켜야 한다. 또한 제2항의 육아휴직 기간은 근속기간에 포함한다.
　　⑤ 기간제근로자 또는 파견근로자의 육아휴직 기간은 「기간제 및 단시간근로자 보호 등에 관한 법률」 제4조에 따른 사용기간 또는 「파견근로자보호 등에 관한 법률」 제6조에 따른 근로자파견기간에 산입하지 아니한다.
　　⑥ 육아휴직의 신청방법 및 절차 등에 관하여 필요한 사항은 대통령령으로 정한다.

고용보험법 제70조 (육아휴직 급여)

① 고용노동부 장관은 「남녀고용평등과 일·가정 양립 지원에 관한 법률」 제19조에 따른 육아휴직을 30일(「근로기준법」 제74조에 따른 출산전후휴가 기간과 중복되는 기간은 제외한다) 이상 부여받은 피보험자 중 다음 각 호의 요건을 모두 갖춘 피보험자에게 육아휴직 급여를 지급한다.

1. 육아휴직을 시작한 날 이전에 제41조에 따른 피보험 단위기간이 통산하여 180일 이상일 것

2. 같은 자녀에 대하여 피보험자인 배우자가 30일 이상의 육아휴직을 부여받지 아니하거나 「남녀고용평등과 일·가정 양립지원에 관한 법률」 제19조의2에 따른 육아기 근로시간 단축(이하 "육아기 근로시간 단축"이라 한다)을 30일 이상 실시하지 아니하고 있을 것

② 제1항에 따른 육아휴직 급여를 지급받으려는 사람은 육아휴직을 시작한 날 이후 1개월부터 육아휴직이 끝난 날 이후 12개월 이내에 신청하여야 한다. 다만, 해당 기간에 대통령령으로 정하는 사유로 육아휴직 급여를 신청할 수 없었던 사람은 그 사유가 끝난 후 30일 이내에 신청하여야 한다.

③ 제1항에 따른 육아휴직 급여액은 대통령령으로 정한다.

④ 육아휴직 급여의 신청 및 지급에 관하여 필요한 사항은 고용노동부령으로 정한다.

한편 육아휴직 종료사유는 남녀고용평등법 시행령 제14조 제1항[3]에 규정되어 있고, 육아휴직급여제한 및 부정수급 요건은 고용보험법 제73조에 규정하고 있다.

---

3 남녀고용평등법 시행령 제14조(영유아의 사망 등에 따른 육아휴직의 종료)
① 육아휴직 중인 근로자는 그 영유아가 사망하거나 **영유아와 동거하지 아니하게 된 경우**에는 그 사유가 발생한 날부터 7일 이내에 그 사실을 사업주에게 알려야 한다.

고용보험법 제73조(급여의 지급 제한 등)

① 피보험자가 육아휴직 급여 기간 중에 그 사업에서 이직하거나 새로 취업한 경우에는 그 이직 또는 취업하였을 때부터 육아휴직 급여를 지급하지 아니한다.

② 피보험자가 사업주로부터 육아휴직을 이유로 금품을 지급받은 경우 대통령령으로 정하는 바에 따라 급여를 감액하여 지급할 수 있다.

③ 거짓이나 그 밖의 부정한 방법으로 육아휴직 급여를 받았거나 받으려 한 자에게는 그 급여를 받은 날 또는 받으려 한 날부터의 육아휴직 급여를 지급하지 아니한다. 다만, 그 급여와 관련된 육아휴직 이후에 새로 육아휴직 급여 요건을 갖춘 경우 그 새로운 요건에 따른 육아휴직 급여는 그러하지 아니하다.

2) 육아휴직급여수급권의 부정수급에 대한 견해

앞서 본 바와 같이 휴직제도를 규정하고 있는 남녀고용평등법과 휴직급여를 규정하고 있는 고용보험법이 성질상 구분되어야 함에도 불구하고 법원은 육아휴직급여 수급제한의 근거로 남녀고용평등법 제14조 제1항 '영유아와 동거하지 아니하게 된 경우'를 들고 있다.

이에 대하여 영유아와의 동거요건이 육아휴직급여수급권의 소멸에 영향을 미치는지, 그리고 육아휴직급여의 부정수급에 해당하는지에 대해서 판례와는 달리 아래와 같은 견해가 있다.

남녀고용평등법 제19조에서 육아휴직의 종료사유를 시행령에 위임한 바 없기 때문에 남녀고용평등법 시행령 제14조 제1항에서 '영유아와 동거하지 않게 된 경우'를 육아휴직의 종료사유로 들고 있는 것은 부정수급의 근거로 볼 수 없다는 견해가 있다. 즉 '영유아와 동거하지 않게 된 경우'가 육아휴직의 적극적 종료사유라면 육아휴직 개시 불가사유로 남녀고용평등법에 규정되어 있어야 하는데 그렇지 않다는 점을 들며, 영유아와 동거하지 않게 된 경우가 부정수급 사유가 되려면 영유아 사망, 양자인 영유아의 파양 또는 입양취소, 육아휴직 신청근로자가 상병, 이혼 등으로 해당 영유아를 양육할 수 없게 된 경우에 해당하여야 한다고 보고 있다.[4]

또한 영유아와의 비동거를 부정수급 사유로 삼으려면 비동거만으로 양육을 하지 않는다고 볼 것이 아니라, 실질적으로 처음부터 자녀를 양육할 의사가 전혀 없이 금전 기타 다른 목적으로 육아휴직을 하였다는 점을 밝힐 것을 요하는 견해도 있다. 동거를 하더라도 양육이 아니라 학대이거나 방치인 경우도 존재하고 양육한다고 해서 반드시 동거가 전제되어야 한다고 볼 수는 없기 때문이다.[5]

4. 검토

결국 이와 같은 문제는 현행 고용보험법이 육아휴직급여의 요건을 남녀고용평등법에 의한 육아휴직의 사용으로 규정하고 있는 것에서 기인한 것으로 보인다. 현행 남녀고용평등법 제19조에서는 육아휴직의 요건으로 단순히 양육만을 명시하고 있어서 양육에 동거가 필수적이라고 단언하기 어렵다. 또한 고용보험법 시행령 역시 육아휴직급여의 제한사유로 자녀와의 동거 여부를 규정하고 있지 않을뿐더러 이에 관한 신고의무

4   김근주, 「육아휴직 중 영유아와 동거하지 아니하게 된 경우 부정수급 해당성」, 『노동법학』 제56호, 한국노동법학회, 2015, 347~348쪽
5   노호창, 「육아휴직급여에 관한 법적 쟁점의 검토」, 『서울법학』 제25권 제2호, 서울시립대학교 법학연구소, 2017, 114쪽

를 부과하고 있지도 않다.

따라서 육아휴직급여 수급권은 독자적인 요건문제로 접근하여 육아휴
직급여의 요건조항(고용보험법 제70조)이나 급여제한조항(고용보험법 제73조)
을 정비할 필요성이 있다.[6)]

Ⅲ. 보육료 · 양육수당 지원대상

1. 사건의 개요

국내에 거주하고 있는 재일교포 3세 A씨 등은 2015년 재외동포법에
따라 재외국민 지위를 가지는 자녀에 대한 보육료 · 양육수당을 지원받
을 수 있는지 관할 주민센터에 문의하였으나, 보건복지부 지침에 따르면
지원대상이 아니라는 답변을 듣고 헌법소원을 제기하였다.

2. 대상판결 내용

심판대상조항은 2015년도 보육료 · 양육수당 지원대상을 대한민국 국
적 및 유효한 주민등록번호를 보유한 만 0~5세 영유아로 정하면서, 주민
등록법 제6조 제1항 제3호에 따라 주민등록을 발급받아 재외국민으로 등
록 · 관리되는 자를 제외하여, 재외국민인 영유아를 차별취급하고 있다.

그런데 이 사건 지침에 따라 '이중국적자'인 영유아가 국내에 거주하면

---

6   김진, 앞의 글, 52쪽

서 주민등록번호를 부여받은 경우에는 보육료를 지원받을 수 있고, 국내에서 출생신고를 한 재외국민의 자녀 역시도 보육료·양육수당을 지원받을 수 있어, 위 심판대상조항은 유독 특별영주권을 가지고 있는 재외국민의 자녀들에 대해서만 보육료·양육수당 지원에서 배제하는 결과가 되는바, 이러한 차별취급에 합리적인 이유가 있는지 살펴본다.

단순한 단기체류가 아니라 국내에 거주하는 재외국민, 특히 외국 영주권을 보유하고 있으나 상당한 기간 국내에서 계속 거주하고 있는 자들은 주민등록법상 재외국민으로 등록·관리될 뿐 소득활동이 있을 경우 납세의무를 부담하며 남자의 경우 병역의무 이행의 길도 열려 있는 등 '국민인 주민'이라는 점에서는 다른 일반 국민과 실질적으로 동일하다. 그러므로 국내에 거주하는 대한민국 국민을 대상으로 하는 보육료·양육수당 지원에 있어 양자에 대한 차별을 정당화할 어떠한 사유도 존재하지 않는다.

설령 재외국민에 대하여 해외 거주 국가에서의 보육료 등 지원이 충분히 예상되는 경우 중복 지원을 방지할 필요가 있다고 하더라도, 앞에서 본 바와 같이 영유아가 90일 이상 해외에 체류하는 경우 보육료 및 양육수당 지원이 정지되므로, 주민등록법상 재외국민으로 주민등록을 한 자를 보육료·양육수당 지원 자격이 없는 자로 규정하여 보육료·양육수당 지원을 원천적으로 봉쇄하는 것은 합리적인 이유가 없다.

더구나 '이중국적자'인 영유아가 국내에 거주하며 주민등록번호를 부여받은 경우에는 보육료를 지원받는 데 반해, '재외국민'인 영유아는 국내에 거주하면서 재외국민으로서 주민등록번호를 받아도 보육료를 지원받지 못한다. 예컨대, 재일동포가 일본에서 귀화절차를 밟아 일본 국적을 취득한 후 대한민국 국민과 혼인하여 한국에서 거주하는 경우 그 자녀는 이중국적자로서 보육료가 지원되는 데 반해, 재일동포가 대한민국 국적을 포기하지 아니하고 영주권만을 보유한 상태에서 대한민국 국민과 혼인하여 한국에 거주하는 경우 재외국민인 그 자녀에게는 보육료가 지원되지 않는 불합리한 결과가 발생하는 것이다.

장래에 '국내 영주 의사'가 불분명하다는 점에는 '이중국적자'나 '재외국민'이 다르지 않다 할 것인데, 외국의 '국적'이 아닌 '영주권'을 취득하였다는 사유만으로, 국내에 거주하는 '재외국민'을 보육료 지원 대상에서 일률적으로 제외하는 것은 그 합리성을 인정하기 어렵다.

그렇다면 심판대상조항은 영유아에 대한 보육료 · 양육수당 지급에 있어 국내거주 재외국민을 대한민국 국적을 보유하고 국내에 주민등록을 두고 있는 국민에 비해 차별하고 있으며, 그와 같은 차별에 아무런 합리적 근거도 인정될 수 없으므로 청구인들의 헌법상 기본권인 평등권을 침해한다.

3. 지원대상 확대 문제

1) 독일의 보육청구권

독일에서는 사회보장수급권의 일종으로 아동 및 청소년지원법에 보육청구권을 명시적으로 규정하고 있다(독일 사회법전 제8권 제24조). 만 1세 미만의 경우 보육서비스가 자신의 고유한 책임성과 공동체적인 인격성을 발전시키는 데에 필요하다고 판단되는 경우 보육을 받을 수 있고, 만 1세를 넘은 아동은 만 3세가 종료되는 시점까지 어린이집 또는 보육도우미를 통해 영아계발을 청구할 권리를 가지며, 만 3세를 넘은 아동은 학교에

입학하기 전까지 어린이집을 통해 보육을 받을 권리를 갖는다.[7]

독일은 보육청구권을 명문화한 후 행정절차, 사법절차를 통해 청구권을 실현할 수 있도록 실질적인 권리보호를 꾀하고 있으며, 보육청구권의 주체가 아동이어서 양육수당이나 보육서비스이용권 등의 지원대상을 아동의 보호자로만 한정하고 있지 않다는 점이 특징적이다. 즉 아동 스스로 영아 계발에 대한 청구권을 가지는 주체라는 점을 명확하게 하고 있다.[8]

우리나라의 경우 아직까지 독일과 같이 명시적으로 보육청구권이 규정된 바 없으나, 영유아보육법을 통해 영유아에 대한 무상보육을 원칙으로 영유아의 보호자에게 양육수당을 지급하거나 보육서비스를 이용할 수 있도록 하고 있다.

2) 영유아보육법의 입법취지에 따른 보육대상 확대

영유아보육법의 기본 목적은 "영유아의 심신을 보호하고 건전하게 교육하여 건강한 사회구성원으로 육성함과 아울러 보호자의 경제적 · 사회적 활동이 원활하게 이루어지도록 함으로써 영유아 및 가정의 복지 증진에 이바지함"이라고 명시되어 있다(법 제1조). 법은 이에 따라 국가와 지방자치단체는 보호자와 더불어 영유아를 건전하게 보육할 책임을 지며 이에 필요한 재원을 안정적으로 확보하도록 노력하여야 할 의무를 규정하

7   김대인, 「독일의 영유아보육 지원법제에 대한 연구 – 영유아보육청구권을 중심으로」, 『사회복지법제연구』 제8권 제2호, 사회복지법제학회, 2017, 33~35쪽.
8   위의 논문, 33쪽.

고 있다(법 제4조 제2항).

또한 동법에서는 "영유아는 자신이나 보호자의 성, 연령, 종교, 사회적 신분, 재산, 장애, 인종 및 출생지역 등에 따른 어떠한 종류의 차별도 받지 아니하고 보육되어야 한다"고 규정하여(법 제3조 제3항), 보육대상 영유아의 범위에 한정을 두지 않고 포괄적으로 파악하고 있다.

따라서 대한민국 국민으로서 일정 기간 계속 거주를 하는 자이면 그 거주의 목적이 무엇인지, 향후 생활의 근거가 대한민국인지 외국인지 여부 등을 불문하고 보육료와 양육수당을 지급받는 것이 당연하며, 그렇게 하는 것이 영유아보육법의 입법취지에도 부합한다.

4. 검토

헌법재판소는 실질적으로 문제가 되는 평등권 침해 여부만을 판단하였으나, 영유아에 대한 보육지원을 선별·축소할 이유가 없는 점, 실질적으로 영유아를 양육하고 있는 국민들의 양육·교육권 및 혼인과 가족생활을 두텁게 보호하는 것이 헌법 제36조 제1항의 취지에도 부합한다는 점, 영유아 본인의 인간다운 생활을 할 권리를 보장하여야 한다는 점 등에 비추어보아도, 단순히 시혜적인 성격이 아니라 보다 적극적인 관점에서 영유아 보육에 관한 접근이 필요하다.

Ⅳ. 나가며

부모의 양육권은 헌법에 명시되어 있지는 않지만 헌법 제36조 제1항,

헌법 제10조 및 헌법 제37조 제1항에 근거하여 중요한 기본권의 하나로 국가의 객관적인 가치질서를 이루고 있다고 보아야 한다.[9] 더구나 한 명의 아이를 키우기 위해서 하나의 마을이 필요하다는 말과 같이 자녀양육은 단순히 근로자 개인의 문제로만 볼 수 없으므로, 민간영역 및 국가차원에서 육아휴직 및 포괄적인 영육아 보육지원과 관련한 제도적 뒷받침이 확대되어야 할 것이다.

---

9   서울행정법원 2019.3.21. 선고 2018구합50376 판결.

아동성폭력 피해자가 출산 경력을 알리지 않은 것은 혼인취소 사유인가

김연주

 대상판결 대법원 2016.2.18. 선고 2015므654(본소), 2015므661(반소) 판결

관여 법관 : 김용덕(재판장), 김신(주심), 박보영, 권순일

김연주 여성인권위원회에서 활동하고 있으며, 난민인권센터에서 공익전업변
호사로 일하고 있습니다.

아동성폭력 피해자가 출산 경력을
알리지 않은 것은 혼인취소 사유인가

I. 시작하며

이 사건은 한 여성이 한국에 결혼이민자로 와 혼인관계를 지속하던 중 시부로부터 성폭행을 당한 일에서 시작된다. 그런데 시부의 강간죄에 대한 재판 과정에서 이 여성이 본국에서 미성년자일 당시 소수민족의 강제혼 풍습에 따라 아이를 출산하게 된 사실이 드러나게 되었다. 이에 남편이 법원에 여성을 상대로 사기혼으로 혼인취소를 구하는 소를 제기하였다. 1심(취소 사유 인정), 2심(취소 사유 인정), 3심(원심 파기환송)에 이르기까지 "과거 출산 경력을 혼인 상대방에게 고지할 의무가 있는지 여부"가 주된 쟁점이 되었다.

이에 대하여 1심[1]은 여성이 미성년자일 당시 강제혼 풍습에 따라 혼인을 하게 된 것의 실질을 '사실혼'으로 평가하였고, 사실혼 전력과 출산 전

---

1   전주지방법원 2014.6.24. 선고 2013드단5209(본소), 2014드단2924(반소) 판결.

력은 혼인 의사결정에 매우 중요한 요소라 보고 혼인취소를 인정했다. 항소심[2]은 이 강제혼에 대해 '미성년자에 대한 납치·강간'으로 평가하면서도, 그러한 사정만으로 출산 전력을 상대방에게 고지할 의무를 면할 수 없다고 보았다. 대법원은 당사자가 본인의 의사와 무관하게 아동성폭력범죄 등의 피해를 당해 임신을 하고 출산을 한 점, 이후 그 자녀와의 관계가 단절된 점에 비추어보았을 때 이와 같은 출산경위는 개인의 내밀한 영역이고, 당사자의 명예 또는 사생활 비밀의 본질적 부분에 해당하는 것이며, 사회통념상 이를 고지할 것을 기대할 수 없기 때문에 이를 혼인취소 사유에 해당한다고 보기 어렵다는 판단을 내려 원심의 판단을 뒤집었다.

그동안 혼인취소 사유를 해석함에 있어서 혼인 의사결정의 자유가 침해되었는지 여부를 중요하게 고려해왔다면, 이 사건 대법원 판결은 양 당사자의 충돌될 수 있는 기본적 권리를 균형 있게 존중하고 형량하도록 한 점에서 합리적이고 타당하다. 또한 미성년자에 대한 강제혼과 그 과정에서의 출산에 대해 '아동성폭력범죄 피해'라 평가하였는데, 외형상 혼인관계가 있는 경우라 하더라도 그 과정에서의 임신과 출산이 일방의 성적자기결정권이 침해된 상태에서 이루어졌다면 이는 '혼인'이 아닌 '성폭력범죄'임을 분명히 한 점에서 성폭력 피해자와 아동의 권리 보장, 그리고 성적자기결정권의 가치를 존중한 판단이라는 사회적 의의를 가진다. 한편, 이 사건에서 (이하에서는 서술하지 못했지만) 결혼중개업자 등을 통한 혼인 성립 과정에서 양 당사자가 서로의 배경과 상황에 대해 소통할 수 있는 기회가 충분히 부여될 수 없는 현 결혼이민정책의 제도적 한계를

---

2 전주지방법원 2015.1.19, 선고 2014르445(본소), 2014르452(반소) 판결.

결혼이민여성 개인의 고지 의무 위반으로 몰아 책임을 묻고자 한 점 역시 지적될 부분이라 생각한다. 원심판결이 미성년자일 당시 강제혼에 의한 출산 경력을 '미성년자에 대한 납치 · 강간'이라 보면서도, 혼인 의사결정의 자유라는 측면만을 고려해 원고에게 일방적으로 혼인취소의 책임을 지고, 위자료를 물어내야 하는 결과를 도출해낸 것에 대해 대법원은 '신의성실의 원칙'과 '기대 가능성'이라는 판단기준을 활용하여 구체적 타당성을 꾀하였는바, 대법원의 판단을 지지하며, 이하에서 구체적으로 분석하고 살펴보겠다.

Ⅱ. 재판의 진행 경과

1심[3]은 "사실혼 전력과 출산 전력 등은 혼인 의사결정에 매우 중요한 요소라 할 것인데 A는 B에게 제대로 알리지 않았고, B가 사실을 알았더라면 A와 혼인신고를 하지 않았을 것으로 판단되므로 혼인취소와 B에게 위자료 800만 원을 지급"하라는 취지의 판결을 하였고, 항소심[4]은 "미성년자로서 납치 · 강간을 당했다는 사정만으로 출산 경력을 혼인 상대방에게 고지할 의무를 면한다고 볼 수 없다"는 이유로 혼인취소와 B에게 위자료 300만 원을 지급하라고 판결하였다. 이에 대해 A는 대법원에 상고하였다. 대법원은 "당사자가 성장과정에서 본인의 의사와 무관하게 아동성폭력범죄 등의 피해를 당해 임신을 하고 출산까지 하였으나 이후

---

3   전주지방법원 2014.6.24. 선고 2013드단5209(본소), 2014드단2924(반소) 판결.
4   전주지방법원 2015.1.19. 선고 2014르445(본소), 2014르452(반소) 판결.

그 자녀와의 관계가 단절되고 상당한 기간 동안 양육이나 교류 등이 전혀 이루어지지 않은 경우라면, 이러한 출산의 경력이나 경위는 개인의 내밀한 영역에 속하는 것으로서 당사자의 명예 또는 사생활 비밀의 본질적 부분에 해당한다고 할 것이고, 나아가 사회통념상 당사자나 제3자에게 그에 대한 고지를 기대할 수 있다거나 이를 고지하지 아니한 것이 신의성실 의무에 비추어 비난받을 정도라고 단정할 수도 없으므로, 단순히 출산의 경력을 고지하지 않았다고 하여 그것이 곧바로 민법 제816조 제3호 소정의 혼인취소 사유에 해당한다고 보아서는 아니된다."고 보아 원심의 판단을 뒤집었다.

Ⅲ. 대상판결의 요지

① 민법 제816조 제3호가 규정하는 '사기'에는 혼인의 당사자 일방 또는 제3자가 적극적으로 허위의 사실을 고지한 경우뿐만 아니라 소극적으로 고지를 하지 아니하거나 침묵한 경우도 포함된다. 그러나 불고지 또는 침묵의 경우에는 법령, 계약, 관습 또는 조리상 사전에 사정을 고지할 의무가 인정되어야 위법한 기망행위로 볼 수 있다. 관습 또는 조리상 고지 의무가 인정되는지는 당사자들의 연령, 초혼인지 여부, 혼인에 이르게 된 경위와 그때까지 형성된 생활관계의 내용, 당해 사항이 혼인의 의사결정에 미친 영향의 정도, 이에 대한 당사자 또는 제3자의 인식 여부, 당해 사항이 부부가 애정과 신뢰를 형성하는 데 불가결한 것인지, 또는 당사자의 명예 또는 사생활 비밀의 영역에 해당하는지, 상대방이 당해 사항에 관련된 질문을 한 적이 있는지, 상대방이 당사자 또는 제3자에게

서 고지받았거나 알고 있었던 사정의 내용 및 당해 사항과의 관계 등의 구체적·개별적 사정과 더불어 혼인에 대한 사회 일반의 인식과 가치관, 혼인의 풍속과 관습, 사회의 도덕관·윤리관 및 전통문화까지 종합적으로 고려하여 판단하여야 한다.

② 혼인의 당사자 일방 또는 제3자가 출산의 경력을 고지하지 아니한 경우에 그것이 상대방의 혼인의 의사결정에 영향을 미칠 수 있었을 것이라는 사정만을 들어 일률적으로 고지 의무를 인정하고 제3호 혼인취소 사유에 해당한다고 하여서는 아니 되고, 출산의 경위와 출산한 자녀의 생존 여부 및 그에 대한 양육 책임이나 부양 책임의 존부, 실제 양육이나 교류가 이루어졌는지 여부와 시기 및 정도, 법률상 또는 사실상으로 양육자가 변경될 가능성이 있는지, 출산 경력을 고지하지 않은 것이 적극적으로 이루어졌는지 아니면 소극적인 것에 불과하였는지 등을 면밀하게 살펴봄으로써 출산의 경력이나 경위가 알려질 경우 당사자의 명예 또는 사생활의 비밀의 본질적 부분이 침해될 우려가 있는지, 사회통념상 당사자나 제3자에게 그에 대한 고지를 기대할 수 있는지와 이를 고지하지 아니한 것이 신의성실 의무에 비추어 비난받을 정도라고 할 수 있는지까지 심리한 다음, 그러한 사정들을 종합적으로 고려하여 신중하게 고지 의무의 인정 여부와 위반 여부를 판단함으로써 당사자 일방의 명예 또는 사생활의 비밀의 보장과 상대방 당사자의 혼인 의사결정의 자유 사이에 균형과 조화를 도모하여야 한다.

③ 당사자가 성장과정에서 본인의 의사와 무관하게 아동성폭력범죄 등의 피해를 당해 임신을 하고 출산까지 하였으나 이후 자녀와의 관계가 단절되고 상당한 기간 동안 양육이나 교류 등이 전혀 이루어지지 않은 경우라면, 출산의 경력이나 경위는 개인의 내밀한 영역에 속하는 것으

로서 당사자의 명예 또는 사생활 비밀의 본질적 부분에 해당하고, 나아가 사회통념상 당사자나 제3자에게 그에 대한 고지를 기대할 수 있다거나 이를 고지하지 아니한 것이 신의성실 의무에 비추어 비난받을 정도라고 단정할 수도 없으므로, 단순히 출산의 경력을 고지하지 않았다고 하여 그것이 곧바로 민법 제816조 제3호에서 정한 혼인취소 사유에 해당한다고 보아서는 아니 된다. 그리고 이는 국제결혼의 경우에도 마찬가지이다.

IV. 대상판결에 대한 검토

1. 해당 사건의 쟁점

해당사건의 주된 쟁점은 "A가 B에게 과거 출산 경력에 대해 고지할 의무가 있다고 보아야 하는지"이다. 즉, A는 만 13세 미성년자일 당시 약취(납치)와 강간이라는 아동성폭력범죄의 피해로 인한 출산의 경험을 하였는데, 자유의사가 박탈된 상태에서의 강제혼과 그로 인한 임신과 출산의 경력을 배우자인 B에게 혼인 당시 고지하지 않은 것이 민법 제816조 제3호 소정의 혼인취소 사유에 해당한다고 볼 수 있을지 여부가 쟁점이다.

2. 민법상 혼인취소제도 및 사기에 의한 혼인취소

민법은 제816조에서 혼인취소의 사유를 정하고 있다. 혼인적령에 미달한 경우, 부모나 후견인의 동의를 요하는 결혼에서 동의가 없는 경우,

근친혼인 경우, 중혼인 경우, 혼인 당시 당사자 일방에 부부생활을 계속할 수 없는 악질 기타 중대한 사유가 있음을 알지 못한 때, 사기 또는 강박으로 인하여 혼인의 의사 표시를 한 때 혼인취소가 인정될 수 있다. 혼인취소의 효력은 소급하지 않는다고 하여(민법 제824조), 혼인이 무효인 경우와 구별된다. 또한 혼인 성립 당시에 위와 같은 취소 사유가 존재하였다는 이유로 혼인 성립 자체를 문제 삼는다는 점에서 혼인관계 성립 후 혼인을 해소하는 이혼과 구별된다.

대상판결은 헌법 제36조 제1항에서 혼인을 제도적으로 보장하고 있고, 혼인의 취소는 재판으로만 가능하며, 혼인이 취소되더라도 재산상 법률관계의 경우와 달리 당사자들의 생활관계가 혼인 성립 전의 상태로 돌아가기 어렵고, 혼인취소의 효력은 기왕에 소급하지 않는 것으로 규정하고 있으며, 이와 별도로 혼인을 계속하기 어려운 경우에는 협의상 이혼 또는 재판상 이혼을 통해 혼인을 해소할 수 있도록 하고 있는 점 등을 들어 "혼인의 취소는 혼인의 효력이 발생하였음에도 불구하고 혼인 성립 당시의 사유를 들어 이제라도 혼인의 효력을 상실시켜야 하는 불가피한 사정이 있는 경우에만 인정될 수 있다"고 판단하였다.

한편, 민법 제816조 제3호는 부부 일방이 '사기 또는 강박으로 인하여 혼인의 의사 표시를 한 때'에는 법원에 혼인의 취소를 청구할 수 있다고 규정하고 있다. 혼인의 당사자 일방 또는 제3자가 위법한 수단으로 상대방 당사자를 기망하였고, 이로 말미암아 상대방이 혼인 의사를 결정하는 데 있어 중대한 영향을 미치는 사항에 관하여 착오에 빠졌으며, 그러한 기망행위가 없었더라면 사회통념상 혼인의 의사 표시를 하지 아니하였을 것이라고 인정되는 경우, 그 상대방은 법원에 혼인의 취소를 청구할 수 있고, 또한 귀책사유가 있는 당사자나 제3자를 상대로 손해배상을 청구할 수 있다. 사기에 의하여 성립한 혼인관계의 해소와 그에 대한 책임 추궁을 통해 혼인의 의사결정의 자유를 보장하고 개인의 존엄을 기초로 한 혼인질서를 확립하려는 데 그 취지가 있다.[5] 민법 제816조 제3호가 규정하는 '사기'에는 혼인의 당사자 일방 또는 제3자가 적극적으로 허위의 사실을 고지한 경우뿐만 아니라 소극적으로 고지를 하지 아니하거나 침묵한 경우도 포함된다. 그러나 불고지 또는 침묵의 경우에는 법령, 계약, 관습 또는 조리상 사전에 사정을 고지할 의무가 인정되어야 위법한 기망행위로 볼 수 있다.

3. 출산 경력에 대한 고지 의무

그렇다면 과거의 출산 경력에 대해서 고지할 의무를 인정할 것인가?

1) 대상판결의 판단

이에 관하여 대상판결은 혼인의 당사자 일방 또는 제3자가 출산의 경력을 고지하지 아니한 경우에 그것이 상대방의 혼인의 의사결정에 영향을 미칠 수 있었을 것이라는 사정만을 들어 일률적으로 고지 의무를 인정하고 제3호 혼인취소 사유에 해당한다고 하여서는 안된다고 하면서 여러 사정들을 종합적으로 고려하여 신중하게 고지 의무의 인정 여부와 위반 여부를 판단하여야 한다고 보았다.

어떤 사정들을 고려해야 하는가에 있어서는 ① 출산의 경위와 출산한

---

5   대상판결 이유 중.

자녀의 생존 여부 및 그에 대한 양육 책임이나 부양 책임의 존부, 실제 양육이나 교류가 이루어졌는지 여부와 시기 및 정도, 법률상 또는 사실상으로 양육자가 변경될 가능성이 있는지, ② 출산 경력을 고지하지 않은 것이 적극적으로 이루어졌는지 아니면 소극적인 것에 불과하였는지 등을 면밀하게 살펴봄으로써 ③ 출산의 경력이나 경위가 알려질 경우 당사자의 명예 또는 사생활 비밀의 본질적 부분이 침해될 우려가 있는지, 사회통념상 당사자나 제3자에게 그에 대한 고지를 기대할 수 있는지와 이를 고지하지 아니한 것이 신의성실 의무에 비추어 비난받을 정도라고 할 수 있는지를 심리하도록 하였다.

이를 통해 당사자 일방의 명예 또는 사생활 비밀의 보장과 상대방 당사자의 혼인 의사결정의 자유 사이에 균형과 조화를 도모하여야 한다고 판시하였다.

2) 양 당사자의 기본권에 대한 존중과 형량

과거의 출산 경력을 고지할 의무를 인정할 것인지에 관하여 양 당사자가 가지는 기본권이 충돌하는 상황이 발생한다. 출산 경력은 개인의 내밀한 영역에 속할 수 있는 정보로 사생활의 영역에 해당한다. 자신의 과거 출산 경력을 알리지 않을 자유는 사생활의 자유에 의해 보장된다. 또한 해당 사회의 관습과 가치관에 따른 평가로 개인의 명예 내지는 인격권과도 관련되며, 자신의 몸에 대한 자기결정권과도 관련되어 있다. 한편, 혼인 상대방 배우자의 과거 출산 경력에 대해 아는 것은 혼인에 관한 의사결정을 하는 데에 중요한 요소일 수 있기 때문에, 이에 대하여 알지 못한 상태에서 혼인을 하게 될 경우 혼인에 관한 의사결정의 자유가 침해될 수 있다. 이와 같은 양 당사자의 권리는 모두 존중되어야 할 기본권으로 양 당사자의 기본권이 충돌되는 상황에서 균형 있게 고려되어야 한다.

3) 기대 가능성과 비난 가능성

이렇게 출산 경력을 고지하지 않을 자유 역시 보장되어야 하는 상황에서 출산 경력을 고지하여야 할 의무를 지우고, 고지를 하지 않았다는 이유로 고지 의무 위반으로 평가하기 위해서는 출산 경력이 장래의 혼인 관계에 미치게 될 영향과, 출산 경력을 고지할 것을 기대할 수 있었는지, 출산 경력을 고지하지 않은 것에 대해 책임을 지울 수 있는 비난 가능성이 있는지에 대한 평가가 중요하다. 이에 관하여 대상판결은 ① 출산의 경위와 출산한 자녀의 생존 여부 및 그에 대한 양육 책임이나 부양 책임의 존부, 실제 양육이나 교류가 이루어졌는지 여부와 시기 및 정도, 법률상 또는 사실상으로 양육자가 변경될 가능성이 있는지, ② 출산 경력을 고지하지 않은 것이 적극적으로 이루어졌는지 아니면 소극적인 것에 불과하였는지 등을 면밀하게 살펴봄으로써 ③ 출산의 경력이나 경위가 알려질 경우 당사자의 명예 또는 사생활 비밀의 본질적 부분이 침해될 우려가 있는지, 사회통념상 당사자나 제3자에게 그에 대한 고지를 기대할 수 있는지와 이를 고지하지 아니한 것이 신의성실 의무에 비추어 비난받을 정도라고 할 수 있는지 등을 고려 요소로 설시하고 있다. 출산 경력이 있지만 출산한 자녀에 대한 교류가 없고, 양육 책임을 부담하지 않을 것이 명백한 경우, 출산 경력이 혼인관계에 아무런 영향을 미치지 않을 것이라는 점에서 사생활의 자유를 더 중요하게 고려할 수 있고, 출산 경력

세상을 바꾼 생명들 판결

을 고지할 것이 충분히 기대 가능함에도 적극적으로 고지하지 않는 등 책임을 질 수 있는 비난 가능성이 높을 경우, 혼인의 의사결정의 자유가 침해되었다고 볼 수도 있을 것이다. 이 사건과 같이 성폭력범죄로 인한 출산 경력인 경우라면, 이것이 알려질 경우 당사자의 명예 또는 사생활의 비밀의 본질적 부분이 침해될 우려가 있다고 보아야 할 것이다.

4) 출산 경력 고지 의무에 대한 판단

출산 경력을 고지해야 할 고지 의무가 있는지, 그 고지 의무의 위반이 인정되어 사기에 의한 혼인으로 혼인취소의 사유가 되는지에 대하여 대상판결은 당사자 일방의 명예 또는 사생활 비밀의 보장과 상대방 당사자의 혼인 의사결정의 자유 사이에 균형과 조화를 도모하도록 하여 충돌될 수 있는 양측의 기본권을 모두 균형 있게 존중하도록 한 판단을 하였고, 이는 타당한 판단이다. 대상판결이 어떠한 사정을 고려해야 하는가에 있어서도 ① 출산을 했다는 사실 자체가 아닌, 출산 경력으로 자녀가 있는 경우, 이 자녀가 장래 양 당사자의 혼인관계에 어떠한 영향을 미치게 되는지, ② 출산 경력을 고지하지 않은 것에 대한 위법성 내지는 비난 가능성을 인정할 수 있는지, ③ 출산의 경력이나 경위가 알려질 경우 당사자의 명예 또는 사생활 비밀의 본질적 부분이 침해될 우려가 있어 사회통념상 당사자나 제3자에게 그에 대한 고지를 기대할 수 있는지를 종합적으로 고려하도록 한 점은 합리적이고 타당한 판단이라고 생각한다.

출산 경력을 알리지 않은 경우 원칙적으로 고지 의무 위반이라고 봄이 타당하다고 평가한 견해도 있다. 남자의 경우에도 자신의 아이가 태어난 적이 있다는 점은 고지 의무의 대상이라고 보아야 한다면서, 결혼 상대방에게 자녀가 있다는 사정은—상대방이 그 자녀를 양육하고 있는지, 그 자녀가 성년인지, 법률혼 관계에서 태어난 자녀인지 혼외자인지, 현실적으로 자녀와의 관계가 단절되었는지 여부와 무관하게—혼인 의사를 결정함에 있어 매우 큰 영향을 미치는 사정이기 때문[6]이라고 한다. 그러나 출산 경력을 알릴지 여부를 결정하는 자유 역시 사생활의 자유로 보장되어야 하고, 출산 경력을 알리지 않고자 하는 다양한 사정이 있을 수 있기 때문에 '원칙적으로 고지 의무 위반'이라고 평가하는 것은 조심스럽다. 대상판결과 같이 출산 경력이 장래 양 당사자의 혼인관계에 어떠한 영향을 미치게 되는지, 출산 경력을 알릴 것이 기대 가능한지, 알리지 않은 것이 비난 가능한지 여부를 매 사안에 따라 평가해보아야 할 것이라 생각한다. 물론 과거의 출산 경력이 어떠한 경위로든 알려진 상황에서 혼인관계를 지속할 수 없을 정도의 신뢰관계가 깨어진 경우 이를 이혼 사유로 인정하는 것은 별개의 문제일 수 있다.

한 하급심 판례 중에는 자신의 과거 남자관계 및 두 아이의 엄마라는 사실을 알리지 않았더라도 혼인취소 사유에 해당하지 않는다고 본 사례가 있는데, 그 이유로 "일반적으로 배우자의 과거의 이성관계나 학력, 경제적 사정 등에 관하여 혼인 전에 속이거나, 묵비하였다는 이유로 손쉽게 혼인의 취소 사유로 인정한다면 가정평화와 친족상조의 미풍양속을 유지 향상하기 위한 가사관계법의 기초가 흔들리는 결과를 초래한다"는

---

6 최준규, 「출산 경력의 불고지가 혼인취소 사유에 해당하는지 여부」, 『가족법연구』 제31권 2호, 335~337쪽. 필자는 성폭행에 의해 자녀를 출산한 경우에는 상대방의 혼인 의사결정의 자유뿐만 아니라 강간 피해자의 '인격권' 및 '사생활의 비밀과 자유'도 고려해야 한다고 하고 있다.

점을 들고 있다.[7] 다만 위 하급심 판결에 대해서는 혼인의 취소 여부를 결정하면서 양 당사자의 권리가 침해되는지 여부가 아닌, 가정평화와 친족상조의 미풍양속을 유지 향상하기 위한 가사관계법의 기초를 판단기준으로 설시한 점에 대해서는 성인지 감수성의 차원에서 아쉬운 점이 있다.[8]

4. 아동성폭력 피해에 따른 출산 경력인 경우

1) 아동성폭력범죄 피해로부터 아동의 권리보호 필요성

아동에게 특히 성폭력의 피해는 아직 성장 단계에서 매우 감당하기 어려운 사건이다 약취와 감금, 강간은 아동에게 극심한 공포를 주며, 강간으로 인한 임신과 출산은 극한의 단계에 이르는 스트레스를 준다.[9] 아동

---

7   부산지방법원 가정지원, 2008.5.25. 선고 2007드단30719 판결. 위 논문에서 인용.

8   여성주의적 관점에서 법원은 남성의 출산 경력도 동일하게 혼인취소 사유로 볼 것인가에 대한 의문이 있다는 견해가 있다(이한본, 「아동 성폭력으로 인한 출산 경험과 혼인취소에 대한 법적 문제」, 『아동 성폭력으로 인한 출산 경험과 혼인취소 : 법적 쟁점과 입법적 과제』, 2015.3, 32쪽). 이에 따르면 양육을 담당하지 않으면서 양육비를 지급하지 않고 있는 상황의 남성의 출산 경력은 드러나기가 어렵기도 하고, 배우자가 남편의 출산 경력을 문제로 혼인취소소송을 할 가능성이 높지 않기 때문에 사례는 찾기 어려워 보인다며, 남성의 경우 혼인 전 출산 경력은 어떤 면에서는 성경험과 다르지 않게 판단할 가능성이 있기 때문에 남성의 출산 경력을 혼인취소 사유로 인정하지 않고, 여성의 출산 경력만을 혼인취소 사유로 인정한다면, 성차별이 될 수밖에 없다고 보고 있다.

9   정현미, 「젠더관점에서 바라본 아동 성폭력으로 인한 출산 경력과 혼인취소의 법적쟁점과 입법적 과제」, 『아동 성폭력으로 인한 출산 경험과 혼인취소 : 법적

의 권리에 관한 협약에서는 당사국은 모든 형태의 성적 착취와 성적 학대로부터 아동을 보호할 의무를 지고(아동의권리에관한협약 제34조), 당사국은 모든 목적과 형태의 아동의 약취유인이나 매매 또는 거래를 방지하기 위한 모든 적절한 국내적, 양국 간, 다국 간 조치를 취하여야 한다(아동의권리에관한협약 제35조). 또한 아동의 경우 증언이나 유죄의 자백을 강요당하지 아니한다(아동의권리에관한협약 제40조). 그리고 아동매매, 아동성매매 및 아동음란물에 관한 협약 선택 의정서에서는 피해아동의 사생활과 신원을 적절하게 보호하고 아동의 신원이 드러날 수 있는 정보의 부적절한 유출을 방지하기 위하여 국내법에 따른 조치를 취하도록 하고 있다(아동매매, 아동성매매 및 아동음란물에 관한 협약 선택 의정서 제8조). 이처럼 아동의 경우 범죄 피해와 피해 경력은 드러나지 않게 보호할 필요가 있고, 각종 국제협약과 국내법에서 아동의 권리보장과, 보호 의무에 관한 규정을 명시하고 있다.[10]

2) 이 사건에서 대상판결의 판단과 검토

대상판결은 원심판결이 B의 혼인취소 청구와 위자료 청구의 일부를 인용하고, A의 이혼 청구와 위자료 청구는 기각한 것에 대해 다음과 같은 이유에서 민법 제816조 제3호 혼인취소 사유와 혼인취소를 원인으로 하는 손해배상 책임의 성립에 관한 법리를 오해하여 필요한 심리를 다하지 아니한 잘못이 있다며 원심을 파기하고 환송하였다.

쟁점과 입법적 과제」, 2015.3, 18쪽.
10 위의 글, 18~19쪽.

"피고가 아동성폭력범죄의 피해를 당해 임신을 하고 출산을 하였으나 곧바로 그 자녀와의 관계가 단절되고 이후 8년 동안 양육이나 교류 등이 전혀 이루어지지 않았다면, 이러한 출산 경력을 단순히 고지하지 않았다는 사실만으로 그것이 곧바로 제3호 혼인취소 사유에 해당한다고 단정해서는 아니 된다. 원심으로서는 피고가 주장하는 바와 같은 사정, 즉 자녀를 임신하고 출산하게 된 경위 및 그 자녀와의 관계는 물론이거니와 원고가 당해 사항에 관련된 질문을 한 적이 있는지 여부, 혼인의 풍속과 관습이 상이한 국제결혼의 당사자들인 원고와 피고가 혼인에 이르게 된 경위 등에 관하여 충분히 심리한 다음, 그 심리 결과에 기초하여 고지 의무의 존부와 그 위반 여부에 대하여 판단하였어야 했다."

성폭력범죄의 피해를 당한 결과로 임신을 하고 출산을 하게 된 것이라면, 이와 같은 출산 경력은 개인의 내밀한 영역에 속하는 것으로서 당사자의 명예 또는 사생활 비밀의 본질적 부분에 해당한다. 아동의 경우 범죄 피해와 피해 경력은 드러나지 않게 보호할 필요성이 더욱 크고 이는 아동의 권리에 관한 협약 등 국제인권법으로도 확인된 책임이므로 출산의 원인이 된 사건이 아동성폭력범죄 피해인 경우, A의 사생활의 자유, 인격권, 자기결정권 등 고지 의무를 부여함에 따라 침해될 수 있는 A의 기본권에 대한 보장의 필요성이 매우 커진다 할 것이다. 이에 따라 충돌하는 B의 혼인에 관한 의사결정의 자유가 일부 제한될 수밖에 없다. A와 자녀의 관계가 단절된 상황이라면, 장차 A와 B의 혼인관계에 영향을 미칠 가능성이 거의 없고, 무엇보다도 아동성폭력범죄의 피해를 고지하도록 하는 것은 A의 사생활의 비밀, 인격권 등 A의 기본권의 본질적 부분을 침해할 수 있는 것으로 A에게 이를 강요할 수 없음은 분명하다. A가 이를 고지할 것을 기대할 수 없고, A가 이를 고지하지 않은 것이 위법하다거나 비난 가능성이 있다고 하기도 어렵다.

이러한 점에서 대상판결이 "당사자가 성장 과정에서 본인의 의사와 무관하게 아동성폭력범죄 등의 피해를 당해 임신을 하고 출산까지 하였으나 이후 그 자녀와의 관계가 단절되고 상당한 기간 동안 양육이나 교류 등이 전혀 이루어지지 않은 경우라면, 이러한 출산의 경력이나 경위는 개인의 내밀한 영역에 속하는 것으로서 당사자의 명예 또는 사생활 비밀의 본질적 부분에 해당한다고 할 것이고, 나아가 사회통념상 당사자나 제3자에게 그에 대한 고지를 기대할 수 있다거나 이를 고지하지 아니한 것이 신의성실 의무에 비추어 비난받을 정도라고 단정할 수도 없으므로, 단순히 출산의 경력을 고지하지 않았다고 하여 그것이 곧바로 민법 제816조 제3호 소정의 혼인취소 사유에 해당한다고 보아서는 아니 된다."고 본 것은 인권 의식에 기반한 타당한 판단이었다고 평가한다.

V. 나가며

이 사건은 다시 전주지방법원으로 돌려보내졌는데, 전주지방법원은 "통상 혼인 당사자 일방의 출산 경력은 상대방의 혼인에 관한 의사결정에 있어서 중요하게 고려되는 요소인 점, B가 A의 출산 경력을 알았더라면 A와 혼인하지는 않았을 것으로 보이는 점, 베트남 소수민족들 사이에 빳버혼이 드물지 않게 이루어지고 있는 이상 어린 나이에 빳버혼을 통하여 결혼하고 출산하였다는 사실만으로 출산 경력에 대한 고지 의무가 면제된다고 해석하는 경우 국제결혼의 상대방 배우자로서는 혼인, 출산 경력을 전혀 알지 못하는 상태에서 혼인 여부를 결정할 수밖에 없게 되어 혼인 상대방의 혼인에 관한 의사결정의 자유를 지나치게 제한하게 되는 점" 등을 들며 다시 A의 혼인취소를 인정하는 판결을 하였다.[11] 이러한 파기환송심의 판단은 여전히 '통상'의 관행 내지는 사정을 가장 중요한 기준으로 삼아 일방 당사자인 B가 가지는 혼인 의사결정의 자유의 고려에만 치우쳐 양 당사자에 대해 균형 있는 판단을 하지 못한 것으로 이 사건 대상판결의 취지를 제대로 반영하지 못하였다고 생각한다. 2017년 5월, 약 4년간의 긴 법정 공방 끝에 결국 혼인취소 판결이 확정되었다.[12]

---

11 전주지방법원 2017.1.23. 선고 2016르210(본소), 2016르227(반소) 판결. 이에 대해 다시 상고하였으나 대법원은 심리불속행 기각으로 사건을 종결하였다.

12 A는 2017년 8월 본국으로 귀국하였다. 「친족성폭행·혼인취소… 한 베트남 결혼이주여성의 '약탈 14년'」, 『한겨레』, 2018.1.20.

간통죄는 여성을 보호하는가 억압하는가

강성윤

대상 결정 헌법재판소 2015.2.26. 2009헌바17 등

관여 재판관 : 박한철(재판장), 이정미, 김이수, 이진성, 김창종, 안창호, 강일원, 서기석, 조용호

(헌법재판소 2015.2.26. 2009헌바17, 205, 2010헌바194, 2011헌바4, 2012헌바57, 255, 411, 2013헌바139, 161, 267, 276, 342, 365, 2014헌바53, 464, 2011헌가31, 2014헌가4(병합) 전원재판부 [형법제241조위헌소원등] [헌공제221호,349])

강성윤 민변 여성인권위원회 및 가족법팀에서 활동하고 있습니다.

간통죄는 여성을 보호하는가 억압하는가

I. 시작하며

간통죄는 2015년 헌법재판소의 대상결정으로 폐지될 때까지 무려 4차례나 헌법재판소에서 다뤄졌고, 그때마다 우리 사회에 뜨거운 논쟁을 가져왔다. 대상결정으로 폐지된 이후에도, 현재까지 많은 이들이 간통죄가 필요한지 여부를 두고 논쟁을 할 정도로 사람들의 관심이 높은 쟁점이다.

1953년 제정된 형법 제241조[1]는 간통을 형사처벌 대상으로 규정하였고, 이 규정은 대상결정에서 위헌으로 결정될 때까지 개정 없이 존속하였다. 간통죄는 1953년 제정 당시부터 논쟁 대상이었던 것으로 보인다.

---

1 형법 제241조 (간통) ① 배우자 있는 자가 간통한 때에는 2년 이하의 징역에 처한다. 그와 상간한 자도 같다. ② 전항의 죄는 배우자의 고소가 있어야 논한다. 단 배우자가 간통을 종용 또는 유서한 때에는 고소할 수 없다.

여성의 간통만을 처벌하였던 구 형법의 조항을 삭제할 것인지, 유지할 것인지, 여남 모두의 간통을 처벌할 것인지를 두고 논쟁이 있었다. 결국 간통죄는 1표 차이로 여남 모두의 간통을 처벌하는 쌍벌주의를 채택하게 된다. 국회에서는 이미 형성되어 있었던 관습인 축첩제를 이 조항으로써 처벌할 수 있을 것인지에 대하여 논쟁이 있었다. 간통죄의 신설을 찬성하는 측에서는 간통한 여성에 대한 남편의 복수가 가져올 폐단을 방지하고자 하는 의도도 있었다.[2] 이처럼 1950년대 여성인권의 열악했던 현실을 고려하면, 여성의 간통만을 처벌하는 일벌주의에서 쌍벌주의로 나아감으로써 축첩제를 제재하고 간통여성에 대한 남편의 사적 응징을 제재하려는 국가의 의지를 표현한 것으로서 일응의 시대적 소명을 가지고 있었다.

간통죄의 위헌성 또는 정당성에 대한 의문과 논란은 제정 당시부터 계속된 것으로 보이지만, 이 논쟁은 헌법재판소의 설치와 함께 새로운 국면에 접어든다. 1988년 헌법재판소가 설치된 이래 대상결정을 포함하여 5번에 걸쳐서 헌법재판소에서 그 위헌성이 다투어진 것이다. 5회에 걸친 헌법재판소 결정에서도 의견이 엇갈렸는데, 아래 표로 정리하였다. 2차 결정은 1차 결정을 그대로 유지하였으므로 표에서는 제외하였다.

결정	합헌	위헌	헌법불합치
89헌마82(1차 결정)	6	1	2
2000헌바60(3차 결정)	8	1	–

---

2 문현아, 「현대 간통죄 판례와 결혼관계 내 여성의 지위 변화 분석」, 『여성과 역사』 제27권, 한국여성사학회, 2017, 197~198쪽.

2007헌가17등(4차 결정)	4	4	1
2009헌바17등(대상결정)	2	7	

헌법재판소는 2015년 대상결정을 통해 결국 간통죄의 위헌을 선언하였다. 이로써 간통죄는 완전히 폐지되었다. 이 글에서는 대상결정을 성평등의 관점에서 검토하고자 한다. 다만 필요한 경우 1차 내지 4차 결정이나 헌법소송법적 쟁점 등을 언급할 것이다.

Ⅱ. 대상결정

1. 사건 개요 및 심판대상

청구인들은 간통 내지 상간하였다는 범죄 사실로 기소되어 당해사건 계속 중 형법 제241조가 위헌이라며 위헌법률심판제청 신청을 하여 신청이 받아들여지거나, 받아들여지지 아니하여 헌법소원을 제기하였다. 심판대상조항은 형법 241조 전체이다.

2. 재판관 박한철, 이진성, 김창종, 서기석, 조용호의 위헌의견(이하 '다수의견'이라고 함)의 요지

간통죄는 선량한 성풍속 및 일부일처제에 기초한 혼인제도를 보호하고 부부간 정조 의무를 지키게 하기 위한 것으로 그 입법목적의 정당성은 인정된다. 그러나 간통죄는 비도덕적이기는 하나 법으로 처벌할 사안은 아니라고 국민들의 의식이 바뀌었고, 간통죄 고소는 혼인의 해소 또는 이혼소송 제기 후에야 가능하므로 가정 보호 기능이 없다. 또한 간통죄의 일반 예방효과가 있다고 하기 어렵고, 간통죄의 처벌은 고소권자의 의사에 달려 있어 특별 예방효과도 떨어지고 고소권이 남용되는 경우가 있다. 간통죄가 폐지된 나라에서 성도덕이 문란해지거나 이혼율이 높아졌다는 자료가 없고, 여성의 경제적 지위 향상과 민법개정으로 인한 재산분할청구권과 위자료, 양육비 청구권의 보장이 늘어 여성 배우자 보호 기능도 퇴색하였다.

따라서 간통죄로 달성하려는 일부일처제에 기초한 혼인제도 및 부부 간 정조 의무 보호라는 공익이 더 이상 간통죄를 통하여 달성될 것으로 보기 어려운 반면, 간통죄는 개인의 내밀한 성생활의 영역을 형벌의 대상으로 삼음으로써 국민의 성적자기결정권과 사생활의 비밀과 자유라는 기본권을 침해하는 것이므로 헌법에 위반된다.

3. 재판관 김이수의 위헌의견(이하 '별개의견'이라 함)

배우자가 있음에도 단순한 성적 쾌락을 위해 혼외성관계를 맺는 경우(제1유형), 현재의 배우자보다 매력적인 상대를 만나 기존 혼인관계에 대해 회의를 느끼고 그와 사랑에 빠진 경우(제2유형)에 해당하는 간통행위자 내지 상간자를 처벌하는 것은 헌법에 위반되지 아니한다.

기존의 혼인이 해소되거나 이혼소송이 제기되지 않았지만 장기간 별거 등 혼인이 사실상 파탄에 이른 상태에서 새로운 사랑의 상대를 만나 성적 결합으로 나아간 경우(제3유형)에 해당하는 간통행위자나 상간자는 비난 가능성이나 반사회성이 없거나 지극히 미약하므로 이를 처벌하는 것은 헌법에 위반된다.

미혼인 상간자(미혼자 및 이혼 또는 사별한 자를 포함한다)의 경우 배우자에 대한 성적 성실 의무의 존재 및 그 위배라는 개념을 상정할 여지가 없을 뿐만 아니라, 상대방 간통행위자 및 그 배우자에 대한 관계에서도 그는 제3자로서 이들에 대하여 성적 성실 의무를 부담하지 아니하므로, 단순히 간통행위자의 간통을 인식하면서 상간하는 정도를 넘어 적극적 도발 내지 유혹을 함으로써 간통에 이르게 한 경우를 제외하고는 처벌하는 것은 헌법에 위반된다.

4. 재판관 강일원의 위헌의견(이하 '별개의견2'라 함)

간통행위가 혼인관계에 파괴적 영향을 미치게 된 때에는 단순히 윤리와 도덕적 차원의 문제라고 볼 수 없고 법적 규제의 필요성이 인정되므로, 형벌이라는 제재 수단을 도입한 것이 그 자체로 헌법에 위반된다고 볼 수는 없다. 그러나 간통죄의 소극적 소추 요건인 종용의 의미에 관하여 형사판례는 이를 이혼의사 합치가 분명히 드러난 경우로 제한하여 협소하게 보는 반면 민사판례는 혼인관계가 파탄된 경우로 넓게 보아 국민들이 그 의미를 이해하기 어렵게 되었다. 또한 또 다른 소극적 소추 요건인 유서의 의미에 관한 판례도 외면적 용서만으로 이를 인정하지 아니하고 간통 사실에도 불구하고 혼인관계를 지속할 의사가 명백하고 믿을 수 있는 방법으로 표현되어야 한다고 하여 국민들이 그 의미를 이해하기 어렵다. 그러므로 간통죄는 소극적 소추 요건인 종용과 유서의 의미가 명확성 원칙에 위반되어 헌법에 위반된다. 또한 간통죄가 일률적으로 징역형만을 규정한 것은 비례의 원칙에 위반된다.

5. 재판관 이정미, 안창호의 반대의견(이하 '반대의견'이라 함)

다수의견은 이혼을 하게 되더라도 재산상 및 정신적 손해배상 등을 통해서 부정한 행위를 한 배우자의 상대방을 보호할 수 있다고 하지만, 특히 사회활동의 경험이 없고 가정 내 경제적·사회적 약자의 처지에 놓여 있는 전업주부 여성의 경우 상대방의 재산 은닉 등으로 인하여 재산분할 제도가 실효성이 없는 경우가 많고, 위자료로 받을 수 있는 액수도 미미한 수준이다. 아직까지 우리 사회에서 혼인 중의 재산분할 인정, 주거용 건물 등에 대한 부부 일방의 임의 처분 제한, 재산분할청구권 보전을 위한 사해행위취소권, 이혼에 따른 상속분 보장 등 가정 내 경제적·사회적 약자를 보호하기 위한 다양한 제도가 마련되어 있지 아니하여 현행 민법상의 제도나 재판 실무만으로는 이들의 보호에 미흡할 수밖에 없다.

또한 간통으로 인한 가족공동체의 파괴가 자녀에게 심각한 악영향을 미칠 수 있다는 점은 쉽게 짐작할 수 있다. 부모의 이혼이나 별거 등으로 인한 결손가정[3]의 경우 청소년 자녀의 비행의 정도가 양친가정에 비해 월등히 높게 나타나고 있다.

Ⅲ. 대상결정에 대한 검토

1. 대상결정의 의의

대상결정은 간통죄가 성적자기결정권과 사생활의 비밀과 자유를 침해

---

3   적절한 표현이라고 보기 어려우나 대상결정에 설시된 용어를 사용하였다.

한다는 것을 분명히 했다는 점에서 의의가 있다. 나아가 다수의견은 특히 간통죄로 인해 처벌되는 경우가 전체 간통에 비하여 극히 적은 현실에서 간통죄가 일반 예방 및 특별 예방효과가 없고 오히려 고소권이 남용되는 경우가 있다는 형사정책적인 관점과 간통죄가 간통행위자의 여성 배우자를 보호하는 사회경제적 기능의 약화를 중요한 논거로 삼았다.

간통죄는 다수의견이 언급한 것과 같이 상간행위자의 여성 배우자에 의한 형사고소권을 보장하고 고소 취하를 조건으로 하여 재산분할과 위자료 등을 받아내는 수단으로 사용되어 여성 배우자를 보호하는 기능이 있었던 것은 사실이다. 그러나 2014년 인구통계에 따라 지역별, 성별, 연령별 인구비례로 할당하여 무작위 추출한 남녀 2,000명을 상대로 이루어진 조사에 따르면 남성은 간통 경험(배우자 있는 경우의 간통행위와 상간행위 포함)이 있는 비율이 32.2%인 반면 여성은 간통 경험(배우자 있는 경우의 간통행위와 상간행위 포함)이 있는 비율이 14.4%이었던 사실[4]과 비교하여 2014년 간통죄로 기소된 782건 중 391건이 여성인 사실,[5][6] 그리고 2014년 접수된 간통죄 사건의 피해자 1,558명 중 840명이 남성이고 717명이 여성(1명은 성별불상)[7]인 사실을 종합하면 간통죄는 여성에게 더 불리하게 작용한 것으로 보인다. 간통죄는 쌍벌주의로 여남을 공평하게 규율하고 있지만, 여성 배우자는 이혼 시 발생할 경제적 곤란의 우려나 남성

---

4   박선영 외, 「여성가족 관련 법제의 실효성 제고를 위한 연구(Ⅱ): 간통죄에 대한 심층분석」, 한국여성정책연구원, 2014, 46쪽.
5   대검찰청, 「2014 범죄분석」, 2014.
6   기소된 남성과 여성의 수가 같은데 이는 간통행위자와 상간자를 함께 기소하기 때문인 것으로 보인다.
7   대검찰청, 「2014 범죄분석」, 2014.

배우자의 간통을 용인하는 문화적 영향으로 인하여 실제로 남성 배우자를 고소하거나 처벌받게 하는 경우가 드문 반면, 남성 배우자의 경우 여성 배우자가 간통한 것을 알게 되는 경우 고소에 이어 처벌까지 받게 하는 경우가 더 많은 것으로 보인다. 이러한 점을 고려할 때 여성 배우자를 보호하는 기능이 있다고 하더라도 간통죄는 여성을 억압하는 측면 또한 결코 적지 않았다고 할 것이고, 이러한 점에서 대상결정의 결론을 환영한다.

2. 대상결정의 한계

1) 입법목적의 문제

대상결정의 다수의견은 간통죄의 입법 목적을 선량한 성풍속 및 일부일처제에 기초한 혼인제도를 보호하고 부부간 정조 의무를 지키게 하기 위한 것으로 보고 있다. 이러한 부분에 관하여는 대상결정의 별개 의견 및 반대의견, 간통죄에 관한 1차 내지 4차 헌법재판소 결정의 모든 의견을 불문하고 별다른 이의가 없는 것으로 보인다. 이러한 점은 간통죄가 성풍속에 관한 죄의 장에 규정되어 있다는 점을 고려한 형법학계의 의견을 참조한 것으로 보인다.

그러나 간통죄는 피해자가 존재한다는 점을 전제로 친고죄로 규정되었다는 점, 간통죄의 존폐 논의에 있어 피해자인 배우자의 이익이나 미성년 자녀의 복리가 중요하게 고려된다는 점을 종합하면 위 헌법재판소가 설시한 입법목적은 피해자를 배제하는 논리라고 할 수 있다.

특히, 혼인당사자의 의사가 반영되지 않아 제도로서 설명하지 아니하면 이해하기 어려운 전통적 혼인제도와 달리, 근대적 혼인제도를 받아들인 한국 민법의 혼인제도는 당사자의 의사에 기초한 혼인 약정과 그에 따른 자기 책임의 원리를 통하여 이해할 수 있다. 이러한 관점에서 본다면 간통죄는 혼인제도 이외에도 당사자가 혼인 약정으로 부여한 배우자의 신뢰를 침해한다는 점에서도 충분히 논의할 수 있다.

2) 간통죄의 여성 보호적 기능

다수의견은 간통죄가 간통행위자의 여성 배우자를 보호하는 사회경제적 기능이 있다는 점을 인정하면서도, 여성의 경제적 지위 향상과 민법 개정으로 인한 재산분할 및 위자료, 양육비 보장 등이 충분히 이루어져 여성 배우자 보호 기능이 상당 부분 상실되었다고 평가한다. 이와 같은 평가는 일부 설득력이 있다. 그러나 간통으로 인한 분쟁이 발생하였을 때 피해 배우자, 특히 여성 배우자가 민법 조항만으로 충분히 보호받는지는 의문이다. 위자료 산정 실무에서는 혼인 기간, 나이, 학력, 재산 정도 등이 종합적으로 고려되고, 간통을 따로 떼어 산정하지는 않는다. 그 결과 위자료 액수는 간통 고소 취하에 따른 합의금에 현저히 미치지 못하는 경우가 많다. 재산분할이나 위자료 지급 등을 대비하여 재산을 은닉한 경우, 분할할 재산이 없는 경우, 구체적인 재산은 없으나 혼인기간 중 자격증이나 학위 등 무형자산을 취득하여 장래 재산 형성을 기대할 수 있는 경우 등에는 위자료 액수와 합의금 사이 더욱더 그 차이가 벌어질 것이다. 이러한 점을 보완할 가족법적 논의를 기대한다.

3) 별개의견1의 한계

별개의견1은 간통을 3가지 유형으로 나누면서 기존의 혼인이 해소되 거나 이혼소송이 제기되지 않았지만 장기간 별거 등 혼인이 사실상 파탄 에 이른 상태에서 새로운 사랑의 상대를 만나 성적 결합으로 나아간 경 우를 제3유형으로 규정하고, 여기에 해당하는 간통행위자나 상간자는 처벌하는 것이 헌법에 위배된다고 한다. 이 관점에서는 혼인이 파탄상태 에서 성적 쾌락을 위해(즉, 사랑의 상대가 아닌 경우) 간통한 경우는 제1유형 으로 보아 형사처벌할 수 있다고 한다. 그러나 혼인이 사실상 파탄에 이 른 상태에서 성적 쾌락을 위한 간통과 새로운 사랑을 만나서 한 간통이 달리 규율되어야 하는지 의문이다. 또한 명확성 원칙이 강조되는 형사법 영역에서 혼인파탄 상태에서의 성적 쾌락을 위한 간통과 새로운 사랑을 만나서 한 간통을 달리 규율하는 것은 입법기술적으로도 가능하지 않을 것이다.

한편 별개의견1은 미혼인 상간자와 기혼인 상간자를 구별하여 기혼인 상간자는 원칙적으로 형사처벌의 대상이 될 수 있다고 한다. 그러나 상 간자의 혼인 여부가 간통죄의 합헌성에 영향을 미쳐야 하는지는 의문이 다. 상간자의 혼인 여부에 따른 불법성 판단은 상간자를 간통행위자로 하는 간통죄의 성립으로써 의율될 수 있는 것이다. 미혼인 상간자의 경 우 1개의 간통죄도 성립하지 아니하는 반면 기혼인 상간자의 경우 2개의 간통죄가 성립된다는 것은 균형이 맞지 아니한다.

4) 별개의견1, 2로 인한 헌법소송법적 쟁점

별개의견1, 2는 형식상 위헌의견으로 기재되어 있으나 실질적으로는 한정위헌 의견에 해당한다. 그러므로 별개의견1, 2의 취지를 살려 간통 죄를 우회적인 방식으로 재입법할 경우, 이를 바로 위헌이라고 하기 어려울 것이다. 이 경우 다시 헌법재판소에 회부된다면 헌법재판소는 본안 판단을 다시 해야 할 것이고, 헌법 재판관 구성에 따라 한정 위헌 또는 한정 합헌 결정이 날 수 있다. 현재까지는 간통죄 재입법 논의가 이루어지고 있지 않은 것으로 보이나, 만일 재입법 논의가 이루어질 경우 여성 배우자 보호를 위한 가족법적 논의를 위한 동력이 상실될 수 있어 우려된다.

5) 반대의견의 한계

반대의견은 간통행위를 처벌함으로써 가정을 보호할 수 있을 것이라고 기대한다. 그러나 이는 간통죄의 일반 예방효과를 전제로 하는데, 앞서 한국여성정책연구원의 2014년 설문조사에서 남성은 간통 경험(배우자 있는 경우의 간통행위와 상간행위 포함)이 있는 비율이 32.2%인 반면 여성은 간통 경험(배우자 있는 경우의 간통행위와 상간행위 포함)이 있는 비율이 14.4%이었던 것[8]을 고려할 때 일반 예방적 효과가 있는지는 의문이다. 또한 반대의견은 가정이 사회의 근간이라는 점을 강조한다든지, 부모의 이혼이

---

8   이 조사는 혼인 후의 성매매도 간통에 포함하는 것으로 보고 이를 배제하는 설
     문조항을 두지는 아니하였는데, 성매매를 포함한다는 점을 문항에 포함하지는
     아니하였기 때문에 이를 배제한 응답자도 있었을 것이다.

나 별거 등으로 인한 결손가정의 경우 청소년 자녀의 비행 정도가 높다는 점을 강조한다. 그러나 이러한 견해는 가족구성이 다양화되고 있는 현실에 뒤떨어진 주장이다. 청소년 자녀의 비행 문제 등도 이혼이나 별거 시의 위자료 청구권과 양육비 청구권의 실질적 보장, 소위 결손가정을 다양한 가족 형태의 하나로 바라보는 사회의식의 변화 등으로 해결해야 할 것이지, 정상가족을 형법으로 지킴으로써 해결할 문제는 아닐 것이다.

Ⅳ. 나가며

간통죄는 5차례의 헌법재판을 거쳐 결국 2015년 대상결정으로 폐지되었다. 이로써 이로써 헌법재판소는 간통죄의 존재가 개인의 성적자기결정권과 사생활의 비밀과 자유를 침해한다는 오랜 논란에 종지부를 찍었다. 그러나 간통죄가 한국 사회에서 가지던 여성 배우자 보호 기능은 과거에 비하여 그 기능이 약화된 반면 여성의 사회경제적 지위 향상이나 민법 개정으로 간통행위자의 여성 배우자가 충분히 보호받는다고 평가하기는 아직 이르다.

그렇다면 간통죄 폐지로 인하여 한층 더 심화된 혼인 중, 또는 이혼 시의 여성 배우자의 권리를 보호할 수 있는 다각적인 입법 검토가 필요할 것이다. 혼인 중의 재산분할 청구권, 부부재산계약제도의 실효성 제고를 위한 방안, 재산분할제도와 위자료 산정 방식의 변화, 이혼 후 부양 제도 등이 논의되어야 할 것이다.

이혼 직후 출산한 아이의 아버지는 누구인가

최현정

대상 판결 헌법재판소 2015.4.30.자 2013헌마623 결정

관여 재판관 : 박한철(재판장), 이정미, 김이수, 이진성, 김창종, 안창호, 강일원, 서기석, 조용호

최현정 가족법팀에서 활동하면서 최근 낙태죄 헌법소원 청구인 대리인단에 참
여하였습니다.

이혼 직후 출산한 아이의 아버지는 누구인가

I. 시작하며

이혼 후 300일 이내에 전 남편이 아닌 다른 남성의 아이를 출산한 여성은, 전 남편을 상대로 친생부인의 소, 아이의 생부(생물학적 아버지)를 상대로 인지청구의 소를 제기하여 판결을 받은 후에야 아이를 생부의 자녀로 가족관계등록부에 등록할 수 있었다. 소 제기 기간이 지나거나 법적 조력을 받을 수 없어서 소송을 포기한 경우 전 남편의 자녀로 등록하거나, 아니면 아예 출생신고를 못 하기도 했다.

문제의 원인은 구 민법 제844조 제2항에 있었다. 구 민법[1] 제844조는 아내(妻)가 혼인 중에 포태한 자는 남편(夫)의 자녀(子)로 추정하며(제1항), 혼인 성립의 날로부터 200일 후 또는 혼인관계 종료의 날로부터 300일

---

1   1958년 2월 22일 법률 제471호로 제정되고 2017년 10월 31일 법률 제14965호로 개정되기 전의 것.

내에 출생한 자녀는 혼인 중에 포태한 것으로 추정한다(제2항)(이하 '친생추
정제도'라고 한다).

헌법재판소는 2015년 구 민법 제844조 제2항 중 "혼인관계종료의 날
로부터 300일 이내에 출생한 자"에 관한 부분(이하 '심판대상조항'이라 한다)
이 헌법에 합치되지 아니한다고 결정했다(헌법재판소 2015.4.30. 2013헌마
623 결정, 이하 '2013헌마623 결정'이라 한다). 혼인 종료 후 300일 이내에 출산
한 자녀를 전 남편의 자녀로 추정하는 것 자체는 합리적이지만, 그 추정
을 뒤집을 수 있는 적합한 수단을 마련하지 않음으로써 여성의 인격권과
행복추구권, 개인의 존엄과 양성의 평등에 기초한 혼인과 가족생활에 관
한 기본권을 침해한다는 이유다. 독일처럼 친생추정의 예외를 인정하거
나, 소송보다 간단하고 비용 부담이 적은 비송사건절차를 마련하는 것이
대안일 수 있다. 이혼율과 재혼율이 증가하는 현실에서 심판대상조항은
이혼한 여성과 전 남편이 각각 새로운 가정을 꾸리는 데 부담이 되고, 자
녀와 생부가 진실한 혈연관계를 회복하는 데 걸림돌이 되고 있다는 것이
다. 헌법재판소 결정 후 국회는 2017년 민법을 개정하였다.

헌법재판소의 결정은 현실을 반영하지 못하던 심판대상조항의 위헌성
을 확인하고, 대안적 수단까지도 구체적으로 설시하였으며, 아동인 자
녀의 출생등록권 확보에 기여하였다는 점에서 의미가 있다. 이 글에서는
헌법재판소 결정의 내용과 의미를 살펴본다.

Ⅱ. 대상판결

1. 사실관계

A는 B와 혼인하였다가 2011년 12월 19일 이혼에 합의하였다. A와 B 는 가정법원으로부터 협의이혼 의사를 확인받고, 2012년 2월 28일 관할 구청에 이혼신고를 하였다. 그 후 A는 C와 동거하면서 2012년 10월 22 일 D를 출산하였고, 출생신고를 하기 위해 2013년 5월 6일 관할 구청을 방문하였다. 그런데 담당 공무원은 심판대상조항에 따라 혼인관계종료 의 날로부터 300일 내에 출생한 자녀는 전 남편의 친생자로 가족관계등 록부에 기재되므로 전 남편의 성에 따라야 하며, 이를 해소하기 위해서 는 친생부인의 소를 제기하여야 한다고 했다. 이에 A는 출생신고를 보류 하였다. 2013년 5월 8일 서울의대 법의학교실의 유전자검사 결과 D는 C 의 친생자로 확인되었고, C는 D를 자신의 친생자로 인지하려고 하는 상 황이었다. A는 심판대상조항이 청구인의 기본권을 침해한다고 주장하면 서 2013년 9월 5일 헌법소원심판을 청구하였다.[2]

---

2   A는 "재혼한 여자가 해산한 경우에 제844조의 규정에 의하여 그 자의 부를 정할 수 없는 때에는 법원이 당사자의 청구에 의하여 이를 정한다"고 규정하는 민법 제845조의 위헌확인도 구하였다. 그러나 헌법재판소는, A가 C와 재혼하지 않 은 상태에서 D를 출산하였으므로 민법 제845조가 이 사건에 적용되지 않는다 는 이유로 심판대상에서 제외하였다.

2. 문제의 소재

모자관계는 임신과 출산이라는 자연적 사실에 의하여 그 관계가 명확히 결정되는 반면, 부자관계는 그 관계 확정을 위한 별도의 요건이 필요하다는 이유로 친생추정제도가 마련되어 있다.[3] 이 추정은 법률에서 인정하는 다른 추정에 비하여 강한 효력이 있다. 추정을 번복하여 부자관계를 부정하기 위해서는 친생부인의 소를 제기하여야만 하고, 인지청구의 소 등에서 선결 문제로 친생을 부인하는 것도 허용되지 않았다.[4] 친생부인의 소는 부부 중 일방이 제기할 수 있는데(민법 제846조),[5] 남편 또는 아내가 다른 일방 또는 자녀를 상대로 하여 제기하며 그 사유가 있음을 안 날부터 2년 내에 제기하여야 한다(민법 제847조 제1항).[6] 이 기간 안에 소를 제기하지 않거나 제척기간이 지나 친생부인의 기회를 상실하면, 자녀는 생부에게 인지를 청구할 수 없고 생부도 자녀를 인지할 수 없었다.

가족관계등록부에 친자관계를 등록하려면 출생신고 또는 인지신고를

---

3   헌법재판소 2015.4.30.자 2013헌마623 결정.

4   대법원 2012.9.27. 선고 2012므745 판결; 지원림, 『민법강의』(제12판), 홍문사, 2013, 1922쪽.

5   양현아, 『한국 가족법 읽기 – 전통, 식민지성, 젠더의 교차로에서』, 창작과비평사, 2011, 497쪽. 2005년 3월 31일 개정하기 전까지 친생부인의 소를 제기할 수 있는 사람은 오직 "부"뿐이었다. 이에 따라 2005년 3월 31일 이전에는 A와 같은 여성이 C와 재혼하여 새 가정을 이루고 자를 양육하게 된다고 해도, 법률상 아버지인 전 남편(B)이 친생부인권을 행사하지 않는 한 그 자는 전 남편의 성을 따르고 그를 법률상 부로 삼아야 했다. 또한 그 부가 1년 내에 소를 제기하지 않으면 이후 그 자가 자신의 친자가 아님을 알게 된다 해도 소를 제기할 수 없는 불합리성이 있었다.

6   2005년 3월 31일 개정하기 전까지 그 제소기간은 1년이었다.

하는데, 신고서류를 접수하는 공무원은 출생신고된 자녀와 아버지 사이에 진실한 혈연관계가 존재하는지 여부를 심사할 권한이 없다. 따라서 제3자와의 사이에서 출산한 자녀라고 할지라도 친생부인 판결에 의해 법률혼 배우자와 부자관계 없음이 확인되지 않는 이상, 가족관계등록공무원은 친생추정의 법리에 따라 그를 생모의 남편의 자로 기재하여야 한다.[7] 친생추정이 유지되는 한, 생모가 가족관계등록부에 자녀를 생부의 친생자로 등록하거나, 자녀가 생부를 상대로 인지청구를 하거나, 생부가 자녀를 인지하거나, 법률상 아버지(생모의 남편)가 자녀에 대한 양육 및 상속의무에서 벗어나는 것 모두 허용되지 않았다.

A가 친생자관계를 바로잡으려면 우선 전 남편 B를 상대로 친생부인의 소를 제기하여 자녀와 생부의 유전자검사 결과를 증거로 제출하고 승소 확정 판결을 받아야 했다. 그 확정 판결 후 가족관계등록부를 정리한 다음, 생부 C에 대하여 인지를 청구함으로써 생부와 친생자관계를 창설하는 방법을 취할 수밖에 없었다.

3. 청구인의 주장

청구인 A는 심판대상조항으로 인하여 사생활의 비밀과 자유, 혼인의 자유, 성적자기결정권, 재산권이 침해된다고 주장하였다. D를 C의 친생자로 등록하려면, 청구인이 어느 시기에 누구와 성관계를 하였는지를 밝혀야 하므로 사생활의 비밀과 자유가 침해된다. 이를 피하기 위해 일정

---

7   현소혜, 「친생자 추정과 가족관계등록절차의 개선방안」, 『법학논고』 49권, 2015, 265쪽.

기간 혼인을 미루거나 성관계를 기피하여야 한다면 혼인의 자유와 성적 자기결정권이 침해된다. 과학기술의 발달로 간단하고 저렴한 유전자검사를 통해 친생자 여부를 확실히 밝힐 수 있음에도 불구하고 심판대상조항은 많은 소송비용이 요구되는 친생부인의 소를 거치도록 강제하고 있어 재산권을 침해한다. 나아가 심판대상조항은 전혼 해소 후 300일 이전에 출산한 여성과 그 후에 출산한 여성을 합리적 이유 없이 차별하여 평등권을 침해한다.

Ⅲ. 2013헌마623 결정의 다수의견[8]

1. 제한되는 기본권

헌법재판소는 심판대상조항이 청구인의 인격권과 행복추구권, 개인의 존엄과 양성의 평등에 기초한 혼인과 가족생활에 관한 기본권을 제한한다고 보았다. 모든 국민은 인격권을 바탕으로 스스로 자신의 생활 영역을 형성해 나갈 수 있는 권리를 가지며, 혈통에 입각한 가족관계 형성은 개인의 인격 발현을 위한 자율영역을 보장하는 데 중요한 요소이다. 그런데 심판대상조항은 혼인 종료 후 300일 이내에 자녀가 출생하면 그 친 아버지가 누구인지 명백한 경우에도 무조건 전 남편의 친생자로 추정하고 이를 부인하기 위해서는 친생부인의 소를 제기하여야만 하므로, 진실한 혈연에 따라 가족관계를 이루고자 하는 청구인의 인격권과 행복추구

세상을 바꾼 성평등 판결

---

8   관여 재판관 박한철, 이정미, 김이수, 강일원, 서기석, 조용호.

권을 제한한다. 헌법 제36조 제1항은 개인의 자율적 의사와 양성의 평등에 기초한 혼인과 가족생활의 자유로운 형성을 국가가 보장할 것을 규정한다. 그런데 심판대상조항은 진실한 혈연관계에 부합하지 아니하고 당사자들이 원하지도 아니하는 친자관계를 강요하므로, 개인의 존엄과 양성의 평등에 기초한 혼인과 가족생활에 관한 기본권을 제한한다.[9]

2. 입법 형성 및 한계

헌법재판소는 혼인 종료 후 출생한 자녀에 대한 친생추정의 기준을 어떻게 정할 것인가의 문제는 원칙적으로 입법자의 재량에 맡겨져 있다고 보았다. '법률적인 친자관계를 진실에 부합시키고자 하는 모·자·생부·부의 이익'과 '친자관계의 신속한 확정을 통하여 법적 안정을 찾고자 하는 자의 이익'을 어떻게 그 사회 실정과 전통적 관념에 맞게 조화시킬 것인가에 관한 문제라는 것이다.

그런데 심판대상조항의 추정력은 다른 추정에 비하여 강한 효력을 가지므로, 엄격한 요건에서만 인정되는 친생부인의 소 제기 부담을 국민에

---

9 헌법재판소는 사생활의 비밀과 자유, 성적자기결정권, 재산권은 심판대상조항으로 인하여 제한되는 기본권이 아니라고 보았다. 친생부인의 소 진행 과정에서 발생할 수 있는 사생활 공개 등은 소송법상 소송기록 비공개 제도의 운영에 관련된 문제이지 심판대상조항의 문제가 아니라는 것이다. 여성의 재혼금지기간을 규정하던 구 민법 제811조가 폐지된 이상 심판대상조항으로 인하여 청구인의 혼인의 자유와 성적자기결정권이 제한되는 것은 아니며, 친생부인의 소를 거치게 됨으로써 발생하는 경제적 부담은 반사적 불이익에 불과할 뿐 재산권의 제한으로 보기 어렵다고 판단하였다. 또한 인격권 등의 침해 여부를 검토하는 이상 평등권 침해에 관하여 판단할 필요성이 없다고 보았다.

게 지우기 위해서는 그러한 친생추정이 얼마나 합리적인지 검토되어야한다. 친생추정의 기준이 지나치게 불합리하거나 그로부터 벗어날 수 있는 방법이 지나치게 제한적이어서 진실한 혈연관계에 반하는 친자관계를 강요하는 것이라면, 이는 입법 형성의 한계를 넘어서는 것으로 위헌이다.

3. 친생추정제도의 목적 및 300일 기준의 합리성

헌법재판소는 친생추정은 자녀의 복리를 위하여 매우 중요하고, 혼인 종료 후 300일을 기준으로 한 것은 합리적이라고 보았다. 유전자검사 기술의 발달로 과학적 친자 감정이 가능하더라도, 출생과 동시에 자녀에게 안정된 법적 지위를 부여함으로써 법적 보호의 공백을 없앨 수 있다. '혼인 성립의 날로부터 200일 후' 또는 '혼인 종료의 날로부터 300일 내'의 기간은 포태 시부터 출산 시까지의 최단·최장기간에 해당하는 의학적 통계를 바탕으로 한다. 태아의 임신기간은 통상 280일(40주)이고, 산모의 개인적 차이를 고려하더라도 출산일로부터 역산하여 200~300일 이내에 포태되었을 것이라고 추정하는 것은 경험칙에 부합한다. 독일과 일본도 출생일로부터 역산하여 300일 이내의 기간을 친생추정의 기준으로 한다.

4. 위헌성

그럼에도 불구하고 헌법재판소는 심판대상조항이 오늘날 사회적·법률적 상황의 변화를 반영하지 못하여 기본권을 침해하므로 위헌이라고 판단하였다. 심판대상조항은 1958년 2월 22일 제정된 이래 한 번도 개정되지 않았다. 당시에는 이혼율이 낮았고 이혼 후 재혼도 흔치 않았다. 더구나 여성은 혼인관계 종료 후 6개월 동안 재혼할 수 없었으므로(구 민법 제811조), 여성이 전혼 종료일로부터 6개월 이후 생부와 재혼하여 포태한 자가 전혼 종료일로부터 300일 이내에 출생하는 것은 법률적으로 불가능하였다.

그러나 오늘날 사회적·법률적 상황은 크게 달라졌다. 이혼율과 재혼 건수가 증가하고, 구 민법 제811조도 삭제되었다. 이혼숙려기간제도와 조정전치주의가 도입되어, 혼인관계가 파탄에 이른 뒤 법률상 이혼의 효력이 발생하기까지 시간 간격이 크게 늘어났다. 여성이 남편 아닌 남자의 자를 포태하여 혼인 종료일로부터 300일 이내에 출산할 가능성이 증가하였다. 한편 유전자검사 기술이 발달하여 과학적으로 정확하게 부자관계를 확인할 수 있게 되었다.

그런데 심판대상조항에 따라 친생추정이 되면 그 추정은 오직 친생부인의 소를 통해서만 번복될 수 있다(구 민법 제844조 제1항, 제847조). 가족관계의 등록 등에 관한 법률에 따라, 출생신고는 자녀의 출생 후 1개월 이내에 하지 않으면 과태료의 제재를 받는다. 이 때문에 혼인 종료 후 300일 내에 출생한 자녀가 전 남편의 친생자가 아님이 명백하고 전 남편이 친생추정을 원하지도 않으며 생부가 그 자녀를 인지하려는 경우에도, 가족관계등록부에는 일단 전 남편의 친생자로 등록될 수밖에 없다. 이는 여성이 이혼 후 새로운 가정을 꾸리는 데 부담이 되었다. 전 남편 역시 친자 아닌 자녀에 대한 부양의무로부터 벗어나려면 친생부인이 소를 제기하여야 하는 부담이 있다. 만약 모 또는 부가 소를 제기하지 않거나 2년의 제척기간이 지나 친생부인의 기회를 상실하면, 자녀는 생부에게 인지를 청구할 수 없고 생부도 자녀를 인지할 수 없어, 진실한 혈연관계를 회복할 길이 막히게 된다.

친생추정제도는 모자관계와 달리 부자관계의 정확한 증명이 실질적으로 불가능하다는 전제하에 만들어졌으나, 유전자검사 등을 통하여 친자관계 증명이 가능하게 된 현 상황에서 이는 더 이상 근거가 되기 어렵다. 모와 부 사이의 혼인이 이미 종료된 경우를 전제로 친생추정을 적용하는 경우에는 가정의 평화 유지를 그 입법취지로 볼 수도 없다. 결국 심판대상조항의 입법취지로는 자의 법적 지위를 신속히 안정시킬 필요성만 남았다. 그러나 앞서 본 사회적 변화로 인하여 심판대상조항은 오히려 친자관계를 신속히 진실에 맞게 합치시키고 새로운 가정을 이루려고 하는 당사자의 의사를 도외시하는 결과만 초래한다. 따라서 심판대상조항은 친생추정의 주된 목적인 자녀의 복리에 비추어 보아도 지나치게 불합리한 제한이다.

5. 친생추정 원칙 및 기준의 필요성

헌법재판소는 자녀의 법적 지위 안정을 위해 친생추정 규정은 필요하고 혼인 종료 후 300일을 기준으로 한 것은 합리적이지만, 예외를 전혀 허용하지 아니한 채 오직 친생부인의 소를 통해서만 친생추정을 번복할 수 있도록 한 것은 위헌이라고 보았다. 독일처럼 친생추정에 일정한 예외를 인정하거나,[10] 절차가 간단하고 비용도 적게 드는 비송사건절차를

세상을 바꾼 상평등 판결

---

10 다수의견은, 독일에서는 부와의 혼인 중에 출생한 자라도 그 출생일이 이혼소송 계속 이후이고 생부가 그 자를 인지한 경우라면 부의 친생 추정을 제한하는

통하여 친생추정을 번복할 수 있는 길을 열어둘 수 있다는 것이다. 이런 점에서 심판대상조항은 청구인의 인격권 및 행복추구권, 개인의 존엄과 양성의 평등에 기초한 혼인과 가족생활에 관한 기본권을 침해한다.[11]

IV. 2013헌마623 결정의 소수의견(반대의견)[12]

이 결정에는 재판관 3인의 반대의견이 있었는데, 그 취지가 다수의견과 크게 다르지는 않다. 반대의견은, 문제의 발생 원인은 심판대상조항이 아니라 민법 제846조나 제847조라고 보았다. 자녀의 생부가 전 남편이 아님이 명백한 경우까지도 친생부인의 소로써 그 추정을 번복하도록 할 뿐, 보다 간편한 방법을 정하지 않은 것이 문제라는 것이다. 즉, 친생추정 원칙을 정한 민법 제844조 제2항이 아니라 제846조나 제847조로 심판대상을 확장하고, 친생추정을 번복할 수 있는 보다 합리적이고 간편한 방법을 규정하지 아니한 부진정 입법부작위가 위헌인지 여부를 판단하여야 한다는 것이다.

예외규정을 두고 있다는 점을 지적한다.

11 다만 다수의견은, 심판대상조항을 위헌으로 선언하여 즉시 그 효력을 상실시키는 경우 혼인 종료 후 300일 이내에 출생한 자가 부의 친생자임이 명백한 경우에도 친생 추정이 소멸되어 자의 법적 지위에 공백이 발생하며, 그 구체적 개선안을 어떤 기준과 요건에 따라 마련할 것인지는 원칙적으로 입법자의 형성재량에 속한다는 이유로 입법자의 개선 입법이 있을 때까지 계속 적용을 명하였다. 이에 대하여 반대의견은, 개선 입법까지 얼마나 많은 시간이 소요될지 알 수 없으므로, 이는 결과적으로 잠정 합헌을 선언하는 것과 다름없다고 비판했다.

12 관여 재판관 이진성, 김창종, 안창호.

V. 대상판결에 대한 의견

1. 현실을 반영하지 못하던 심판대상조항의 위헌성 확인

2013헌마623 결정은 변화한 현실을 반영하지 못하던 심판대상조항의 위헌성을 확인하였다는 점에서 의미가 크다. 심판대상조항은 1958년 제정되었는데, 그로부터 약 60년이 흐르면서 혼인과 이혼, 재혼에 대한 인식이 달라졌고, 이혼율과 재혼율이 증가하였다. 재혼금지조항 삭제 및 이혼숙려기간 및 조정전치주의 도입 등으로 법률적 상황도 크게 변화하였다. 그 결과 여성이 남편 아닌 다른 남자의 자녀를 임신하여 혼인 종료일로부터 300일 이내에 생부의 자녀를 출산할 가능성도 높아졌다. 이런 현실에도 불구하고, 심판대상조항은 혼인 종료일로부터 300일 이내에 출생한 자녀에 대하여 일률적으로 전 남편의 자녀로 추정함으로써 실제 친자관계와 법률적 친자관계의 불일치를 가져왔다. 이는 이혼한 여성과 전 남편이 각각 새로운 가정을 꾸리는 데 부담이 되고, 자녀와 생부가 진실한 혈연관계를 회복하는 데 걸림돌이 되었다. 2013헌마623 결정은 이를 시정할 길을 열었다.

2. 대안적 수단을 구체적으로 설시

2013헌마623 결정은 대안적 수단을 구체적으로 예시했고, 이는 개선 입법에 반영되었다. 대안은, 독일처럼 친생추정에 일정한 예외를 인정하거나, 절차가 간단하고 비용이 적게 드는 비송사건절차를 통하여 친생추정을 번복할 수 있도록 해야 한다는 것이다. 헌법재판소 결정 후 국회는

세상을 바꾼 선량들 판결 ··

위 두 가지 중 후자의 방식으로 민법을 개정하였다.

3. 아동인 자녀의 출생등록권 확보에 기여

아동인 자녀의 출생등록권 확보에 기여하였다는 점에서 2013헌마623 결정은 의의가 있다. 아동은 출생신고를 통해 공적인 존재로 인정받고, 이를 근거로 시민권 및 아동으로써 향유할 수 있는 권리를 행사할 수 있다.[13] 유엔 아동권리협약 제7조는 "아동은 출생 후 즉시 등록되어야 하며, 출생 시부터 성명권과 국적 취득권을 갖는"다고 하여 '출생등록권'을 아동의 권리로서 선언한다.[14]

그런데 심판대상조항의 친생 추정은 엄격한 친생 부인의 소로써만 그 추정이 번복될 수 있었기 때문에, 사실상 혼인관계는 파탄이 났지만 법률혼이 정리되지 않은 상태에서 혼인 외의 자녀를 출생한 경우, 출생신고를 하지 않은 채 수 년이 흐르는 사건들이 종종 발생했다. 전 남편을 부로 기재하여 출생신고를 하자니, 혼외자의 출생 사실을 노출시키고 싶지 않은 생모의 상황으로 인하여 출생신고를 꺼리게 되는 것이다.[15] 소송비용을 마련할 수 없고 법률지원 정보에의 접근성이 확보되지 못한 계층의 경우에는 소 제기 자체가 어렵기도 했다. 지난 2016년에는 11년 동안 출생신고가 되지 않은 채 학교에도 가지 못하고 있던 아동의 사례가 보도되었는데, 아동의 생모는 바로 위와 같은 이유로 출생신고를 하지 못

---

13 소라미, 「현행 출생신고제도의 문제점 및 개선방안」, 『아동의 출생신고 권리보장 방안모색 토론회 자료집』, 2016, 34쪽.

14 위의 글, 35쪽.

15 위의 글, 40쪽.

한 경우였다.[16] 2013헌마623 결정은 이러한 문제를 시정할 기회를 제공하였다는 점에서 아동의 출생등록권 확보에도 일정 부분 기여하였다.

VI. 나가며

2013헌마623 결정 후 2년 6개월이 지난 2017년 10월 31일 국회는 심판대상조항을 개정하였고, 개정 조항은 2018년 2월 1일부터 시행되었다. 국회는 헌법재판소 결정 취지를 반영하여, 비송사건절차로 친생부인과 인지의 허가를 청구할 수 있도록 민법 제854조의2와 제855조의2를 신설하였다. 개정된 민법 제844조에 따르더라도 원칙적으로 아내가 혼인 중에 임신한 자녀는 남편의 자녀로 추정하며(제1항), 혼인이 성립한 날부터 200일 후에 출생한 자녀는 혼인 중에 임신한 것으로 추정하고(제2항), 혼인관계가 종료된 날부터 300일 이내에 출생한 자녀는 혼인 중에 임신한 것으로 추정한다(제3항). 그러나 제844조 제3항의 경우, 어머니 또는 어머니의 전 남편은 신설된 민법 제854조의2에 따라 가정법원에 친생부인의 허가를 청구할 수 있다(제854조의2 제1항 본문).[17] 가정법원은 혈액채취에 의한 혈액형 검사, 유전인자의 검사 등 과학적 방법에 따른 검사결과 또

---

16 「"저도 진짜 이름 생겨요?"…투명인간으로 산 11세 서현이」, 『중앙일보』, 2016. 7.13. 아이의 생모는 전 남편과의 이혼 절차 진행 중 다른 남자와의 관계에서 아이를 임신했고, 이혼한 지 열흘이 안 돼 아이를 출산했다. 친생추정제도로 인해 전 남편의 친생자로 등록을 하고 소를 제기해야 했지만 변호사 선임 비용을 마련할 수 없었고, 무료 법률지원이 가능하다는 사실도 몰랐다.

17 다만, 혼인 중의 자녀로 출생신고가 된 경우에는 그러하지 아니한다. 같은 항 단서.

는 장기간의 별거 등 그 밖의 사정을 고려하여 허가 여부를 정하고(같은 조 제2항), 그 허가를 받은 경우에는 제844조 제1항 및 제3항의 친생 추정이 미치지 아니한다(같은 조 제3항). 그리고 생부는 신설된 제855조의2에 따라 가정법원에 인지의 허가를 청구할 수 있다(제855조의2 제1항 본문).[18] 가정법원은 혈액채취에 의한 혈액형 검사, 유전인자의 검사 등 과학적 방법에 따른 검사결과 또는 장기간의 별거 등 그 밖의 사정을 고려하여 허가 여부를 정한다(같은 조 제2항). 그 허가를 받은 생부가 「가족관계의 등록 등에 관한 법률」 제57조 제1항에 따른 신고를 하는 경우에는 제844조 제1항 및 제3항의 추정이 미치지 아니한다(같은 조 제3항).

개선입법을 통해 그동안 제기되어 왔던 문제점이 모두 시정된 것은 아니며,[19] 기존 법률과 충돌하여 우려되는 지점도 있지만,[20] 이를 자세히 다루는 것은 이 글의 범위를 넘는다. 남아 있는 문제들은 계속하여 시정해 나가야 할 것이다. 친생추정을 번복하고 이를 시정할 수 있는 보다 간소한 절차를 마련하도록 촉구하였다는 점에서 2013헌마623 결정은 의미가 있다.

---

18 다만, 혼인 중의 자녀로 출생신고가 된 경우에는 그러하지 아니한다. 같은 항 단서.
19 이은정, 「가족제도의 변화와 친자법 개정의 필요성」, 『법학논고』 33권, 2010, 393쪽. 예를 들어, 구법에서 친생부인의 소 제소권자가 부 또는 모만 규정되어 있어 자녀는 친생부인의 소를 제기할 수 없다는 문제점이 지적되었으나, 2017년 개정에 반영되지 않았다.
20 김상용, 「법무부 친생추정조항 개정안에 대한 비판적 고찰」, 한국가정법률상담소, 『가정상담』, 2017, 9쪽. 예를 들어, 가족관계 등록 등에 관한 법률에 따라 자녀의 출생신고는 출생 후 1개월 이내에 해야 하며(제44조), 그 기간 안에 하지 않으면 과태료가 부과되므로(제122조), 친생부인 허가 청구의 경우 자녀 출생 후 1개월 이내에 결정을 받아서 출생신고를 해야 하는 문제가 생긴다.

여성의 임신종결은 처벌받아야 하는가

천지선

**대상
판결** **헌법재판소 2019.4.11. 선고 2017헌바127 결정**
   관여 재판관 : 유남석(재판장), 조용호(주심), 서기석, 이선애, 이영진, 이석태, 이은
애, 김기영, 이종석

천지선 낙태죄로 기소된 여성 변호인단, 삼성반도체 유방암 사건 대리인, 낙태죄 위헌소원 대리인단, 이주여성법률지원단이었고, 현재 민변 여성인권위원회 내 가족법연구팀, 여성노동과 빈곤팀, 재생산건강권팀, 미군 기지촌 위안부 국가배상청구 대리인단에서 활동하고 있습니다.

여성의 임신종결은 처벌받아야 하는가

I. 시작하며

헌법재판소는 2012년 8월 23일 선고한 2010헌마402 결정에서 재판관 4(합헌) 대 4(위헌)의 의견으로, 형법 제269조 제1항 자기낙태죄 조항이 임신한 여성의 자기결정권을 침해하지 않고, 조산사 등이 부녀의 촉탁 또는 승낙을 받아 낙태[1]하게 한 경우를 처벌하는 형법 제270조 제1항 중 '조산사'에 관한 부분이 책임과 형벌 간의 비례원칙이나 평등원칙에 위배되지 않는다는 합헌 결정을 하였다.

필자는 합헌 선고 약 1년 후인 2013년 낙태죄로 기소된 여성의 공동변호와 위헌제청신청을 하였다. 피고인인 여성을 고소한 사람은 남자친

---

1   법률 용어는 '낙태'이지만, 이는 임신종결에 대한 부정적인 의미를 내포하고 있는 것이어서, 중립적인 '임신중지', '임신중단', '임신종결'이라는 표현이 바람직하다. 본고에서는 원칙적으로 대상결정에서 언급한 '임신종결'이라는 용어를 사용하되, 인용문이나 법률상 필요한 경우 '낙태'라는 용어도 사용한다.

구였다. 두 사람은 결혼을 약속한 사이였지만, 남자친구는 경제활동도 하지 않고 폭력을 휘둘렀다. 두 사람은 '동의하에 병원에서 유산한다'는 내용의 각서까지 작성했고 이 여성은 병원에서 임신종결 수술을 받았다. 하지만 남자친구는 피고인을 고소했고, 수술 후 낙태 동의를 철회한다는 내용증명을 보냈다. 검사는 결혼 자금 문제로 다툼이 생기자 남자친구가 낙태 사실을 악용했다고 보고 남자친구를 낙태 방조 혐의로 기소했다. 당시 피고인은 남자친구로부터 폭행을 당해 공포에 휩싸여 있었고, 법정에 출석하여 남자친구를 마주치는 것조차 두려워했다. 피고인의 겁에 질려 심하게 떨리던 눈동자를 아직도 기억한다. 필자는 아주 조금이지만, 법관이 저 눈동자를 본다면 피고인의 육체적·정신적 건강상태가 현저하게 해쳐졌거나 해쳐질 우려가 있다고 판단하지 않을까, 모자보건법 제14조 제1항 제5호의 '임신의 지속이 보건의학적 이유로 모체의 건강을 심각하게 해치고 있거나 해칠 우려가 있는 경우'에 해당한다고 판단하지 않을까, 여성이 유죄라면 남성도 유죄이지 않을까 기대했다. 하지만 법원은 여성인 피고인만 유죄, 남자친구는 무죄로 판결했다. 위헌제정신청도 기각했다. 이런 상황에서의 임신종결까지 처벌받아야 하는 것도, 여성만 처벌받는 것도 납득하기 어려운 결론이었다. 그녀의 눈동자는 아마도 내 눈에만 보였던 것 같다.

그리고 몇 년 후 필자는 대상결정의 공동 대리를 맡게 되었다. 청구인은 산부인과 의사로서, 2013년 11월 1일경부터 2015년 7월 3일경까지 69회에 걸쳐 부녀의 촉탁 또는 승낙을 받아 낙태하였다는 공소 사실(업무상승낙낙태) 등으로 기소되었다. 청구인은 제1심 재판 계속 중, 형법 제269조 제1항, 제270조 제1항이 헌법에 위반된다고 주장하면서 위헌법률심판제청신청을 하였으나 그 신청이 기각되자, 2017년 2월 8일 위 조항

세상을 바꾼 성평등 판결

들의 위헌확인을 구하는 헌법소원심판을 청구하였다. 그리고 헌법재판소는 2019년 4월 11일 이 사건에 대하여 헌법불합치 결정(헌법에 위반되나 2020년 12월 31일을 시한으로 입법자가 개정할 때까지 계속 적용한다)[2][3]을 선고하였다.

Ⅱ. 대상판결

1. 심판대상조항

대상결정의 대상조항은 형법 제269조 제1항과 형법 제270조 제1항이었다. 형법 제269조 제1항은 임신종결한 여성을 처벌하는 조항으로 '자기낙태죄' 조항, 형법 제270조 제1항은 의사 등을 처벌하는 조항으로 '의사 등 낙태죄' 조항이라고도 부른다.

---

2   유남석(헌법재판소장), 서기석, 이선애, 이영진(이상 4인 헌법불합치 의견), 이석태, 이은애, 김기영(이상 3인 단순위헌 의견), 조용호(주심), 이종석(이상 2인 합헌 의견). 6인 이상이 위헌임을 인정해야 위헌결정이 나오는데, 대상결정에서는 3인이 단순위헌, 4인이 헌법불합치(합계 7인)여서 7 : 2로 헌법불합치 결정이 나왔다.

3   헌법불합치결정은 헌법재판소법 제47조 제1항에 정한 위헌결정의 일종으로서, 원칙적으로 법률의 위헌성을 확인하되 그 형식적 존속을 유지시키면서, 입법자에게 법률의 위헌성을 제거할 의무를 부과하고 입법자의 입법개선이 있기까지 국가기관으로 하여금 위헌적 법률의 적용을 중지시킴으로써 개선된 신법의 적용을 명하는 효력을 갖는다. 이상 헌법재판소,『헌법재판실무제요』, 2008, 161~162쪽 참조. 간단히 설명하자면 단순 위헌에 입법자의 개정 기한이 붙는 위헌결정이다.

형법 제269조 (낙태) ① 부녀가 약물 기타 방법으로 낙태한 때에는 1년 이하의 징역 또는 200만원 이하의 벌금에 처한다.

형법 제270조 (의사 등의 낙태, 부동의낙태) ① 의사, 한의사, 조산사, 약제사 또는 약종상이 부녀의 촉탁 또는 승낙을 받아 낙태하게 한 때에는 2년 이하의 징역에 처한다.

2. 대상판결의 의의

1) 여성의 현실과 숙고를 인정한 최초의 결정

형법 제269조 제1항은 임신종결한 여성을 형사처벌하는 방식으로, 국가가 여성의 몸과 결정을 통제한다. 이 조항 때문에 임신한 여성은 출산하거나 처벌받아야 했다. 여성은 국가 통제의 대상이었고, 국가는 출산을 강제했다. 이에 대해 헌법재판소도 다음과 같이 정리했다.

국가는 형법적 제재 및 이에 따른 형벌의 위하력으로 임신한 여성에게 모자보건법이 정한 일정한 예외 사유에 해당하지 않는 한 임신의 유지에 따른 신체적 · 정신적 부담 및 출산과정에 내재한 신체 내지 생명에 대한 위험을 모두 받아들이고, 출산의 결과로서 모자 관계를 형성할 것을 강제하고 있는 것이다.

이러한 결론의 시작점은 여성에 대한 불신이다. 임신종결한 여성은 충분한 숙고를 통해 자신의 삶, 출산과 임신종결을 결정할 능력과 권리가 있는 주체가 아니라, 성적으로 문란한 사람, 벌 받아 마땅한 무책임한 사람, 임신종결이라는 오판을 할 가능성이 높은 사람이었다. 그러나 헌법재판소는 이번엔 달랐다. 여성이 임신 상황에서 맞닥뜨리는 현실과 여성의 숙고를 인정하였다. 헌법재판소는 여성의 현실에 대해 다음과 같이 파악했다.

임신한 여성의 자기결정권에 기한 임신종결 여부 결정의 특성

여성은 임신을 하게 되면 약 10개월의 기간 동안 급격한 신체적·심리적 변화를 겪게 되며, 출산 과정에서는 극도의 고통과 심하면 사망에까지 이를 수 있는 위험을 경험하게 되는데, 임신을 유지하는 한 그와 같은 신체적 부담, 심리적 불안감, 출산과정의 고통 및 나아가 사망에 이를 수도 있는 위험을 여성 자신의 신체로써 직접 감당해야 한다. 우리 법체계 하에서 모자 관계는 출산이라는 객관적이고 확실한 자연적 사실에 의하여 발생하므로, 출산은 모자 관계의 형성으로 이어져 출산한 여성은 생모로서 아이에 대한 양육 책임을 지게 된다.

여성에게 있어서 자녀의 양육은 20년 가까운 기간 동안 끊임없는 신체적·정신적·정서적 노력을 요구하고, 여성이 처한 다양하고 광범위한 사회적·경제적 상황에 따라 적지 않은 경제적 부담과 직장 등 사회생활에서의 어려움, 학업 계속의 곤란 등을 초래할 수 있다. 이러한 부담과 어려움은 성차별적인 관습, 가부장적 문화, 열악한 보육여건 등의 사회적 문제가 가세할 경우 더욱 가중된다. 우리 사회에서 여성들은 여전히 임신·출산으로 인해 사회적·경제적 생활에서 많은 불이익을 겪고 있으며, 육아에 있어서 남성에 비하여 더 큰 부담을 지는 경우가 많아서, 여성들이 일과 육아를 병행하는 데 큰 어려움을 겪는 경우를 흔히 볼 수 있다. 이러한 어려움은 임신·출산·육아로 인한 여성의 퇴직으로 이어져 사회적·경제적 삶의 단절까지 초래할 수 있다. 통계청에 따르면, 2018년 기준으로 기혼여성 취업자 중 결혼, 임신·출산, 육아, 자녀교육, 가족 돌봄 등의 이유로 직장을 그만 둔 경험이 있는 '경력단절 경험자'의 비율은 15-29세의 경우 2.9%, 30~39세의 경우 26.5%, 40~49세의 경우 46.7%, 50~54세의 경우 23.9%에 이른다고 한다.

자기낙태죄 조항이 임신한 여성이 처해 있는 다양하고 광범위한 사회적·경제적 사유에 대하여 형법적 제재의 예외를 전혀 인정하지 않고 있음으로 인해, 임신한 여성은 임신 유지로 인한 신체적·심리적 부담, 출산과정에 수반되는 신체적 고통·위험을 감내하도록 강제당하는 것뿐만 아니라 이에 더하여 위 사유들로 말미암아 임신·출산·육아 과정에서 발생하는 경제적 부담, 직장 등 사회생활의 어려움, 학업 계속의 곤란, 경력단절 등을 포함한 각종 고통까지 겪을 것을 강제당하는 결과에 이르게 된다.

헌법재판소는 여성의 임신종결 결정에 대해 다음과 같이 "전인적 결정"이라고 판단했다.

이처럼 임신·출산·육아는 여성의 삶에 근본적이고 결정적인 영향을 미칠 수 있는 중요한 문제이므로, 임신한 여성이 일정한 범위 내에서 자신의 몸을 임신상태로 유지하여 출산할 것인지 여부에 대하여 결정하는 것은 자신의 생활영역을 자율적으로 형성해 나가는 것에 관한 것으로서 인간의 존엄성과 자율성에 터 잡고 있는 것이다. 이러한 결정은 임신한 여성에게 신체적·심리적·사회적·경제적 결과를 가져오는 것으로서 이를 초래하는 상황은 임신한 여성이 처한 신체적·심리적·사회적·경제적 상황에 따라 복잡하고 다양한 양상을 보인다. 그렇기 때문에 임신한 여성이 자신의 임신을 유지 또는 종결할 것인지 여부를 결정하는 것은 스스로 선택한 인생관·사회관을 바탕으로 자신이 처한 신체적·심리적·사회적·경제적 상황에 대한 깊은 고민을 한 결과를 반영하는 전인적(全人的) 결정이다.

2) 태아의 생명권 대 여성의 자기결정권이라는 가상적 충돌 구도를 넘어선 최초의 결정

헌법재판소는 2012년 자기낙태죄 조항을 태아의 생명권 대 여성의 자기결정권이 충돌하는 것으로 보아 태아 생명권의 우위를 인정하여 합헌 결정을 하였다. 하지만 이러한 태아의 생명권 대 여성의 자기결정권 충돌 구도는 법논리적으로도 맞지 않고, 모체 내부에 태아가 존재하는 현실과는 더 맞지 않았다. 먼저 법 논리의 관점에서 살펴보면, 대한민국 법은 생명을 동일하게 보호하지 않는다. 태아도 태어난 사람과 동일하게 취급하여 보호하지는 않는다. 헌법재판소는 이에 관해 다음과 같이 설명했다.

> 국가에게 태아의 생명을 보호할 의무가 있다고 하더라도 생명의 연속적 발전과정에 대하여 생명이라는 공통요소만을 이유로 하여 언제나 동일한 법적 효과를 부여하여야 하는 것은 아니다. 동일한 생명이라 할지라도 법질서가 생명의 발전과정을 일정한 단계들로 구분하고 그 단계에 상이한 법적 효과를 부여하는 것이 불가능하지 않다. 예컨대 형법은 태아를 통상 낙태죄의 객체로 취급하지만, 진통 시로부터 태아는 사람으로 취급되어 살인죄의 객체로 됨으로써 생명의 단계에 따라 생명침해행위에 대한 처벌의 정도가 달라진다. 나아가 태아는 수정란이 자궁에 착상한 때로부터 낙태죄의 객체로 되는데 착상은 통상 수정 후 7일경에 이루어지므로, 그 이전의 생명에 대해서는 형법상 어떠한 보호도 행하고 있지 않다. 이와 같이 생명의 전체적 과정에 대해 법질서가 언제나 동일한 법적 보호 내지 효과를 부여하고 있는 것은 아니다. 따라서 국가가 생명을 보호하는 입법적 조치를 취함에 있어 인간생명의 발달단계에 따라 그 보호정도나 보호수단을 달리하는 것은 불가능하지 않다.

실질적으로도 태아는 모체 내에서만 존재할 수 있고 존재한다. 헌법재판소도 아래와 같이 "여성의 안위가 곧 태아의 안위"이며 이들은 "가해자 대 피해자"의 관계가 아니라고 지적했다.

자기낙태죄 조항의 존재와 역할을 간과한 채 임신한 여성의 자기결정권과 태아의 생명권의 직접적인 충돌을 해결해야 하는 사안으로 보는 것은 적절하지 않다.

임신한 여성과 태아 사이의 특별한 관계로 인하여 그 대립관계는 단순하지 않다. 태아는 엄연히 모와는 별개의 생명체이지만, 모의 신체와 밀접하게 결합되어 특별한 유대관계를 맺으면서 생명의 유지와 성장을 전적으로 모에게 의존하고 있다. 임신한 여성과 태아는 서로 독립적이면서도 의존적인 매우 독특한 관계를 형성하고 있다. 임신한 여성은 자녀가 출생하면 입양 등의 특별한 사정이 없는 한 어머니로서 출생한 자녀에 대한 양육 책임을 부담한다. 특별한 예외적 사정이 없는 한, 임신한 여성의 안위(安危)가 곧 태아의 안위이며, 이들의 이해관계는 그 방향을 달리하지 않고 일치한다.

이와 같은 특성은 낙태갈등 상황에서도 종종 발현된다고 한다. 일정한 경우에 있어서 임신한 여성들은 자신이 처한 사회적·경제적 상황을 고려하였을 때 임신·출산·육아를 도저히 감당할 수 없을 것이고, 만약 자녀가 출생하면 어머니가 될 자신뿐만 아니라 태어날 자녀마저도 불행해질 것이라는 판단 하에 낙태를 결심하고 실행한다는 것이다. 위와 같은 판단의 옳고 그름을 따지기에 앞서, 이러한 낙태갈등 상황이 전개된다는 것은 '가해자 대 피해자'의 관계로 임신한 여성과 태아의 관계를 고정시켜서는 태아의 생명 보호를 위한 바람직한 해법을 찾기 어렵다는 것을 시사해 준다. 이러한 특성은 추상적인 형량에 의하여 양자택일 방식으로 선택된 어느 하나의 법익을 위해 다른 법익을 희생할 것이 아니라, 실제적 조화의 원칙에 따라 양 기본권의 실현을 최적화할 수 있는 해법을 모색하고 마련할 것을 국가에 요청하고 있다.

임신한 여성의 안위가 태아의 안위와 깊은 관계가 있고, 태아의 생명 보호를 위해 임신한 여성의 협력이 필요하다는 점을 고려하면, 태아의 생명을 보호한다는 언명은 임신한 여성의 신체적·사회적 보호를 포함할 때 실질적인 의미를 가질 수 있다.

3) 자기낙태죄 조항의 실효성이 낮음을 인정한 최초의 결정

헌법재판소도 자기낙태죄가 태아의 생명 보호 목적을 실효성 있게 달성하고 있지 않음을 인정하였다.

> 시야를 넓혀 살펴보면, 다양한 윤리적 관점이 존재했던 수많은 시대와 사회에서 여성들은 형벌의 위하를 무릅쓰고 자신의 건강 또는 생명의 위험까지 감수하면서 원치 않은 임신을 회피하는 방법으로 자기낙태를 감행해 왔음을 알 수 있다. 임신한 여성이 낙태할 것인지 여부를 고민한 후 낙태하기로 결정한 경우에 있어서 형법적 제재 및 이에 따른 형벌의 위하로써 그 여성에게 임신의 유지 및 출산을 강제하는 효과는 제한적이라는 것을 인정할 수밖에 없다. 임신한 여성이 고심 끝에 내린 임신종결 결정은 이미 태아의 생명 박탈에 대한 윤리적 문제와 함께 출산 후 양육을 부담해야 할 사회적·경제적 상황 및 자신의 신체적·심리적·윤리적 부담을 포함하여 태어날 자녀의 미래의 삶까지 고려한 것이기에 자기낙태죄 조항이 임신의 유지 및 출산을 강제하는 데 제한적 효과를 가지는 것으로 보인다.

Ⅲ. 대상판결에 대한 검토 – 법령 개정의 방향[4]

대상결정은 여성의 삶과 현실, 임부와 태아의 관계를 실질적으로 파악하려 노력한 헌법재판소의 역작이다. 그래서 아쉬운 점 대신 헌법재판소에서 제시한 법령개정의 방향에 대한 내용을 소개하려 한다.

---

4 더 상세한 내용은 졸고 참조. 천지선, 「헌법재판소의 낙태죄 결정에 나타난 향후 입법 방향」, 『젠더법학』 제11권 제1호, 161~177쪽.

1. 전인적 결정을 할 충분한 기간의 보장 – 여성의 자기결정권 보장

첫째, 헌법재판소는 여성이 전인적 결정을 할 충분한 기간을 보장해야 함을 명시했다.

한편 임신한 여성의 자기결정권의 중요성 및 특성에 비추어 볼 때, 이러한 자기결정권이 보장되려면 임신한 여성이 임신 유지와 출산 여부에 관하여 전인적 결정을 하고 그 결정을 실행함에 있어서 충분한 시간이 확보되어야 한다. 구체적으로 살펴보면, 여성이 임신 사실을 인지하고, 자신을 둘러싼 사회적·경제적 상황 및 그 변경 가능 여부를 파악하며, 국가의 임신·출산·육아 지원정책에 관한 정보를 수집하고, 주변의 상담과 조언을 얻어 숙고한 끝에, 만약 낙태하겠다고 결정한 경우 낙태 수술을 할 수 있는 병원을 찾아 검사를 거쳐 실제로 수술을 완료하기까지 필요한 기간이 충분히 보장되어야 함을 의미한다.

단순위헌 의견도 짧은 낙태 허용 기간의 문제점을 다음과 같이 지적했다.

낙태가 허용되는 기간을 지나치게 짧게 정하는 것은 사실상 낙태를 할 수 없게 하거나 또는 임신한 여성이 숙고하지 못한 채 성급하게 낙태를 결정하게 만드는 요인이 된다.

2. 기존 자기낙태죄 조항의 실효성 낮음과 부작용을 극복할 수 있는 새로운 방식 – 여성의 자기결정권 보장

둘째, 헌법재판소는 자기낙태죄 조항의 '형사처벌 원칙 – 예외 인정' 방식이 한계가 있음을 명시했다. 앞서 지적한 대로 헌법재판소는 자기낙태죄 조항의 실효성이 낮음을 인정하였을 뿐만 아니라, 헌법재판소는 자기낙태죄 조항이 국가의 인구정책에 따라 고무줄처럼 운영될 수 있고, 여성으로 하여금 임신종결에 대한 교육·상담·정보제공·돌봄을 받기 어렵게 하며, 비싼 불법 낙태 수술을 받게 하고, 상대방 남성에게 악용됨을 분명히 했다.

자기낙태죄 조항이 모자보건법이 정한 일정한 예외에 해당하지 않는 한 모든 낙태를 전면적·일률적으로 범죄행위로 규율하고 있는 이상 국가가 마음만 먹으면 언제든지 모든 낙태에 대한 단속을 강화하여 수사와 처벌을 할 수 있다.

그러나 인구 억제정책을 시행하던 시기에는 국가가 낙태를 묵인하기도 하였다. 국가의 인구정책 여하에 따라 자기낙태죄 조항의 실제 가동 여부가 좌우되는 것이다.

오히려 낙태갈등 상황에 처한 여성은 형벌의 위하로 말미암아 임신의 유지 여부와 관련하여 필요한 사회적 논의 내지 소통을 하지 못하고, 정신적 지지와 충분한 정보를 제공하지 못한 상태에서 안전하지 않은 방법으로 낙태를 실행하게 되는 측면이 있다. 모자보건법이 정한 일정한 예외에 해당하지 않으면 모든 낙태가 전면적·일률적으로 범죄행위로 규율됨으로 인하여 적절한 시기에 낙태에 관한 상담이나 교육이 불가능하고, 낙태에 대한 정보가 충분히 제공될 수 없다. 또한 음성적으로 낙태를 할 수밖에 없기 때문에 비싼 수술비를 내고 불법적인 수술을 받거나 심지어 해외 원정 낙태까지 하게 된다. 낙태 수술과정에서 의료 사고나 후유증 등이 발생해도 법적 구제를 받기가 어렵고, 수술 전후로 적절한 의료서비스나 상담, 돌봄 등을 제공받기도 쉽지 않다. 불법 낙태 수술을 원하는 여성은 비싼 수술비를 감당하여야 하는데, 이를 감당하지 못하는 미성년자나 저소득층 여성들이 적절한 시기에 수술을 받기가 쉽지 않고, 끝내 시기를 놓쳐 낙태를 하지 못하고 출산하는 경우 영아유기 내지 영아살해로 이어지는 결과를 초래하기도 한다.

자기낙태죄 조항은 태아의 생명 보호를 위한다는 본래의 목적과 무관하게 헤어진 상대 남성의 복수나 괴롭힘의 수단, 가사·민사 분쟁의 압박수단 등으로 악용되기도 한다. 자신으로 인해 임신한 여성이 병원에서 낙태를 한 후 자신을 만나지 않으려 할 때 상대 남성이 자기낙태죄로 고소하겠다는 위협을 하는 경우, 배우자가 이혼소송 과정에서 재산분할이나 위자료청구에 대한 방어수단으로 낙태에 대하여 고소를 하는 경우 등이 그러하다.

단순위헌 의견은 현재의 방식이 문제가 있음을 더 직접적으로, 알기 쉽게 설명하고 있다.

임신한 여성에게 임신기간 전체에 걸쳐 낙태를 원칙적으로 금지하면서 다만 낙태가 허용될 수 있는 예외적 사유를 법률로써 규정하는 방식은, 그 요건을 충족하는 임신한 여성에게 '낙태가 불가피한 사람'의 지위를 부여하여 낙태에 대한 법률상 책임을 면제하는 것에 불과할 뿐이고, 임신한 여성에게 자기결정권을 부여하지도 보장하지도 않는다. 임신한 여성은 임신기간 전체에 걸쳐 그 임신의 유지 여부에 관하여 스스로 본인의 자유로운 의사에 따라 선택하고 결정할 수 있는 지위를 단 한 번도 가지지 못하고, 따라서 임신한 여성의 자기결정권이라는 기본권을 단 한 번도 보장받지 못한다. 이는 임신한 여성의 자기결정권을 보장한다고 하면서도 사실상 그의 자기결정권을 부정 내지 박탈하는 것이다.

임신한 여성의 자기결정권이 보장된다고 하려면, 그 자기결정권은 원칙적으로 임신기간 중 기본권 주체의 의사에 따라 행사될 수 있어야 한다. 따라서 임신한 여성이 임신의 유지 또는 종결에 관하여 한 전인격적인 결정은 그 자체가 자기결정권의 행사로서 원칙적으로 임신기간 전체에 걸쳐 보장되어야 하며, 다만 다음 항에서 보는 바와 같은 이유로 제한될 수 있다. (후략)

다시 말해 현재와 같이 전면적·일률적으로 낙태를 금지하고 예외 사유를 규정하는 방식은 그 자체가 여성의 자기결정권을 박탈하는 것이다. 헌법재판소는 위에서 살펴보았듯이 사회적·경제적 사유에 대하여 형법적 제재의 예외를 전혀 인정하지 않고 있음으로 인해 여성의 신체적·심리적·사회적 부담을 강제하고 있다고 인정하였다. 이를 마치 자기낙태죄 조항을 그대로 두고 모자보건법에 사회경제적 사유만 추가하면 여성의 자기결정권이 보장되는 것처럼 곡해하기도 하는데, 이는 위 헌법재판소 결정취지에 위배되는 것이어서 입법재량권 범위를 일탈·남용하는 것이다.

3. 여성의 건강권을 보장할 수 있는 방식

셋째, 단순위헌 결정에서는 임신한 여성의 자기결정권 제한의 이유 중 하나로 여성의 생명 및 신체의 안전을 위한 제한을 들고 있다. 임신종결과 여성의 생명 및 신체의 안전에 대해 세심히 고찰한 것은 매우 고무적이다. 단순위헌 의견은 다음과 같이 안전한 임신종결을 위해 고려할 점을 밝히고 있다.

> 임신한 여성의 낙태가 안전하게 이루어질 수 있도록 하여 생명과 신체에 대한 위험요소를 줄이는 것 또한 낙태 문제에서 실질적이고 중요한 과제가 된다. 세계보건기구(WHO)는 안전한 임신중절을 시기적절하게 받는 것을 방해하는 절차적·제도적 장벽들은 철폐되어야 한다고 밝힌 바 있다.
> 낙태의 안전성에 영향을 미치는 요소들로는 낙태 당시 태아의 발달 정도(임신 기간), 의료인의 숙련도, 의료 환경, 낙태 이후의 돌봄과 관리, 낙태에 대한 정보 제공 여부 등이 거론된다. 낙태 비용도 낙태의 안전성에 영향을 미치게 되는데, 이는 낙태 비용이 높을 경우 소득이 없거나 낮은 여성들이

낙태를 망설이게 되어 결국 적절한 시기를 놓치게 되기 때문이다.

이처럼 헌법재판소 단순위헌 의견은 모든 임신종결의 과정에서 여성의 건강권이 보장되어야 함을 명시하였다. 후기 임신종결을 제한한다면 적절한 설비와 경험 있는 의사가 갖추어진 3차 병원에서 이루어져야 한다는 정도가 가능할 것이다. 적어도 '여성의 생명 및 신체에 위험하므로, 여성을 형법으로 처벌해도 된다'는 이상한 결론으로 곡해되어서는 안 된다. 이것은 국가의 여성에 대한 또 하나의 위헌적인 간섭과 강제가 될 수 있다. 과로, 스트레스, 흡연, 음주 등은 대표적인 만병의 근원이다. 하지만 개인이 건강에 좋지 않은 행위인 과로, 스트레스, 흡연, 음주 등을 하였다고 해서 그 이유로 처벌당하지는 않는다.

4. 사회경제적 사유로 인한 임신종결을 허용하는 방식

넷째, 헌법재판소는 사회경제적 사유로 인한 임신종결 허용의 필요성을 명시했다.

위 사유들에는 '임신 유지 및 출산을 힘들게 하는 다양하고 광범위한 사회적·경제적 사유에 의한 낙태갈등 상황'이 전혀 포섭되지 않는다. 즉, 위 사유들은 임신한 여성의 자기결정권을 보장하기에는 불충분하다.

예컨대, 학업이나 직장생활 등 사회활동에 지장이 있을 것에 대한 우려, 소득이 충분하지 않거나 불안정한 경우, 자녀가 이미 있어서 더 이상의 자녀를 감당할 여력이 되지 않는 경우, 부부가 모두 소득활동을 해야 하는 상황이어서 어느 일방이 양육을 위하여 휴직하기 어려운 경우 상대 남성과 교제를 지속할 생각이 없거나 결혼 계획이 없는 경우, 상대 남성이 출산을 반대하고 낙태를 종용하거나 명시적으로 육아에 대한 책임을 거부하는 경우, 다른 여성과 혼인 중인 상대 남성과의 사이에 아이를 임신한 경우, 혼인이 사실상 파탄에 이른 상태에서 배우자의 아이를 임신했음을 알게 된 경우, 아이를 임신한 후 상대 남성과 헤어진 경우, 결혼하지 않은 미성년자가 원치 않은 임신을 한 경우 등과 같이 다양하고 광범위한 사회적 · 경제적 사유로 인한 낙태갈등 상황에 처한 여성이 자기낙태죄 조항으로 인해 임신의 유지와 출산을 강제당하고 있고, 이를 위반할 경우 형법적 제재를 받아야 하는 것이다.

자기낙태죄 조항이 임신한 여성이 처해 있는 다양하고 광범위한 사회적 · 경제적 사유에 대하여 형법적 제재의 예외를 전혀 인정하지 않고 있음으로 인해, 임신한 여성은 임신 유지로 인한 신체적 · 심리적 부담, 출산과정에 수반되는 신체적 고통 · 위험을 감내하도록 강제당하는 것뿐만 아니라 이에 더하여 위 사유들로 말미암아 임신 · 출산 · 육아 과정에서 발생하는 경제적 부담, 직장 등 사회생활에서의 어려움, 학업 계속의 곤란, 경력단절 등을 포함한 각종 고통까지 겪을 것을 강제당하는 결과에 이르게 된다.

다만, 이 역시 기존의 형법 처벌 원칙 – 모자보건법 예외 체계에서 사회경제적 사유만 추가하는 방식으로 오해되어서는 안 된다. 이러한 방식이 여성의 자기결정권을 침해함은 위에서 살펴본 대로이다. 오히려 "임신 · 출산 · 육아 과정에서 발생하는 경제적 부담, 직장 등 사회생활에서의 어려움, 학업 계속의 곤란, 경력단절 등을 포함한 각종 고통"에 대한 언급은 이러한 고통이 없도록, 즉 여성이 임신 유지로 인해 학업, 사회생활 등에서 피해를 보지 않도록 실질적 평등을 보장하라는 내용으로 해석되어야 한다.

5. 사회적 · 제도적 여건 마련

다섯째 헌법재판소는 국가가 아이를 낳을 수 있는 환경을 만들기 위한 사회적 · 제도적 개선을 하여야 함을 명시했다.

국가는 태아의 생명 보호를 위한 사회적 · 제도적 개선을 하는 등의 적극적인 노력은 충분히 하지 못하면서 형법적 제재 및 이에 따른 형벌의 위하로써 임신한 여성에 대하여 전면적 · 일률적으로 낙태를 금지하고 있다.

원치 않은 임신을 예방하고 낙태를 감소시킬 수 있는 사회적 · 제도적 여건을 마련하는 등 사전적 · 사후적 조치를 종합적으로 투입하는 것이 태아의 생명 보호를 위한 실효성 있는 수단이 될 수 있다. 또한 임신한 여성이 결정가능기간 중에 낙태갈등 상황에 처했을 때 전문가로부터 정신적 지지와 충분한 정보를 제공받으면서 충분히 숙고한 후 임신 유지 여부에 대한 결정을 할 수 있도록 함과 아울러 임신 · 출산 · 육아에 장애가 되는 사회적 · 경제적 조건을 적극적으로 개선하는 노력을 기울인다면 태아의 생명 보호에 실질적인 도움이 될 것이다.

미혼모 지원, 피임교육을 포함한 성교육, 출산휴가 · 육아휴직의 실질적 보장 등이 사회경제적 제도 개선에 해당한다.

6. 소결

이처럼 헌법재판소 결정과 단순위헌 의견은 법령의 개정이 여성의 자기결정권, 건강권, 평등권 등 여성의 기본권을 보장하는 방향으로 이루어져야 함을 명백하고 세심히 밝히고 있다. 사소하게는 임신 9주 이내에는 약물을 통한 낙태도 가능한 것까지도 언급하고 있다. 이런 취지에 부합하려면 임신종결을 비범죄화[5]하고 모자보건법도 재생산권[6]을 보장하는 법률로 전면 개정되어야 한다. 재생산권을 보장하는 기본법 형식의 이 법은 재생산과 관련된 모든 권리와 피임, 임신, 출산, 임신중단에 대한 정확하고 다양한 최신의 정보제공과 교육이 중심이 되는 법이어야 한다. 정부는 임신종결 휴가, 의료인에 대한 교육, 미프진 등 임신종결 약물 도입, 임신종결과 피임의 보험급여화[7]를 추진하여야 한다.

Ⅳ. 나가며

대한민국 여성은 이제 안전한 임신종결을 막던 장벽 하나를 제거하였

---

5   김정혜, 「낙태죄 '폐지'를 말하는 이유 – 임신중단권 보장의 법적 쟁점과 방향」, 『페미니즘연구』 제19권 제1호, 3~49쪽.

6   재생산권(Reproductive right)은 쉽고 거칠게 설명하면 성관계부터 임신, 임신종결, 출산 등 생식 전반에 관한 권리이다. SRHR(성재생산 건강 및 권리, Sexual and Reproductive health and rights)라고 불리기도 한다. 1994년 카이로 '인구 및 개발에 관한 국제회의'에서 '재생산권은 모든 부부와 개인이 자녀의 수와 이에 관한 시간적, 공간적인 환경을 자유롭고 책임감 있게 결정하고 이를 위한 정보와 수단을 이용할 수 있는 기본적 권리, 그리고 그들에게 최고 수준의 성적, 재생산적 건강 상태에 이를 수 있도록 하는 것과 차별, 강압, 폭력으로부터 자유로운 재생산에 관한 결정을 내릴 권리를 포함'한다고 정의한 바 있으며, 자녀의 터울과 수, 시기를 조절할 권리도 재생산권의 핵심 요소 중 하나이다.

7   덴마크, 독일, 루마니아, 영국, 프랑스 등 국가보건체계(NHS, National Health System)가 구축되어 있는 나라들은 공공병원에서 무료 또는 아주 적은 비용으로 낙태를 받을 수 있도록 하고 있다. 핀란드는 시술 비용이 무료이고, 미국의 19개 주는 건강보험 혜택을 받고 있다. 윤정원, 「우리는 언제 어떤 상황이건 건강을 추구할 권리가 있다」, 제3차 성과재생산포럼, 『성과재생산포럼 '생명권 vs 선택권' 판 뒤집기』 자료집, 2016.10.25, 28쪽.

다. 우리는 새로운 시작점에 서 있다. 국회와 정부가 헌법재판소 결정과 단순위헌 의견의 취지에 부합하되 헌법재판소 결정보다 더 좋은 입법과 정책을 만들고 시행하기를 기대한다.

'성인지 감수성'의 잣대로
성희롱 · 성폭행을 판단하다

전민경

 대법원 2018.4.12. 선고 2017두74702 판결

관여 대법관 : 고영한(재판장), 권순일(주심), 김소영, 조재연

대법원 2018.10.25. 선고 2018도7709 판결

관여 대법관 : 권순일(재판장), 박정화(주심), 김선수, 이기택

전민경 미투대응팀에서 활동하며 해군상관에 의한 성소수자 여군 성폭력사건에 대리인단으로 참여하고 있습니다.

'성인지 감수성'의 잣대로
성희롱·성폭행을 판단하다

I. 시작하며

최근 안희정 전 충남도지사의 성폭행 혐의에 대하여 실형선고가 확정되면서, 안 전 지사 유죄 판단의 핵심 요인으로 알려진 '성인지 감수성'을 둘러싼 오해가 늘어났다. 소위 '성범죄 재판에 뚜렷한 증거가 없더라도 성인지 감수성을 적용하면 다 유죄를 선고받는다'는 것 그것이다.

그러나 최근의 대법원 판결들은 이처럼 '증거도 없이 성인지 감수성만 적용하면 유죄'가 된다는 뜻이 아니라, 기존의 성희롱 등의 판단기준('사회공동체의 건전한 상식과 관행 내지 선량한 풍속에 위반되는지 여부' 또는 '합리적 피해자관점'[1][2])에 따른 판결들이 이른바 '피해자다움'이라는 관점에 갇혀

---

1   대법원 1998.2.10. 선고 95다39533 판결

2   전병주·곽현주·건호, 「성희롱 판단기준에 대한 판례 고찰」, 『경찰학 연구』 제 18권 제2호, 2018.6, 127~147쪽.

성폭력 피해자의 호소를 외면해왔다는 비판을 받았기 때문에, 이에 대한 반성 및 양성평등을 실현하기 위하여 그 판단기준을 전향적으로 변화시킨 것이라 할 수 있다. 즉, 이는 성희롱 및 성폭력 사건에 있어서 피해자의 진술을 쉽게 탄핵할 것이 아니라, '사건이 발생한 맥락에서 성차별 문제를 이해하고 양성평등을 실현할 수 있도록 성인지 감수성을 잃지 않아야 한다'는 것을 의미한다.

이하에서는 2018년 대법원에서 성인지 감수성을 바탕으로 심리하고 판단한 '성희롱 및 성폭행의 판단기준'을 살펴보고, 이를 통하여 항소심과 달리 대법원이 어떻게 '성인지 감수성'을 가지고 성희롱·성폭행을 판단하였는지 그 구체적인 양상을 살펴보고자 한다.

II. 대법원 2018.4.12. 선고 2017두74702 판결(교원소청 심사위원회 결정 취소사건)

1. 사건의 개요

원고는 학교법인의 대학교 교수이고 피고는 교원소청심사위원회이며, 피해자는 소속 학과 학생들이다. 피고 보조참가인인 학교법인은 원고가 소속 학과 학생들에게 수차례 성희롱 및 성추행한 것이 사립학교법 소정의 징계사유에 해당한다는 사유로 원고를 해임하였는데 원고는 위 징계에 불복하여 피고에 대하여 소청심사를 청구하였고, 피고가 원고 청구를 모두 기각하자, 그 취소를 구하는 이 사건 소를 제기하였다.

제1심 법원은 원고의 행위들이 '객관적으로 피해자와 같은 처지에 있는 일반적이고도 평균적인 사람이라면 성적 굴욕감이나 혐오감을 느낄 수 있는 행위'에 해당한다고 보았고 나아가 원고는 자신의 우월적 지위를 이용하여 자신에게 저항하기 어려운 소속 학과 여학생들을 상대로 반복적, 지속적으로 성희롱을 하였으며, 성희롱 피해자들에게 진심 어린 사과를 하지 않았음은 물론 오히려 징계 절차가 개시되자 자신의 비위를 축소하기 위하여 피해자들을 자꾸 만나 회유하는 과정에서 피해자들에게 2차 피해를 야기하였다며, 이 사건 해임처분이 적법하다고 판시하였다.[3] 그러나 항소심은 각 징계사유를 부정하며 이 사건 해임 처분이 원고의 비위 정도에 비추어 지나치게 무거워 징계 재량권의 범위를 일탈·남용한 것으로서 위법하다고 보았다.[4]

2. 성희롱 사건의 심리 및 진술의 증명력 판단의 바탕='성인지 감수성'

'성인지 감수성'에 대한 명확한 정의는 없으나, 대체로 성별 불균형 상황을 인식하고 성차별적 요소를 감지해내는 민감성[5] 내지는 구시대적인 고정관념이나 가부장적인 인식에서 벗어나 남녀를 동등하게 배려하는 성 관념을 말하는 것이다.[6] 이 사건에서 대법원은 "법원이 성희롱 관련 소송의 심리를 할 때에는 그 사건이 발생한 맥락에서 성차별 문제를 이

---

3   서울행정법원 2017.1.20. 선고 2015구합76889 판결.
4   서울고등법원 2017.11.20. 선고 2017누34836 판결.
5   「성인지 감수성에 대한 단상」, 『법률신문』, 2019.2.21.
6   서상희, 「국내 성희롱 연구의 동향과 과제」, 『한국여성학』 제33권 제2호, 2017, 284~286쪽.

해하고 양성평등을 실현할 수 있도록 '성인지 감수성'을 잃지 않아야 한다(양성평등기본법 제5조 제1항 참조)"고 하여, 성희롱 사건의 심리를 할 때의 남성중심의 사고가 아닌 피해자의 상황을 인식하고 그 맥락에서 문제를 이해하여야 한다는 기준을 명확히 하였다. 나아가 이를 통하여 가해자 중심적인 문화와 인식, 구조로 인하여 피해자가 성희롱 사실을 알리고 문제 삼는 과정에서 받는 부정적 반응, 여론, 불이익한 처우 등으로 인한 정신적인 피해를 포함한 이른바 '2차 피해'를 입지 않도록 유념해야 한다고 설시하였다.

또한 피해자 진술의 증명력 판단에 있어서도, 성희롱 피해자가 처하여 있는 특별한 사정을 충분히 고려하지 않은 채 그 진술의 신빙성을 가볍게 배척하는 것은 정의와 형평의 이념에 입각하여 논리와 경험의 법칙에 따른 증거판단이 아니라고 보았다. 이는 구체적으로 피해자가 2차 피해에 대한 불안감이나 두려움으로 인하여 보이는 태도들[7]은 성희롱 피해자가 처하여 있는 특별한 사정에 따라 충분히 보일 수 있는 것으로 이러한 사정을 이유로 피해자 진술의 증명력을 배척해서는 안 된다는 것을 의미한다.[8]

---

7 예를 들어 피해를 당한 후에도 가해자와 종전의 관계를 계속 유지한다거나, 피해 사실을 즉시 신고하지 못하다가 다른 피해자 등 제3자가 문제를 제기하거나 신고를 권유한 것을 계기로 비로소 신고를 한다거나, 피해 사실을 신고한 후에도 수사기관이나 법원에서 그에 관한 진술에 소극적인 태도를 보인다거나 하는 피해자의 행위들을 말한다.

8 이에 대해 이호중은 '통념적 관점'이라는 용어를 사용하여, 정상적인 판단능력을 갖춘 피해자라면 일반적으로 예상되는 대응태도를 '통념'이라고 할 때, 이러한 통념적 관점에 어긋난 피해자의 언행에 대하여 납득할 만한 특수한 사정 내지 예외적 사정이 존재하는지 여부에 대해 신중하게 판단해야 한다는 의미로서

이러한 대법원의 판결은 실체적 진실의 발견을 위하여 당연히 고려되었어야 하나, 우리 사회의 잘못된 인식이나 편견으로 인하여 고려되지 못하였던 것을 올바르게 인식해야 한다는 원칙을 분명히 확인하는 의미가 있다. 아래에서는 이와 같은 성인지 감수성을 가지고 심리한 대법원과 그렇지 아니한 것으로 보이는 항소심의 상반된 판단을 각 징계사유별로 대조하고자 한다.

3. 각 징계사유에 대한 항소심과 대법원의 판단

1) 1-2, 1-3, 1-4 징계사유에 관하여

피해자	순번	징계사유
A 학생	1-2	A 학생이 봉사활동을 위한 추천서를 받기 위해 친구들과 함께 원고의 연구실을 방문했을 때, 뽀뽀해주면 추천서를 만들어주겠다고 하였다.
	1-3	수업 중 질문을 하면 A 학생을 뒤에서 안는 듯한 포즈로 지도하였다.
	1-4	피해자가 원고의 연구실을 찾아가면 "남자친구와 왜 사귀냐, 나랑 사귀자", "나랑 손잡고 밥 먹으러 가고 데이트 가자", "엄마를 소개시켜달라"고 하는 등 불쾌한 말을 하였다.

성인지 감수성을 이해해야 한다고 하였다. 특히 '통념'에 어긋남에 대해 그 자체만으로 피해자의 진술을 함부로 배척하지 말고 예외적 인정의 여지를 신중하게 고려하라는 취지로 해석한다. 이호중, 「업무상 위력에 의한 성폭력 판단기준에 대하여」, 위력에 의한 성폭력, 판단기준은 무엇인가 토론회 토론문, 2019.1.14.

(1) 항소심의 판단

항소심은 1-2의 징계사유에 대하여, 그 발언의 구체적인 경위를 설시하면서, 원고는, 장애인 방문 강사의 경우, 장애인 아동을 가끔 안아주고 뽀뽀도 해주어야 한다면서 A 학생에게 가능하겠느냐고 물었고, 학생들이 할 수 있다고 대답하자, 원고가 이어서 "내가 추천서를 써주면 너희들은 나한테 뭐 해줄래? 우리 조카들은 고마우면 나한테 뽀뽀를 하는데, 너희들도 할 수 있느냐?"고 물었다는 원고의 주장이 신빙성이 있다고 판단하며, 해당 징계사유의 행위가 교수로서 부적절한 행위에 해당함은 별론으로 하고, 이것이 해고에 이르는 사유가 되지는 않는다고 보았다.

나아가 1-4의 징계사유에 대하여는 원고의 발언들이 A 학생뿐만 아니라 다수의 학생들이 함께 있는 자리에서 이루어진 대화인데, 여학생들이 원고의 연구실을 방문하여 나누었던 전체 여러 대화들 중에서 극히 작은 한 토막에 해당하여 당시의 전후 문맥상 원고와 소통하던 여학생들이 이러한 원고의 말 때문에 성적 굴욕감이나 혐오감을 느꼈을 것으로 보기 어렵다고 판단하였다.

또한 1-3 징계사유인 소위 '백허그'에 대하여는 원고가 여학생들을 상대로 불필요한 신체적 접촉을 하였던 것은 교수의 지위에 있는 원고가 주의의무를 다하지 못한 것으로 매우 부적절한 처신이라고 설시하면서도, '원고의 언동은 원고의 적극적인 교수방법에서 비롯된 것이 아닌가 의심이 되고'라며, 이를 일반적이고 평균적인 사람으로 하여금 성적 굴욕감이나 혐오감을 느낄 수 있는 행위에 이르렀다고 보지는 아니하였다.

(2) 대법원의 판단

대법원은 항소심과 다르게 판단했다. 항소심은 1-2, 1-4의 징계사유에 대하여 원고가 평소에 학생들과 격의 없고 친한 관계를 유지하면서 자주 농담을 하거나 가족 이야기, 연애 상담을 나누기도 한 점을 이유로 들었다. 항소심은 1-3의 징계사유와 관련하여 항소심이 원고의 불필요한 신체접촉은 인정하더라도 이를 원고의 적극적인 교수방법의 일환으로 판단하고, 피해자가 성희롱 사실 이후에도 계속하여 원고의 수업을 수강한 점을 들어 원고의 행위가 일반적이고 평균적인 사람의 입장에서 성적 굴욕감이나 혐오감을 느낄 수 있는 정도에 이른 것이라고 보기 어렵다고 했다. 대법원은 이런 항소심의 이유를 수긍할 수 없다고 비판했다. 항소심의 이러한 이유 설시가 자칫 법원이 성희롱 피해자들이 처한 특별한 사정을 고려하지 않은 채 은연중에 가해자 중심적인 사고와 인식을 토대로 평가를 내렸다는 오해를 불러일으킬 수 있어 적절하지 않다는 것이다.

즉 원고의 행위가 성희롱에 해당하는지 여부는 ① 가해자가 교수이고 피해자가 학생이라는 점, ② 성희롱 행위가 학교 수업이 이루어지는 실습실이나 교수의 연구실 등에서 발생하였고, 학생들의 취업 등에 중요한, 교수의 추천서 작성 등을 빌미로 성적 언동이 이루어지기도 한 점, ③ 나아가 이러한 행동이 일회적인 것이 아니라 계속적으로 이루어져온 정황이 있는 점 등을 고려하여, 피해자들과 같은 처지에 있는 평균적인 사람의 입장에서 성적 굴욕감이나 혐오감을 느낄 수 있는 정도였는지를 기준으로 심리·판단을 하였어야 한다는 것이다. 대법원은 위와 같은 기준에 따르면 원고의 피해자에 대한 언동은 성희롱에 해당한다고 보았다.

(3) 검토

국가인권위원회의 조사에 따르면 대학 내 성희롱 사건의 경우, 가해자가 의도하지 않았더라도 기존의 성문화 속에서 습관화된 성적 언행이 상대방에게 굴욕감과 혐오감을 느끼게 만드는 경우가 빈번하고, 특히 가해자가 교수인 경우는 그 피해가 학점이나 기타 교육상의 불이익에까지 미치며, 교수와 학생이라는 지위의 차이로 인한 2차 피해의 가능성이 높은 것을 알 수 있다.[9] 실제로 가해자인 교수에게 논문 지도 등을 받아야 되는 특수한 상황의 피해자는, 상당 기간 상습적으로 성희롱·성추행을 당한 뒤 어렵게 용기를 내어 자신의 피해 구제를 요청한 다음에도 가해자와의 공간 분리가 이루어지지 않아 지속적인 괴롭힘을 당하는 경우가 많고, 가해자가 피해자를 향한 모함·소문을 퍼트리는 경우도 많은 것으로 알려져 있다.[10]

위와 같은 사례들을 볼 때, 대법원의 위와 같은 판단은 교수-학생이라는 수직적 관계에서, 학생인 피해자가 처한 특수한 상황 때문에, 피해자가 교수인 가해자와의 관계를 지속할 수밖에 없는 사정 등을 고려하여 사안을 이해하고 심리한, 타당한 판단이라고 할 것이다.

9   국가인권위원회, 「대학교 성희롱·성폭력 실태조사—피해 구제를 중심으로」, 2012, 94쪽.
10   위의 글, 127~128쪽.

2) 3-1 내지 3-5의 징계사유에 관하여

피해자	순번	징계사유
B 학생	3-1	수업시간에 B 학생을 뒤에서 안는 식으로 지도하고 불필요하게 B 학생과 한 의자에 앉아 가르쳐주며 신체적 접촉을 많이 하였다.
	3-2	복도에서 B 학생과 마주칠 때 얼굴에 손 대기, 어깨동무, 허리에 손 두르기와 함께 손으로 엉덩이를 툭툭 치는 행위를 하였다.
	3-3	B 학생과 단 둘이 있을 때 팔을 벌려 안았다.
	3-4	학과 MT에서 아침에 자고 있던 B 학생의 볼에 **뽀뽀**를 2차례 하여 정신적 충격을 주었다.
	3-5	장애인 교육 신청서를 제출하러 간 B 학생에게 자신의 볼에 **뽀뽀**를 하면 신청서를 받아주겠다고 하여 B 학생이 어쩔 수 없이 원고의 볼에 **뽀뽀**를 하였다.

(1) 항소심의 판단

항소심은 3-1 내지 5의 징계사유에 관하여 B 학생이 자신의 성희롱 피해 진술에 소극적이었다거나 성희롱 사실 발생 후 일정 시간이 경과한 후에 문제를 제기하였고, 또 A 학생의 권유 또는 부탁이 없었더라면 과연 B 학생에게 원고의 행위를 비난하거나 신고하려는 의사가 있었는지 의심스럽다고 하면서 성희롱 사실 발생 자체를 배척하였다.

(2) 대법원의 판단

이에 반하여 대법원은 피해자가 자신의 성희롱 피해 진술에 소극적이었다거나 성희롱 사실 발생 후 일정 시간이 경과한 후에 문제를 제기했다는 등의 사정은 피해자가 '2차 피해'를 입을 수 있다는 두려움 때문에 보일 수 있는 태도이며 이는 성희롱 피해자의 진술을 가볍게 배척할 사유가 아니고, 특히 원심이 A 학생의 권유 또는 부탁이 없었다면 B 학생에 원고의 행위를 비난하거나 신고하려는 의사가 있었는지 의심스럽다고 한 부분은 성희롱 발생 사실 자체를 배척하는 근거로 삼기에는 적절하지 않다고 보았다.

(3) 검토

실제 대학 내 성희롱 피해 발생 사례를 살펴보면, 피해자들은 성희롱 사건 발생 시 신고하려는 의사가 있었다고 하더라도, 학내에 그 피해 구제를 위한 신뢰할 수 있는 기관이 있는지, 신고 내용이나 신원이 누설되지 않도록 하는 보호조치가 제대로 되는지, 나아가 상담소장이 교수라고 한다면 가해 교수와 친분이 있는지 등을 고려하여 불이익 여부 등을 고려하여 신고 여부를 결정하므로[11] 사건 발생 후 바로 신고하지 않는 경우가 많으며, 일단은 암묵적으로 피해가 재발되지 않을 것을 바라며 지내다가, 시간이 지나도 그 피해로 인한 스트레스를 견디다 못해 신고하게 되는 경우가 많은 것을 알 수 있다.

그러므로 원심이 피해자의 신고의사가 의심스럽다고 한 부분은 실제로 피해자의 입장에서 신고가 얼마나 어려운지에 대한 고려가 없었던 것이라고 할 수 있다. 또한 신고가 늦었다는 것이 성희롱 피해가 없었다는 근거도 되지 않는다. 따라서 대법원의 판단은 성희롱 사건 발생 후의 실제적인 피해자의 대처 양상을 기반으로 한 판단이라고 생각된다.

---

11 위의 글, 143쪽.

4. 소결

앞서 살펴본 바와 같이 항소심은 과거 대법원에서 제시한 사회공동체의 건전한 상식과 관행 내지 선량한 풍속에 위반되는 것인지 여부에 따라 성희롱 여부를 결정한 것이다. 이는 2007년에 대법원 판례(합리적 피해자의 관점)에도 부합하지 않은 판결이라고 할 것이다. 이에 비하여 이 사건 대법원의 판단은 합리적 피해자의 관점이라는 기존의 판례의 취지를 인정하고 더 나아가 '2차 피해'를 입을 염려를 하는 피해자로부터 보일 수 있는 여러 태도들을 '성인지 감수성'의 측면에서 바라보아 피해자 진술의 신빙성을 인정한 것으로, 성희롱 여부에 대하여 보다 전향적으로 그 판단기준을 명확히 하였다는 점에서 의의가 있다.

Ⅲ. 대법원 2018.10.25. 선고 2018도7709 판결(소위 '성폭행 피해 부부 자살 사건')

1. 사건의 개요

충남 논산의 조직폭력배인 피고인은 자신과 30년 지기인 A가 해외 출장을 가자 2017년 4월 14일 23시 43분경부터 다음 날 01시 06분까지 사이에 계룡시 ○○에 있는 ◆◆무인호텔에서 피해자 B에게 자신의 말을 듣지 않으면 피해자 B의 남편 A와 자녀들에게 위해를 가할 것처럼 지속적으로 협박하여 이에 겁을 먹은 피해자의 반항을 억압한 후 강간한 혐의(공소 사실)를 받고 기소되었다. 그러나 제1심 재판부가 피고인에게 무죄를 선고하자[12] 이에 비관하여 부부인 A와 B가 유서를 남기고 자살하는 극단적인 선택을 하였고, 그들이 남긴 유서에는 "죽어서라도 끝까지 복수할 테니 기다리고 있어라"라는 추신을 덧붙여 가해자에 대한 적개심을 드러낸 것으로 알려져 있다. 이후 항소심에서도 제1심 판단을 유지하여 재차 피고인의 강간 혐의에 대한 무죄판결을 내렸으나,[13] 대법원에서는 유죄 취지로 파기환송하였다.

2. 성폭행 판단의 기준

대법원은 법원이 성폭행 사건의 심리를 할 때에는 그 사건이 발생한 맥락에서 성차별 문제를 이해하고 양성평등을 실현할 수 있도록 '성인지 감수성'을 잃지 않도록 유의하여야 하며, 우리 사회의 가해자 중심의 문화와 인식, 구조 등으로 인하여 성폭행 피해자가 피해 사실을 알리고 문제를 삼는 과정에서 오히려 피해자가 부정적인 여론이나 불이익한 처우 및 신분 노출의 피해를 입기도 하여온 점 등에 비추어보면, 성폭행 피해자의 대처 양상은 피해자의 성정이나 가해자와의 관계 및 구체적인 상황에 따라 다르게 나타날 수밖에 없으므로, 구체적인 사건에서 성폭행 등의 피해자가 처하여 있는 특별한 사정을 충분히 고려하지 않은 채 피해자의 진술의 증명력을 가볍게 배척하여서는 안 된다고 판시하였다(대법원 2018.4.12. 선고 2017두74702 판결 참조).

이러한 대법원의 판단은 앞에서 살펴본 성희롱 사건의 판시사항을 비

---

12 대전지방법원논산지원 2017.11.15. 선고, 2017고합34 판결.
13 대전고등법원 2018.5.4. 선고, 2018노477 판결.

롯하여, 특히 성폭행 피해자의 경우 그 피해자의 성정이나 가해자와의 관계 및 구체적인 상황에 따라 그 대처양상이 다르게 나타날 수밖에 없는 점을 추가적으로 고려해야 한다는 점을 적시한 것이다.

3. 강간죄 성립 여부에 대한 하급심과 대법원의 판단

1) 피해자의 진술에 따른 사건 경위

피해자는 이 사건 경위에 관하여 강간 범행 당일에 피고인이 밤에 집 앞으로 찾아와 모텔에 가서 잠깐 쉬자는 말을 하자, 피해자는 이를 거절하였는데, 피고인이 다시 위협적인 말을 하면서 다른 짓은 하지 않고 맥주만 마시고 나오겠다고 하여 그 말을 믿고 모텔에 가게 되었다고 진술하였다. 구체적인 강간 피해에 관해서는, 피해자가 모텔 객실의 테이블에 앉아 맥주를 마시고 있었는데, 혼자 침대에 누워 있던 피고인이 갑자기 "더 이상 못 참겠다"라고 말하면서 피해자에게 다가오기에, 생리 중이라며 거부하자 피고인은 피해자의 왼쪽 뺨, 머리 부위를 때리고 팔을 잡고 강제로 침대에 눕힌 후 피해자 위에 올라타 왼손으로 피해자의 쇄골 부분을 누르고 다른 손으로는 피해자의 바지와 속옷을 한꺼번에 벗기고 강간하였다고 제1심에서부터 일관되게 진술하였다.

2) 피해자가 외포 상태에 있었는지 여부

(1) 항소심의 판단

항소심은 피해자가 피고인으로부터 폭행을 당한 다음 날 피고인과 식

사를 하고, 그 무렵부터 피고인을 더 만나 자신의 일상에 관한 이야기를
한 점, 모텔 CCTV 영상에서 피해자가 모텔에 들어가는 과정에서 겁을
먹었다는 사정이 보이지 않고, 오히려 모텔에 가기 직전에 남편에게 '졸
려서 먼저 자겠다'는 내용의 카카오톡 메시지를 보냈을 뿐 피고인의 협박
사실을 알리지 않은 점 등에 비추어, 피고인이 피해자를 협박하여 피해
자가 모텔로 들어갈 때까지 외포된 상태에 있었는지 의문이 있다고 보았
다.

(2) 대법원의 판단

그러나 대법원은 원심이 피해자 진술의 신빙성을 배척하는 이유로 들
고 있는 사정들은 피해자가 처한 구체적인 상황이나 피고인과 피해자의
관계 등에 비추어 피해자의 진술과 반드시 배치된다거나 양립이 불가능
한 것이라고 보기 어렵다고 보며, 원심이 피해자 진술의 신빙성을 배척
한 것은 성폭행 사건의 심리를 할 때 요구되는 '성인지 감수성'을 결여한
것이라고 의심이 든다고 지적하였다.

피고인도 당일 피해자의 집 앞에서 만났을 때는 모텔에 가기로 하였던
것은 아니라고 진술하고 있고, 나아가 피해자의 집과 범행 장소인 이 사
건 모텔은 매우 가까운 곳에 위치하고 있어서, 이동에 소요되는 시간과
피해자가 당일 남편에게 카카오톡 메시지를 보낸 시간 등을 고려해보면,
피고인과 피해자가 모텔에 가기로 예정된 상태에서 피해자가 남편에게
'졸려서 먼저 자겠다'는 내용의 메시지를 보낸 것이라고 단정할 수 없기
때문이다.

또한 피고인과 피해자의 진술에 의하더라도 당시 피해자는 피고인과
맥주를 마시고 이야기만 하다가 나오기로 하고 모텔에 갔다는 것이고,

모텔 CCTV 영상에 의하더라도 당시 피해자가 피고인과의 신체 접촉 없이 각자 떨어져 앞뒤로 걸어간 것뿐인데 이를 들어 피해자가 겁을 먹은 것처럼 보이지 않고 나아가 모텔 객실에서 폭행·협박 등이 있었는지 의문이 든다고 판단한 것은 납득하기 어렵다고 본 것이다.

(3) 검토

피해자의 진술에 의하더라도 피해자가 모텔에 가게 된 경위 자체가 피고인으로부터 강압적으로 끌려간 것이 아니었기 때문에, 항소심의 판단 근거인 'CCTV 영상에서 피해자가 겁을 먹었다는 사정이 보이지 않는 점'은 피해자 진술과 모순된다고 보기 어렵다. 이 부분은 그 판단에 있어서 특별히 '성인지 감수성'을 요구하는 부분이 아님에도 불구하고, 항소심은 남녀가 '모텔'에 자발적으로 함께 갔다는 사정에 지나치게 의미를 부여하며, 피고인이 피해자를 협박하여 피해자가 모텔로 들어갈 때까지 외포된 상태에 있지 않았으므로, 강간에서의 폭행·협박이 있었다는 사정도 인정하기 어렵다고 본 것이다.

이러한 항소심의 판단은 그릇된 통념[14]을 기반으로 논리필연적 관계가

---

14 이러한 항소심의 판단은 '자발적으로 모텔에 간 것은 성관계에 동의를 한 것'이라는 그릇된 통념에서 나왔다고 볼 수밖에 없다. 이러한 그릇된 통념은 성관계에 동의를 하지 않는다면 자발적으로 모텔에 가지 않아야 하며, 한번 모텔에 자발적으로 간 이상 그 동의는 철회될 수 없음을 전제로 한다. 성관계에 앞선 상대방의 동의 여부를 판단할 때, 그 행위가 일어난 시간 내지는 장소가 피해자의 동의를 의미하지 않을뿐더러, 설령 성관계에 동의를 하였다고 하더라도 그 동의가 계속 유지된다고 볼 수 없음은 물론, 성관계 직전이라고 하더라도 피해자가 그 동의를 철회할 경우, 그러한 피해자에게 폭행·협박을 통하여 강제로 성관계를 하게 하였다면 그것이 곧 강간이 된다는 점은 명확하다고 할 것인데, 항소

없는 사항 간의 인과관계를 자의적으로 판단한 것이다. (이하 삭제)

3) 피고인의 폭행으로 인하여 항거 불가능하거나 현저히 곤란하게 되었는지 여부

(1) 항소심의 판단

항소심은 피해자가 모텔에서 피고인과 성관계를 가진 후 피고인에게 '템포'라는 상호의 생리대에 관하여 이야기하였고, 화장실에서 샤워하고 나와 피고인과 담배를 피우며 남편 등 가정 관련 대화를 10여 분 하다가 모텔에서 나온 것은 성관계를 갖기 위해 피해자를 협박한 사실이 없고 자유로운 의사에 따라 성관계를 한 것이라는 피고인에 주장에 더 부합한다고 하였다. 그러면서 피고인이 실제로 피해자를 폭행·협박하였고 이로 인하여 피해자가 항거 불능하게 되거나 현저히 곤란하게 되어 간음에 이른 것인지 의문이 든다고 보았다.

(2) 대법원의 판단

그러나 대법원은 피해자가 모텔에서 피고인과 성관계를 가진 후 피고인과 생리대에 관하여 이야기하거나 샤워 후에 피고인과 담배를 피우며 남편 등 피해자의 가정에 관한 대화를 10여 분 하다가 모텔에서 나온 것도 피해자 진술의 신빙성을 부정할 만한 사정이라고 보기에 부족하다고

심은 단순히 남녀가 자발적으로 모텔에 갔으므로 성폭행에서의 폭행·협박은 없었다고 단정하고, 모텔에서 폭행·협박에 의한 강간이 있었다고 한다면 이는 모텔 객실 내부에서가 아니라 모텔에 들어가는 과정에서부터 겁을 먹었다는 사정이 보여야 한다는 비논리적인 판단을 한 것이다.

보았다. 강간을 당한 피해자의 대처 양상은 피해자의 성정이나 구체적인 상황에 따라 각기 다르게 나타날 수밖에 없으며, 피해자는 수치스럽고 무서운 마음에 반항을 하지 못하고 피고인의 마음이 어떻게 변할지 몰라 달랬다는 것으로, 피해자로서는 오로지 피고인의 비위를 거스르지 않을 의도로 위와 같은 대화를 하였던 것으로 보이고, 이러한 사정이 성폭행을 당하였다는 피해자의 진술과 양립할 수 있다고 판단한 것이다.

(3) 검토

이 사건 제1심 법원은 피해자가 피고인과의 불륜 사실이 드러날까 두려워서 허위로 성폭행을 당했다고 말했을 여지가 있다고 하는가 하면, 항소심은 피해자가 성관계 뒤 가해자와 가정사를 이야기했다는 점에서 피해자가 피고인의 폭행으로 인하여 항거 불가능하거나 현저히 곤란하게 되어 간음에 이른 것이 아니라고 보았다. 이는 소위 '피해자다움'에 대한 법원의 경직된 이해에서 비롯된 것이다. 피해자로서는 사건 발생 이후에 빨리 그 상황에서 벗어나고자 가해자에게 친절하게 대하거나, 별일 아닌 것처럼 행동할 수도 있었을 것인데, 이러한 사정에 대한 충분한 고려 없이 성관계 후 일상대화를 한 사정만으로 성관계에 선행되는 폭행 · 협박의 존재를 부정한 것이다.

이에 반하여 대법원은 이 사건에서와 같이 가해자와 피해자가 부부 동반 모임도 자주 가지는 등 친하게 지냈던 사이임을 감안하면 성관계 이후에도 피해자가 피해자의 가정 이야기를 충분히 할 수 있는 것이고, 이와 같은 사정만으로 피고인이 피해자를 폭행하여 항거 불능의 상태가 되었거나 현저히 곤란하게 되지 않았다고 볼 수 없다고 하며, 피해자와 가해자와의 관계 및 상황에 이르게 된 정황 등 그 구체적인 상황을 고려하여 판단해야 함을 설시하였다. 이는 지금껏 많은 성희롱·성폭행 사례에서 피해자에게 피해자다움을 요구했던 법원 판단에 대한 반성이다. 앞으로 하급심에서도 관련 사례를 판단할 때 '성인지 감수성'을 가지고 판단하여야 함을 보여준 선례라고 할 것이다.

4. 소결

이 사건에서 대법원은 항소심이 확인한 사실관계를 따르더라도 그와 별도로 항소심의 판단에는 문제가 있었음을 지적하였다. 피고인과 피해자 모두가 인정하듯 당사자들은 맥주를 마시고 이야기만 하기로 하고 피해자 집 근처의 모텔로 간 것이므로, 항소심이 모텔의 CCTV에서 피해자가 겁을 먹었다는 사정이 보이지 않는다며 외포 상태를 부정한 것은 그 자체로 피고인과 피해자의 진술 증거에 대한 심리가 부족하여 나온 판단이기 때문이다.

또한 항소심은 '템포'라는 상호의 생리대 이야기 및 가정 관련 이야기를 10분간 하다가 나온 것을 두고 피해자의 항거 불능 상태를 부인하였다. 이에 반해 대법원은 피해자로서는 피고인의 비위를 거스르지 않을 의도로 위와 같은 대화를 하였던 것으로 보이고, 이러한 사정이 피해자가 처한 구체적인 상황이나 피고인과의 관계 등에 비추어 성폭행을 당했다는 피해자의 진술과도 양립가능하다고 본 것이다. 이처럼 대법원은 '성인지 감수성'을 기준으로 할 때 피해자 입장에서 충분히 보일 수 있는 행동을 두고 피해자 진술을 부인하는 판단근거로 하여서는 안 된다는 것을 명확히 하였다.

Ⅳ. 나가며

대상판결 모두 법원이 그 판결에서 '성인지 감수성' 용어를 적시하고 성희롱 및 성폭력 사건에 대한 법원의 심리기준을 제시했다는 점에서 주목을 받은 사건이다. 성희롱 사건의 경우, 피해자에게 2차 피해가 발생할 우려가 있기 때문에, 피해자는 성희롱 피해 이후에도 그대로 본인의 업무를 하거나, 피해 사실을 즉시 신고하기 어려운 사정임을 충분히 고려해야 한다는 점을 밝힌 것으로 큰 의의가 있다. 또한 성폭행 사건의 경우에도 성폭행 피해자의 대처 양상은 피해자의 성정이나 가해자와의 관계 및 구체적인 상황에 따라 다르게 나타날 수밖에 없으므로, 성폭행 피해 이후에 피해자의 마음이 어떻게 변할지 몰라서 피고인의 비위를 거스르지 않을 의도로 피고인이 하는 일상적인 대화를 맞춰주는 것을 두고 성폭행 당시 폭행·협박이 없었다고 단정해서는 안 된다는 점을 확고히 하였다는 점에 의의가 있다.

나아가 법원 역시 양성평등기본법의 적용을 받는 국가기관으로서 '성인지 감수성'을 가지고 업무를 처리해야 한다는 점을 확인했다는 점에서 의미가 있는 판결이라고 할 것이다.[15]

---

15 박귀천, 「성희롱 관련 소송의 준 - '성인지 감수성'」, 『노동리뷰』 2018년 6월호, 77~80쪽.

죽여야 사는 여성들, 어떻게 볼 것인가

오수진

**대상
판결**

1. **춘천지방법원 2017.10.20. 선고 2017고합47 판결**

   관여 법관 : 이다우(재판장), 허문희, 유재영
   2심 서울고등법원 2018.4.11. 선고 2017노155
   관여 법관 : 김복형(재판장), 지창구, 조재헌
   3심 대법원 2018.6.28. 선고 2018도6304
   관여 대법관 : 박정화(재판장), 박상옥(주심), 김신, 이기택
   2심은 피고인 및 검사의 항소를, 3심은 피고인의 상고를 모두 기각하였다.

2. **인천지방법원 2014. 6. 23. 선고 2014고합177 판결**

   관여 법관 : 심담(재판장), 장동민, 이성민
   2심 서울고등법원 2015.1.29. 선고 2014노1935 판결
   관여 법관 : 김상준(재판장), 구광현, 한성진

3. **대전지방법원 천안지원 2016. 6. 29. 선고 2016고합1 판결('평생 못 나올
   곳에 넣어달라' 사건)**

   관여 법관 : 박헌행(재판장), 정문식, 윤성헌
   2심 대전고등법원 2016.12.16. 선고 2016노236 판결
   관여 법관 : 윤승은(재판장), 신동헌, 이준명
   3심 대법원 2017.4.26. 선고 2017도578 판결
   관여 대법관 : 김재형(재판장), 박보영(주심), 박병대, 권순일
   3심은 피고인의 상고를 기각하였다.

오수진 여성인권위원회의 미투대응팀, 성착취대응팀에 소속되어 활동하고 있습니다.

죽여야 사는 여성들, 어떻게 볼 것인가

— 피학대여성의 대항범죄에 관한 판결 분석

Ⅰ. 시작하며

가정폭력은 매년 급증하고 있다. 법무부에 가정폭력사범으로 접수된 건수는 2013년 17,195명, 2014년 23,527명, 2015년 47,009명, 2016년 54,191명으로 3년 만에 2배 이상 증가했다. 한국여성의전화의 2015년 상담 통계에 따르면 배우자에 의한 가정폭력이 427건(83.3%)으로 월등히 많다. 피해자의 성별은 여성 440명(99.5%), 남성 2명(0.5%)으로 남편의 아내에 대한 폭력이 대부분이다.[1] 그러나 가해자에 대한 처벌은 약해지는 추세로, 법무부의 가정폭력사범 처리 현황을 보면 기소율과 구속률은 계속해서 떨어지고 가정보호사건으로 송치하는 비율은 증가하고 있다.[2][3]

---

1 한국여성의전화, 「2015년 가정폭력상담소 · 성폭력상담소 상담통계」, 2016.
2 2016년 기준으로 기소율은 8.5%, 구속률은 0.9%에 불과한 반면 가정보호사건으로 처리한 비율은 38.2%에 이른다.
3 『여성신문』, 2017.5.25.

가정폭력에 시달리던 여성들은 어떻게 될까? 2009년부터 2015년까지 7년간 남편이나 애인에게 살해당한 여성은 최소 657명이고 미수를 포함하면 1,051명이다. 최소 2.4일에 여성 한 명이 살해됐거나 살해될 뻔했던 셈이다.[4] 한편 청주여자교도소에 살인죄로 수감되어 있는 164명 중 무려 81%(133명, 2006년 기준)이 남편을 죽였다. 그리고, 이들 중 82.9%가 남편에게 학대를 당하였다. 그런데 법원은 이러한 사건에 대하여 단 한 번도 정당방위를 인정하지 않았다.[5]

가정폭력은 그야말로 피해자가 가해자를 죽이지 않으면 피해자가 죽임을 당함으로써만 끝이 나는 것이다. 이렇게 극단적인 상황에서 살기 위해 어쩔 수 없이 남편을 죽여야만 했던 여성들에게 법원은 왜 이토록 냉혹한 판단을 내리는 것일까?

Ⅱ. 법원의 판단기준 및 경향[6]

한국여성의전화는 그간 가정폭력 피해자에 의한 가해자 사망사건[7]을 '정당방위 사건'이라 이름 짓고, 정당방위지원팀을 구성하여 재판 지원

---

4 『오마이뉴스』, 2016.7.6.

5 『동아일보』, 2012.7.2.

6 고미경 · 허민숙, 「살인과 젠더」, 『가정폭력 가해자 사망사건과 피해자 살해사건에 대한 판결분석 토론회』, 한국여성의전화, 2013.

7 이 글에서의 피해자는 대항범죄사건의 피해자가 아닌 가정폭력의 피해자를 말한다. 가해자도 마찬가지로 쓴다. 단, 대항범죄사건의 판결문을 인용하는 경우에는 (대항범죄의) '피해자' 표현을 그대로 옮기되 혼란을 방지하기 위해 괄호 안에 '남편'을 병기한다.

활동을 해왔으며, 1990년대부터 2018년까지 지원했던 21건의 판결문을 분석하였다.[8] 아래에 소개하는 내용들은 위 연구 자료에 기초하여 구성한 것이다.

1. 정당방위

1) 정당방위의 성립 요건

우리 형법은 제21조 제1항에서 "자기 또는 타인의 법익에 대한 현재의 부당한 침해를 방위하기 위한 행위는 상당한 이유가 있는 때에는 벌하지 아니한다"고 규정한다. 즉, 정당방위가 인정되려면 ① 법익에 대한 침해가 바로 발생하였거나 또는 아직 계속되고 있으며(현재성), ② 위법성이 있는 부당한 침해에 대하여, ③ 자신이 위법한 침해에 대해 방위한다는 인식과 의사를 가지고(방위의사), ④ 사회상규에 비추어 상당한 정도를 넘지 않는 방위행위를 한 경우(상당성) 라는 요건을 모두 갖추어야 한다. 그러면 위법성이 없는 자기보호에 해당한다고 보아 벌하지 않도록 한 것이다.

2) 정당방위의 주장 유무 및 부정 이유

한국여성의전화가 2012년까지 지원한 21건의 사건 중 정당방위를 주장

---

8   이 자료는 정당방위 사건뿐만 아니라 남성 배우자에게 여성이 살해당한 사건 121건의 판결문도 분석하고 있어, 가정폭력에 관한 그동안의 판결내용들을 통계적으로 망라하였다.

했던 사건은 11건이었다. 이 중 정당방위가 인정된 경우는 1건도 없었다. 정당방위를 부정한 이유가 확인되는 사건은 7건이다. 이 중 현재성을 인정했다고 볼 여지가 있는 사건은 3건이고, 나머지 사건은 현재의 침해가 없거나 상당한 행위가 아니라고 판단하여 정당방위의 성립을 부정하였다.

(1) 현재성의 판단

법원은 '칼로 위협하다 잠에 들기 시작함으로써 침해 행위는 일단락되어 그 단계에서 정당방위 상황은 종료되어 현재의 부당한 침해 요건을 인정할 수 없다'[9]고 하거나, '이 사건 범행 당시에는 가재도구를 부수다가 안방 벽에 기대어 있었을 뿐, 피고인이나 가족들의 생명이나 신체에 어떤 위해를 가하거나 가하려고 한 상황은 아니었던 사실'을 들어 현재성을 부정하였다. 반면, 폭력을 행사하던 도중 잠이 들었는데 '폭행을 반복하여 이 사건 범행 당시 피고인에 대한 현재의 침해가 있었다고 볼 여지가 전혀 없는 것은 아니'라고 하거나, 남편에게 수면제를 먹여 잠들게 한 사건에서도 침해 행위가 그 후에도 '(폭행이) 반복될 염려'가 있으므로 현재성이 인정될 여지가 있다고 본 경우도 있었다.

이처럼 현재성을 인정함에 있어 가정폭력 피해자들의 경험, 심리, 정서와 상황이 제대로 반영되지 않고 있을 뿐만 아니라 일정한 판단기준이 정립되어 있지 않아 예측 가능성이 떨어지는 문제가 있다.[10]

---

9 물리적인 힘이 상대적으로 약한 여성의 경우 남편이 쉬거나 잠든 틈을 타서 방위행위를 하는 경우가 많은데, 이러한 경우 '현재성' 요건을 엄격하게 적용하면 정당방위가 성립할 수 없게 된다.

10 오지원, 「피학대여성의 대항범죄에 대한 입법적 구제방안에 대한 소고」, 『가정폭력에서의 정당방위 법제화를 위한 토론회』, 한국여성가족인권센터, 2017, 8쪽.

(2) 상당성의 판단

지금까지 한국사회에서 가정폭력피해자에 의한 가해자 사망 사건에서 피해자의 행위를 '사회통념상 상당성 있는 행위'로 인정한 사건은 단 한 건도 없었다. 정당방위의 성립요건으로서의 방어행위에는 '순수한 수비적 방어뿐 아니라 적극적 반격을 포함하는 반격방어의 형태도 포함'[11]된다는 것이 판례의 확립된 태도이다. 그러나 법원은 가정폭력 사건에서는 '방위행위가 소극적인 방어의 한도를 넘어 상대방에 대한 반격행위에 해당한다'는 이유로 상당성을 부정하여 반격방어의 가능성을 차단하는 듯한 태도를 보인다.

한편, 법원은 피해자에게 도망가지 않은 데 대한 책임을 물어 상당성을 부정하기도 한다. 즉, '(가해자가 잠들어 있었으므로) 다른 방법으로 폭행으로부터 얼마든지 벗어날 수 있었음에도 불구하고', '이혼을 하거나 수사기관에 신고하는 등 그러한 상황에서 충분히 벗어날 수 있었으므로', '집 밖으로 나가는 등으로 급박한 상황에서 벗어난 후 구호 요청을 할 수 있었으므로' 그럼에도 불구하고 방위행위에 이른 것은 상당성이 부정된다는 것이다.

그러나 한국여성의전화가 지원했던 정당방위 사건 중 경찰에 신고했던 9건 모두 경찰의 제대로 된 보호를 받지 못하였다. 피해자에 대한 공적 보호가 불충분한 상황[12]에서 법원은 피해자에게 이를 활용하여 가정

---

11 대법원 1992.12.22. 선고 92도2540판결, 대법원 2003.11.13. 선고 2003도3606 판결 등.

12 2013년 경찰청이 전국의 경찰관과 가정폭력 담당 수사관을 대상으로 실시한 가정폭력 인식조사에서 '가정폭력 사건은 가정 안에서 해결해야 하는 게 우선'이라고 응답한 비율은 57.9%, '경찰이 할 수 있는 게 많지 않다'고 답한 비율은

폭력에서 벗어나지 못한 책임을 묻고 있는 것이다. 피해자들이 가정을 유지하기 위해 이혼하지 않고 장기간 폭력을 견디며 살아온 것은 상당성과 아무런 관계가 없다. 가정폭력의 책임을 종국적으로 피해자에게 귀속시킨다는 점에서 위와 같은 판단들은 부당하다.[13]

2. 심신장애 주장과 피학대여성증후군

한국여성의전화가 지원한 21건의 사건 중 심신장애를 주장한 사건은 총 12건이었는데, 1심에서 심신장애를 인정한 사건은 3건, 부정한 사건은 8건이었다. 부정한 사건 중 2건은 양형에는 고려되었으며, 1심에서 부정한 사건 중 2건은 2심에서 인정되었다.

우리 형법은 심신장애로 인하여 사물을 변별할 능력이 없거나 의사를 결정할 능력이 없는 자의 행위는 벌하지 아니하며(제10조 제1항), 심신장애로 인하여 전항의 능력이 미약한 자의 행위는 형을 감경할 수 있다고 규정한다(동조 제2항). 이러한 경우 규범에 따라 행위를 하는 것이 곤란하므로 비난 가능성이 적다고 보아 책임을 감면하는 것이다.

심신장애를 부정한 판결들은 '(정신병으로) 별다른 치료를 받은 전력이 없고, 직업을 가지고 일상적인 사회생활을 해왔다'는 점을 근거로 들거나, 피해자의 PTSD(외상 후 스트레스 장애)와 우울증을 인정하면서도 '범행

35%에 달했다. 또 여성가족부의 2013년 가정폭력 피해자 실태조사에 따르면, 경찰 신고 뒤 아무런 법적 조치를 받지 못했다고 응답한 비율은 58.3%였으며, 피해자 신변을 보호할 수 있는 접근행위 금지 등 처분의 비율은 2014년 기준 0.6%에 그쳤다.
13 오지원, 앞의 글, 11쪽.

의 경위와 결과, 수단과 방법, 범행 전후 피고인의 행동, 범행 후의 정황 등 모든 사정을 종합하면 피고인이 범행 당시 위 증상으로 인하여 사물을 변별하거나 의사를 결정할 능력이 미약한 상태에 있지는 않았다'고 판단하였다.

우리 사법체계는 오랜 학대에 노출된 피해자의 심리상태에 대한 증거를 확보하기 위한 감정인제도 및 2007년에 도입된 전문심리위원제도를 두고 있으나, 제대로 활용되지 못하고 있다. 학대 여성의 대다수가 PTSD 나 우울증 등의 정신질환을 가지고 있음이 밝혀졌음에도 불구하고, 조사대상 70명 중 20명(26.6%)에 대하여만 재판 과정에서 전문감정인의 정신감정이 이루어졌다는 조사결과도 있다.[14] 전문심리위원의 심리를 거친 경우에도 그 결과를 고려하는 것은 법원의 직권이다. 그래서 심신장애 주장이 받아들여지지 않는 사례가 종종 발생한다.

가정폭력 피해여성의 행동과 심리를 설명하는 중요한 이론인 피학대여성증후군(Battered Woman Syndrome) 이론[15]에 따르면, 피학대 여성들은 자신들이 놓여 있는 폭력상황을 통제하거나 예방할 수 없다는 '학습된 무력감' 때문에 폭력을 피하거나 관계를 떠날 수 없는 상태에 놓인다. 따라서 이들이 가해자와 이룬 가정을 떠날 수 없었던 이유, 가해자를 죽이는 것

---

14 김지영·강우예·김성규, 「남편살해 피학대 여성의 사회심리적 특성에 따른 형법적 대응방안」, 한국형사정책연구원, 2010, 228쪽.

15 미국의 심리학자 L. Walker가 가정폭력 가해자 남편을 살해한 45명의 여성과 가정폭력 피해여성 400명을 조사한 결과, 이들이 매우 심각한 수준의 정서적·심리적 상해를 입었으며 일반인들과는 다른 행동과 인지적 특성을 보임을 밝혀냈다. 대표적인 증상들은 우울증, 결여된 자존감, 학습된 무기력, 왜곡된 인지 등이며, 이러한 인지·정서·행동적 증상들을 피학대여성증후군(BWS)으로 명명하였다.

이 불가피했던 이유는 위와 같은 배경 아래에서 설명되어야 한다. 그러나 법원은 현행법이 규정하는 자기방어의 규범적 기준을 형식적이고 기계적으로 적용할 뿐이다.

3. 형량 및 양형 요소

한국여성의전화가 지원했던 21건의 사건 중 1991년에서 1999년 사이의 사건은 9건이다. 이중 집행유예 판결을 받은 사건이 6건, 가장 높게 선고된 징역형이 4년이었다. 그에 비해 2000년 이후의 12건 중 집행유예 판결을 받은 사건은 1건에 불과했고, 가장 높게 선고된 징역형은 11년, 그 외에 징역 8년과 징역 5년이 선고된 사건도 각각 2건과 3건에 달했다. 정당방위 사건에 대한 처벌이 점점 무거워지는 경향성이 있다고 볼 수 있는지, 대체 그 이유가 무엇인지는 자료의 부족으로 정확히 확인할 수 없으나 유사한 사실관계에 대하여 90년대에는 집행유예 판결이, 2000년대에는 징역 5년의 실형이 선고되는 등 양형이 큰 폭으로 올라간 점은 확인된 사실이며 심각한 문제점으로 지적해둘 만하다.

양형의 근거로 공통적으로 등장하는 요소는 '(가해자의 생전 행위에 대한 평가를 불문하고) 인간의 생명은 절대적으로 보호되어야 할 가치'라는 것인데, 생명을 해친 피고인의 죄책은 매우 중한 것이며 그가 가해자의 폭력에 시달려왔다는 점은 판단에 영향을 미치지 않는다고 명시한 경우도 많았다. 또한 범행 당시 피해자가 정상적인 사회생활을 하고 있었던 경우, 가정폭력에 적극적으로 대처할 수 있었음에도 그렇게 하지 않고 범행으로 나아갔다는 이유로 양형에 불리하게 작용하였다. 반면 어머니로서의 책임감 및 죄책감으로 괴로워한 나머지 심신미약에 빠짐, 자수, 깊은 반

성, 남편을 살해하였다는 정신적 멍에를 평생 짊어지고 살아가야 하는
점 등 피해자가 '전통적이고 순종적인 여성상'에 부합하는 면들이 감경
사유로 작용하였다.

Ⅲ. 2014년부터 2018년 사이의 판결 분석[16]

1. 수석을 이용하여 저항한 사건[17]

1) 사건의 경위

2017년 3월, 가정폭력 피해자(이하 피해자)는 전날 저녁 아르바이트가
끝나고 친구들과 모임을 한 후 만취 상태로 귀가하였는데, 가정폭력 가
해자(이하 가해자)인 남편이 늦은 귀가를 트집 잡아 피해자의 머리채를 잡
아 넘어뜨리고 유리잔을 집어 던졌다. 피해자가 이를 방어하는 과정에서
수석으로 남편을 여러 차례 가격하였다가 남편이 위험한 상황임을 인지
하고 곧바로 119에 신고하여 병원으로 옮겼으나 남편은 사망하였다. 가
해자인 남편은 결혼 전부터 시작하여 혼인기간 37년 동안 극심한 가정폭
력을 휘둘러왔다.

죽어야 사는 여성들, 어떻게 볼 것인가 _ 오수진

---

16 2014년부터 2018년 사이에 여러 차례 기사화되거나 크게 화제가 되었던 사건
    들로 선정하였다.
17 춘천지방법원 2017.10.20. 선고 2017고합47 판결.

2) 재판의 경과

1심에서 살인죄의 죄목으로 징역 4년을 선고받았으며 이후 항소와 상고 모두 기각되었다.

3) 주요 내용

① 범죄 사실을 특정함에 있어, 범행 당시 남편이 귀가한 피해자를 폭행하자 '(남편에 대한) 오랜 원망의 감정이 폭발하여 피해자(남편)를 살해하기로 마음먹었다'고 표현하며 살인의 고의를 인정하였다.

② 정당방위를 주장하였으나, 사회통념상 상당성이 부정되어 받아들여지지 않았다. 혈흔과 상처 등에 비추어볼 때, '최초에 피해자(남편)가 피고인을 손으로 때렸고 피고인이 이를 방어하기 위하여 돌로 피해자를 가격하였을 가능성은 있으나' 십수 차례 가격이 계속된 당시에는 남편이 피를 흘리고 쓰러져 방어력을 상실했음에도 불구하고 계속해서 가격하였다는 점이 그 이유였다.

③ 심신상실 및 심신미약을 주장하였으나 역시 받아들여지지 않았다. 법원은 피해자가 37년간 가정폭력을 당해온 점, 정신감정 촉탁 결과 PTSD 증세가 있었던 점, 심야에 남편이 먼저 폭력을 행사했던 점, 피학대증후군의 증세가 있는 경우 위험을 과장되게 받아들인 나머지 극도의 공포나 방어본능으로 배우자를 살해하기도 한다는 전문심리위원의 소견 등을 인정하면서도, 피해자가 우울 병력이 없었고 사회성이 좋았으며 사건 당시를 기억하고 있다는 점을 들어 사물 변별 능력이나 의사결정 능력이 없거나 미약하다고 보기 어렵다고 판단하였다.

④ 살인이 인간의 생명을 침해한 중대한 범죄이고 머리를 돌로 십수 회 가격한 범행수법이 매우 잔혹하다는 점이 가중요소로 작용하였고, 오랜 기간 가정폭력에 시달리면서도 남편과 두 아들을 위하여 참고 견뎌온 점, 가정폭력에 시달려온 나머지 순간적으로 흥분하여 우발적으로 범행에 이른 점,[18] 유족과 이웃들이 선처를 호소한 점, 재범위험성이 없는 점, 남편을 살해하여 큰 회한과 고통 속에서 여생을 보낼 것으로 보이는 점이 감경요소로 작용하였다.

2. 피해자에게 남자친구가 있었음이 밝혀진 사건[19]

1) 사건의 경위

가정폭력 피해자(이하 피해자)는 가정폭력 가해자(이하 가해자)와 2006년 혼인하였는데 가해자의 권위적인 성격과 가정폭력 행사로 갈등을 겪어오고 있었다. 2014년 3월 저녁, 피해자가 가해자 지인의 부인에게 남편들이 다른 여성들을 만났던 사실을 이야기하였던 것과 가해자가 질과 가슴 성형수술을 받으라고 요구하였음에도 응하지 않은 것을 문제 삼아 다투던 중, 가해자가 피해자를 폭행하고 화분을 피해자에게 던지며 아침이 되면 죽여버리겠다고 협박하였다. 이에 피해자는 부엌칼과 장갑, 화분

---

18 같은 판결에서 '오랜 원망이 폭발하여 피해자(남편)을 살해하기로 마음먹고'라고 범죄 사실을 특정했던 것과 모순되어 보인다.

19 인천지방법원 2014.6.23. 선고, 2014고합177 판결, 서울고등법원 2015.1.29. 선고, 2014노1935 판결.

받침대를 침대 곁에 가져다두었다. 다음 날 아침, 피해자는 침대 밖으로 나가려는 자신을 가해자가 다리로 눌러 못 움직이게 하자 화분 받침대로 가해자의 머리를 내리쳤고, 이에 가해자가 욕설을 하며 대항하려 하는 것을 보고 부엌칼로 가해자의 복부를 1회 찌른 후 거실로 도망쳤다. 이후 피해자는 거실로 따라 나온 가해자와 서로 실랑이하다가 함께 바닥에 넘어졌고, 가해자가 바닥에 떨어진 칼을 주우려 하자 몸싸움을 하던 중, 피해자가 가해자의 배를 칼로 찔러 가해자가 사망하였다.

2) 재판의 경과

1심에서는 살인죄의 죄목으로 징역 3년을 선고하였는데, 이후 항소심에서 원심을 파기하고 징역 6년을 선고하였다.

3) 주요 내용

① 심신미약을 주장하였으나, '범행에 이르게 된 경위, 범행의 내용, 범행의 수단과 방법, 범행 전후의 피고인의 행동 등에 비추어볼 때 피고인[20]이 범행 당시 사물 변별 능력이나 의사결정 능력이 미약하다고 볼 수 없다'는 이유로 받아들이지 않았다.

② 1심에서는 가장 존귀한 가치인 생명을 침해한 점, 유족들로부터 범행을 용서받지 못한 점을 가중 요소로, 장기간에 걸쳐 가정폭력에 시달려온 점, 범행 전날에도 폭행을 당하고 아침이 되면 죽여버리겠다는 위

---

20 가정폭력의 피해자를 지칭함.

협을 받았던 점 및 이것이 범행의 동기가 되었던 점, 피고인이 진지하게 반성하고 전과가 없는 점 등을 감경요소로 삼았다.

③ 항소심의 증인신문 과정에서 피고인이 집에 에어컨을 설치하러 왔던 증인과 친해져서 1주일에 2번 정도 만나 식사를 하거나 증인의 차에서 대화를 하였고, 자주 통화하였으며, 증인에게 '남편이 많이 때린다'거나 '남편과 이혼하고 싶다'는 이야기를 해온 점이 밝혀졌다.

④ 이에 항소심에서는 피고인이 증인과의 관계 때문에 이 사건 범행을 저지르게 되었다고 보기는 어렵다고 하면서도, '자신의 남편을 살해한 피고인이 구치소 접견 시간을 이용하여 남자친구(증인)에 대한 소식을 전해듣는 등 사사로운 대화를 나눈 사정'을 고려하면 1심의 양형요소였던 '진지한 반성'의 존재를 재고해야 한다고 보아, 1심의 양형을 재조정하였다. 또한 부엌칼 등을 미리 준비한 점, 살인사건의 피해자인 남편이 취약한 틈을 이용하여 살해한 점, 어린 자녀들이 범행을 목격하여 치유할 수 없는 상처를 입게 한 점을 새로이 참작하였다.

3. '평생 못 나올 곳에 넣어달라' 사건[21]

1) 사건의 경위

가정폭력의 피해자(이하 피해자)는 40여 년간의 혼인 기간 동안 가정폭력의 가해자인 남편(이하 가해자)의 의심, 음주, 폭언과 폭행에 시달려왔

---

21   대전지방법원 천안지원 2016.6.29. 선고, 2016고합1 판결, 대전고등법원 2016.12.16. 선고 2016노236 판결.

다. 나이가 들어도 가해자의 폭력 성향이 나아지지 않자 피해자는 2013
년 가해자를 정신병원에 입원시켰는데 가해자는 4개월 후 퇴원하였고 이
후 두 사람은 떨어져 살다가 협의이혼하였다. 그러나 가해자는 계속해서
피해자에게 전화하여 폭언을 퍼붓고, 피해자 명의로 된 재산의 분할 협
의가 제대로 이루어지지 못하자 변호사를 선임하여 절차를 밟기 시작했
다. 이에 피해자는 A에게 '남편을 평생 못 나오게 할 수 있는 곳에 넣어달
라'며 5천만 원 지급을 제안하였고, A는 B와 C를 교사하여 남편을 살해
하고 야산에 묻었다.

2) 재판의 경과 및 주요 내용

1심에서는 '피고인[22]이 40여 년의 결혼생활 동안 상당한 고통을 받아왔
으며, 범행에 이르게 된 데에는 이러한 사정이 중요하게 작용'하였음을
참작하여 징역 10년을 선고하였다. 그러나 항소심에서는 '가정폭력 피해
를 최대한 참작하더라도 범행 10개월 전부터 별거를 하여 폭력에 더 노
출되지 않았고', '굳이 피해자(남편)의 생명을 빼앗지 않으면 안 될 절박한
사정이 있지도 않은 상황에서 공교롭게도 피해자(남편)에 의한 재산분할
절차가 진행되자 범행을 계획하고 실행한 사정', 재산이 모두 피고인 명
의로 되어 있어 겨우 생계를 유지하고 있던 피해자(남편)를 수천만 원을
들여 살해할 것을 청부한 점 등을 들어 징역 15년을 선고하였다.

---

22 가정폭력의 피해자를 지칭한다.

Ⅳ. 나가며 : 가정폭력 사건을 다룸에 있어 개선되어야 할 점

지금까지 판례는 대등한 당사자 간의 정당방위는 엄격하게라도 인정하는 데 반하여 가정폭력 피해자들의 정당방위는 전혀 인정하지 않고 있다. 사법부 고유의 보수성과 수동성, 가정폭력에 관한 전담부 설치나 법관 대상 특별교육[23]이 전혀 이루어지지 않는 점, 관료화된 조직구조와 과도한 업무량, 생명권 침해 사안이라는 점에 대한 부담 등이 대법원의 정당방위에 대한 엄격한 태도와 겹쳐지면 앞으로도 이러한 경향은 쉽게 변하지 않을 것이다. 이러한 진단 때문에 정당방위에 관한 형법 또는 가정폭력범죄의 처벌 등에 관한 특례법 개정안이 여러 차례 제안되기도 하였다.[24]

앞서 검토한 판결들은 공통적으로 가정폭력 피해자에게 도망치거나 이혼하지 않은 데 대한 책임을 묻거나, 가정폭력 사실을 인정하면서도 그것을 정당방위 범행과는 완전히 단절시켜 판단의 결정적인 고려 요소로 삼지 않는 태도를 보였다. 이는 오랜 기간에 걸쳐 생활공동체 안에서 은밀하게 이루어지며 피해자를 잠식하는 가정폭력의 성질을 이해하지 않는 데서 비롯된 것이다. 법원은 폭력을 휘두르는 남성과 피해 여성 간에는 압도적인 권력과 힘의 차이가 존재하며, 오랜 기간 가정폭력에 시달려온 피해자가 피학대여성증후군 등 특수한 상태에 놓인다는 점을 충분히 고려하여 판단하여야 한다. 또한 이러한 특수성을 제대로 반영하기

---

23 1993년 12월 12일에 채택된 UN의 여성에 대한 폭력철폐선언에서는 '여성폭력 사건을 조사 · 처벌하고 법을 집행할 책임 있는 공직자들로 하여금 여성의 입장을 이해하기 위한 성인지적 훈련을 받도록 조치할 것'을 요구하였다.

24 오지원, 앞의 글, 11쪽 이하.

위해서는 전문심리위원제도 등을 보다 적극적으로 활용하여야 한다.

나아가 가정폭력 또한 젠더폭력으로서 사건이 발생하는 양상뿐만 아니라 이를 판단하는 사법 시스템까지도 성별 위계로부터 자유롭지 못함을 인지하고 주의를 기울여야 한다. 남편이 아내를 때려 죽인 사건에 대하여는 '(아내의 잘못으로) 격분한 나머지 우발적으로' 벌어진 일이므로 '폭행치사'로서 매우 낮은 징역형이나 집행유예를 선고하는 반면, 수십 년간의 가정폭력에 시달리던 아내가 이대로는 죽을 것 같다는 공포에 사로잡혀 남편을 죽게 한 사건은 '살인죄'로 구성되는 이 편향[25]은 이제 사라질 때가 되었다. 남성은 욱하면 그럴 수도 있고, 여성은 아무리 그래도 참았어야 한다는 판결의 메시지는 사회의 가치관과 규범에 직접적인 영향을 미친다. 피해자에게 남자친구가 있었다거나, 이혼한 남편이 재산분할 절차를 밟자 살해를 계획한 것으로 보인다는 점 등 범죄와의 관련성이 떨어지는 사실에 주목하여 '괘씸죄'를 묻는 듯한 판결들은, 정작 범죄의 가장 강력한 동기였을 가정폭력 피해 사실에 주목하는 것을 방해할 뿐만 아니라, 이 사회의 가부장적 악습을 더욱 고착화할 것이다. 성폭력 사건에 관한 끊임없는 문제 제기 끝에 전향적인 '성인지 감수성' 판결이 나왔듯이, 가정폭력 사건에도 커다란 인식의 전환이 필요하다.

25 손지선 · 이수정, 「가족살해 가해자의 특성과 양형요인에 대한 연구」, 『한국심리학회지 : 사회 및 성격』, 2007.02 참조.

'피해자다움'이란 무엇인가

한주현

**대상
판결**

대법원 2019.9.9. 선고 2019도2562 판결
   관여 대법관 : 안철상(재판장), 박상옥(재판장), 노정희(재판장), 김상환(주심)

서울고등법원 2019.2.1. 선고 2018노2354 판결
   관여 법관 : 홍동기, 오현규, 성언주

서울서부지방법원 2018.8.14. 선고 2018고합75 판결
   관여 법관 : 조병구, 정윤택, 황용남

한주현 여성폭력방지팀에서 활동하며 미투 사건과 관련된 소송을 지원하고 있습니다.

'피해자다움'이란 무엇인가

— 안희정 전 충남도지사 사건을 중심으로

Ⅰ. 시작하며

만약 당신이 성폭력을 당하였다면 당신이 맞서 싸워야 하는 대상은 비단 성폭력 가해자만이 아니다. 당신은 '피해자다움'을 요구하는 여러 사회적인 편견과도 맞서 싸워야만 한다. 당신이 직장에서 성폭력을 당하였다면, 설사 가해자가 당신의 상급자라 할지라도 즉시 항의의 의사 표시를 하여야만 할 것이다. 이왕이면 곧바로 사직까지 하는 것이 좋다. 당장 생계가 막막해지고 커리어도 엉망이 되겠지만, '진정한 피해자'라면 생계나 커리어보다는 성폭력 피해에 대한 항거를 더욱 중요하게 여길 것이라고 믿는 사람들이 존재하기 때문이다. 혹시라도 업무에 대한 책임감을 느끼고 피해를 당한 다음 날에도 멀쩡히 업무를 수행할 생각이었다면 그렇게 하지 않는 편이 낫다. 그러한 행동은 이내 당신이 '진정한 피해자'가 아니라는 증거로 돌변할 것이기 때문이다. 당신이 밤중에 가해자와 단둘이 있다가 성폭력을 당하였다면 고소 여부는 신중히 고민해보아야 할 것이다. '진정한 피해자'가 어떻게 밤중에 가해자와 단둘이 있을 수 있냐는 의심들이 쏟아질 것이기 때문이다. 당신이 가해자에게 다정한 메시지나 친근한 이모티콘을 보낸 적이 있다면 아예 고소를 포기하는 편이 나을지도 모른다. 사실, 고소 자체를 의심스럽게 보는 시각도 존재한다. '진정한 피해자'라면 성폭력 피해에 큰 수치심을 느끼고 피해를 함구하려 할 텐데, 어떻게 자신의 피해를 밝히고 나설 수 있느냐는 의심이다.

형사 법정에서의 성폭력 사건이 피고인에 대한 재판이 아닌 피해자에 대한 재판처럼 진행된다는 비판들이 빗발친다. 피고인 측에서는 피해자의 진술을 믿을 수 없는 근거로서 위와 같이 피해자가 소위 '진정한 피해자'라면 했어야 마땅한 행동들 하지 않았다는 점을 주로 내세우기 때문이다. 안희정 전 충남도지사(이하 '피고인')가 자신의 수행비서(이하 '피해자')를 위력에 의하여 성폭행하였다는 혐의로 기소된 사건에서도 피해자가 '피해자다움'을 갖추지 못하였다는 피고인 측의 주장이 이어졌고, 1심 재판부는 그 주장을 대부분 받아들였다. 1심 재판부는 피해자가 '진정한 피해자'로는 보이지 않음을 판결문 곳곳에서 지적하며 피고인에게 무죄를 선고하였다. 반면, 항소심 재판부는 그러한 1심 재판부의 판결을 뒤집으며 피고인에게 3년 6개월의 징역형을 선고하였다. 항소심은 피고인이 자신의 업무상 위력을 이용하여 피해자를 성폭행하였음을 인정하였고, 피고인 측의 주장이 "특정하게 정형화한 성범죄 피해자의 반응만을 정상적인 태도라고 보는 편협한 관점에 기반한 것"이라고 평가하였다.

위 항소심 판결은 성폭행 발생 전후로 피해자가 처하였던 상황 및 가해자와의 특수한 관계 등을 면밀히 살피기보다는 근거 없는 편견에 기인하여 피해자의 '피해자다움' 여부를 살피던 그간의 많은 성폭력 사건의 판결들과는 확연히 구별되는 판결이라 평가되고 있다. 따라서, 이 글에서는 안희정 전 충남도지사 사건에 대한 1심과 항소심 재판부가 그토록 다른 판결에 이르게 된 판단 과정상의 주요 차이점을 살펴보고자 한다. 이는 주로 업무상 위력에 의한 간음(추행)죄의 판단기준, 그리고 피해자 진술의 신빙성에 대한 판단기준을 중심으로 논의될 것이다.

Ⅱ. 대상판결의 내용

1. 공소 사실

피고인은 제19대 대통령선거 출마 선언을 하여 더불어민주당 대선주자 경선에서 2위를 득표하는 등으로 정치적·사회적 지위가 있는 사람이고, 피해자는 피고인의 대선 경선캠프 홍보기획팀에서 일하다가 대선주자 경선 후 충남도청 지방별정직 6급 상당에 임용되어 피고인의 수행비서로서 피고인의 모든 일정을 수행한 사람이다.

피고인은 총 10개의 범죄 사실로 기소되었는데, 이는 아래와 같이 5회의 강제추행, 4회의 피감독자간음, 1회의 성폭력처벌법위반(업무상위력 등에 의한 추행)으로 구성된다.

	일자	죄명	발생 장소
1	2017. 7. 29.	강제추행	러시아 요트
2	2017. 7. 30.	피감독자간음	러시아 호텔
3	2017. 8. 10.	강제추행	KTX 기차

4	2017. 8.12.	강제추행	호프집
5	2017. 8.13.	피감독자간음	강남구 호텔
6	2017. 8.16.	강제추행	식당
7	2017. 8.중순/말경	강제추행	집무실
8	2017. 9. 3.	피감독자간음	스위스 호텔
9	2017.11.26.	성폭력처벌법위반(업무상위력등에의한추행)	관용차 안
10	2018. 2.25.	피감독자간음	마포구 오피스텔

이 글에서는 업무상 위력에 의한 간음 및 추행과 관련된 판단을 중심으로 대상판결을 검토할 예정이므로, 4회의 피감독자간음 및 1회의 성폭력처벌법위반(업무상위력 등에 의한 추행) 관련 공소 사실에 대해서만 구체적으로 살펴보도록 하겠다.

1) 2017년 7월 30일경 피감독자간음(러시아 호텔)

피고인은 2017년 7월 30일 새벽 무렵 러시아 소재 호텔의 객실에서 다른 객실에 있는 피해자에게 스마트폰 텔레그램을 이용하여 '맥주가 필요하니 맥주를 가져오라'는 메시지를 보내 피해자로 하여금 맥주를 가지고 피고인의 객실로 오도록 지시하였다. 피고인은 위 지시를 받고 맥주를 들고 찾아온 피해자를 보고 갑자기 손으로 피해자를 껴안고, 피해자가 이에 놀라 수회 거절 의사를 표시하였음에도 손으로 피해자를 잡고 침대로 데려가 눕힌 다음 피해자의 옷을 벗기고 피해자의 몸 위에 올라타 피해자를 1회 간음하였다.

2) 2017년 8월 13일경 피감독자간음(강남구 호텔)

피고인은 2017년 8월 13일경 새벽경 서울 강남구 소재 호텔 로비에서 피해자에게 '내 방으로 오라'고 말하여 피해자로 하여금 피고인의 객실로 오도록 지시하였다. 피고인은 위 지시를 받고 찾아온 피해자에게 '나를 안게'라고 말하여 피고인을 안도록 요구하였으나 피해자가 이에 응하지 않고 있자 갑자기 손으로 피해자를 꽉 끌어안은 후 피해자의 옷을 벗기고 피해자를 침대에 눕힌 다음, 피해자의 몸 위에 올라타 피고인의 행동을 피하여 움직이려는 피해자의 어깨를 꽉 누르고 1회 간음하였다.

3) 2017년 9월 3일경 피감독자간음(스위스 호텔)

피고인은 2017년 9월 3일 새벽 무렵 스위스 소재 호텔의 객실에서 스마트폰 텔레그램을 이용하여 그 호텔의 다른 객실에 있는 피해자에게 '담배를 가져오라'는 메시지를 보내 피해자로 하여금 피고인의 객실로 오도록 지시하였다. 피고인은 위 지시를 받고 찾아온 피해자를 보고 '침대로 오라'고 요구하였고 피해자가 수회 거절 의사를 표시했음에도 피해자를 침대로 데려가 그곳에 눕힌 후 피해자의 몸 위에 올라타 1회 간음하였다.

4) 2017년 11월 26일경 성폭별처벌법위반(업무상위력등에의한추행)
(관용차 안)

피고인은 2017년 11월 26일경 서울에서 출발하여 충남 소재 관사로 이동하는 관용차 뒷좌석에서 피해자의 무릎에 담요를 덮으면서 손으로 가슴과 허벅지를 만지고, 피해자의 바지 위로 음부 부위를 문지르고, 계속하여 피해자의 바지 지퍼를 열려고 하자 피해자가 다리를 오므리며 이를 거부하는 것을 보고도 손으로 피해자의 다리를 벌린 후 지퍼를 열려고 하였다. 피고인이 지퍼를 열려고 시도하던 중에 벨트에 연결된 버클에서 딸그락거리는 소리가 나게 되었는바, 피고인을 만류하기는 불가능하고 계속해서 딸그락거리는 소리가 날 경우 관용차 운전자가 그 소리를 듣고 추행 상황을 알아차릴 것을 두려워한 피해자가 스스로 지퍼를 내리자, 피고인은 피해자의 팬티 안에 손을 넣어 피해자의 음부 부위를 만졌다.

5) 2018년 2월 25일경 피감독자간음(마포구 오피스텔)

피고인은 2018년 2월 24일 밤 무렵 서울 마포구 소재 오피스텔에 있던 중 스마트폰 텔레그램을 이용하여 피해자에게 '어디니, 뭐 하니, 마포로 오라'는 메시지를 보내고, 피해자가 가기 어렵다는 취지의 메시지를 보냈음에도 피해자에게 '1시간 안에 와라, 늦더라도 오라'며 수회 재촉하여 피해자에게 위 오피스텔로 오도록 지시하였다. 피고인은 피해자가 다음 날 새벽 무렵 오피스텔에게 찾아오자 '요즘 미투에 대해 이야기가 많이 나오는데 미투를 보며 그때 내가 너한테 했던 것들이 상처가 된 걸 알았다, 미안하다, 그때 너 괜찮았니? 괜찮니? 괜찮은 것 같니?'라고 피해자의 심리 상태를 확인하려는 말을 여러 차례 하였다. 피해자는 피고인으로부터 불이익을 당하게 될지도 모른다는 것에 겁을 먹고 '내가 어떻게 미투를 할 수 있겠어요'라고 말하였다. 이후 피고인은 피해자에게 '나를 안으라'고 요구하고, 피해자가 피고인을 안지 않은 채 주저하자 피해자를 안고 피해자의 입술에 입을 가져다 대고, 피해자를 침대로 데려가 피해자의 옷을 벗기고 눕힌 다음 피해자의 몸 위에 올라타 1회 간음하였다.

2. 1심 판결의 요지

1심은 업무상 위력에 의한 간음(추행)죄가 성립하기 위해서는 ① 위력이 존재할 뿐만 아니라, ② 그 위력이 행사되어야 하고, ③ 행사된 위력과 간음(추행)행위 사이에 인과관계가 인정되어야 하며, ④ 그로 인해 피해자의 성적자기결정권이 침해되는 결과가 발생해야 한다는 기준을 제시하였다.

1심은 위 기준을 전제로 하여, 피고인과 피해자 간의 업무상 상하관계 등에 비추어봤을 때 피고인에게 피해자의 자유의사를 제압하기 충분한 정도의 위력이 존재하였다고는 보았으나, 피고인이 위력을 행사하여 피해자를 간음하였다고 볼 증거가 충분하지 않고 피고인의 위력 행사로 인하여 피해자의 성적자기결정권이 침해되지도 않았다고 하며 피고인에게 전부 무죄를 선고하였다.

3. 항소심 판결(대상판결)의 요지

항소심은 1심과 같이 위력의 존재 및 행사 여부, 피해자의 성적자기결정권 침해 여부 등을 판단기준으로 삼지 아니하고, ① 피고인과 피해자 간 성행위가 피해자의 의사에 반해 이루어졌는지 여부, ② 피고인이 업무상 위력으로써 피해자를 간음(추행)하였는지 여부를 중심으로 피고인의 각 행위가 업무상 위력에 의한 간음(추행)에 해당하는지를 판단하였다.

피해자의 의사에 반하여 이루어진 성행위인지 여부에 관하여는 "피해자가 명시적인 의사 표시를 하지 않았더라도 가해자와 피해자의 관계, 가해자가 간음행위에 이르게 된 경위, 간음행위 당시의 구체적 상황, 간음행위 이후의 정황 등을 종합하여 피해자가 간음행위 당시 처하였던 구체적 상황을 기준으로 피해자가 간음행위에 동의하지 않았음이 인정되는 경우에는 피감독자간음죄가 성립한다"고 하였고, 업무상 위력으로써 피해자를 간음(추행)하였는지 여부에 관하여는 "행사한 유형력의 내용과 정도 내지 행위자의 지위나 권세의 종류, 피해자의 연령, 행위자와 피해자의 이전부터의 관계, 그 행위에 이르게 된 경위, 구체적인 행위 태양, 범행 당시의 정황 등 제반 사정을 종합적으로 고려하여 판단하여야 한다(대법원 2007.8.23. 선고 2007도4818 판결 등 참조)"고 하였다.

또한, 항소심은 피해자 진술의 신빙성 여부를 판단함에 있어서 "피해자를 비롯한 증인들의 진술이 대체로 일관되고 공소 사실에 부합하는 경우 객관적으로 보아 도저히 신빙성이 없다고 볼 만한 별도의 신빙성 있는 자료가 없는 한 이를 함부로 배척하여서는 안 된다(대법원 2015.11.12. 선고 2015도7423 판결 등 참조)"며 "합리적 의심이란 모든 의문이나 불신을 말하는 것이 아니라 논리와 경험법칙에 기하여 증명이 필요한 사실과 양립할 수 없는 사실의 개연성에 대한 합리적인 의문을 의미한다. 따라서 단순히 관념적인 의심이나 추상적인 가능성에 기초한 의심은 합리적 의심에 포함되지 않는다(대법원 2013.6.27. 선고 2013도4172 판결 등 참조)"고 하였다.

결론적으로 항소심은 2018년 8월 중순 내지 말경 강제추행을 제외한 모든 공소 사실에 대하여 피해자의 진술 등에 따라 합리적 의심을 배제할 정도의 증명이 되었다는 유죄의 판시를 하면서 피고인에게 3년 6월의 징역형을 선고하였다.

Ⅲ. 대상판결에 대한 검토

1. 업무상 위력에 의한 간음(추행)의 판단기준에 관하여

1심은 업무상 위력에 의한 간음(추행)죄가 성립하기 위해서는 업무상 위력이 '존재'하는 것은 물론이고 그 위력이 '행사'되어야 한다는 판단기준을 제시하였던바, 이는 위력의 현실적인 작동 방식을 전혀 고려하지 아니한 기준이라는 거센 비판을 받았다.

형법 제303조 제1항은 "업무, 고용 기타 관계로 인하여 자기의 보호 또는 감독을 받는 사람에 대하여 위계 또는 위력으로써 간음한 자는 7년 이하의 징역 또는 3천만 원 이하의 벌금에 처한다."고 규정하고 있는바, 이때의 '위력'은 그 유형력 또는 무형력이 폭행이나 협박 정도에 미치지는 못하나, 업무고용관계에서 비롯된 위세에 눌려 성적자기결정의 자유가 억압될 정도의 유무형의 힘을 뜻하는 것으로서,[1] 위 규정은 성적자기결정권이 침해받기 쉬운 취약한 지위를 형사정책적으로 고려하겠다는 취지의 규정이다.[2] 즉, 업무상 위력에 의한 간음죄가 처벌하고자 하는 행위

1 　김한균, 「업무상 위력 간음죄와 권력형 성폭력」, 『서울법학』 제26권 3호, 2018, 263쪽; 류부곤, 「미성년자 등 간음죄에 있어서 '위력'의 의미」, 『형사법연구』 제25권 1호, 2013, 136-137쪽; 안경옥, 「'위력'에 의한 간음·추행죄의 판단기준 및 형법상 성범죄규정의 개선방안」, 『경희법학』 제50권 4호, 2015, 226쪽.
2 　전해정, 「업무상 위력 등에 의한 간음죄에 대한 판례 평석」, 『법학논집』 제23권 2

는 피감독자보다 우위에 있는 감독자의 '지위' 자체로 인하여 발생한 피감독자의 의사에 반하는 간음행위인 것이지, 그 지위에서 비롯된 힘(위력)을 '행사'함으로 인하여 발생한 간음행위가 아닌 것이다. 물론, 감독자가 자신의 요구를 들어주지 않을 경우 일정한 불이익을 가하겠다고 고지하는 등으로 위력을 '행사'하여 간음에 이르는 경우도 존재할 것이나, 업무상 위력에 의한 간음죄에서의 감독자는 자신의 사회적·정치적 지위나 권세를 드러내는 행위를 반드시 할 필요는 없다. 왜냐하면, 피감독자는 감독자와의 권력적 종속관계로 인하여 애초부터 감독자의 부당한 성적 요구로부터 자신을 방어하는 데에 일정 정도 취약한 상황에 놓여 있기 때문이다.[3][4]

그간의 판례들에서도 업무상 위력에 의한 간음(추행) 여부를 판단함에 있어서 감독자가 '위력으로써' 간음(추행)하였는지를 살폈을 뿐, 그 위력을 어떻게 '행사'하여 간음(추행)하였는지를 살피지는 않았다. 피고가 아동복지시설 원장이고 원고는 해당 시설에 고용된 교사로 일했던 사건에서, 법원은 피고가 원고에 대한 채용 및 해고 권한을 가지고 있는 등의

---

3 이호중, 「업무상 위력에 의한 성폭력의 판단기준에 대하여 – 안희정 1심 판결에 대한 비판」, "위력에 의한 성폭력, 판단기준은 무엇인가" 토론회, 2019, 6쪽.

4 '민주사회를위한변호사모임 여성인권위원회'가 2018년 11월 23일 항소심 재판부에 제출한 의견서에서는 "군대에서 사단장이 좋은 대학을 나온 병사에게 주말에 자신의 아들 과외를 해달라고 할 때, 사단장이 병사의 보직을 좌우할 수 있는 권한이 있음을 상기시키거나 과외를 해주지 않으면 어떤 불이익을 주겠다는 말을 하지 않더라도, 사단장이 과외를 요청하였다는 사실 그 자체만으로 병사에게는 저항하기 어려운 위력의 행사가 되는 것"이라는 예시가 제시되기도 하였다(의견서 7쪽).

세상을 바꾼 성평등 판결

4240

자신의 지위를 이용하여 원고의 저항을 쉽게 억압하고 추행하였다며 피고가 원고에 대한 불법행위(업무상 위력 등에 의한 추행)로 인한 손해배상 책임을 진다고 판시하였을 뿐, 별도로 위력을 어떻게 행사했는지에 대해서는 언급하지 않았다(광주지방법원 순천지원 2008.2.21. 선고 2008가합48 판결[5]).

또한, 피고인이 연예기획사 대표이고 피해자는 그 연예기획사에 고용된 가수인 사건에서, 법원은 피고인이 연예기획사 대표라는 지위를 이용하여 피해자를 추행하기로 마음먹고 피해자의 옷 속으로 손을 넣어 가슴과 허벅지, 음부 등을 만졌다는 사실을 범죄 사실로 판시하였을 뿐이고, 피고인이 어떠한 행위를 통하여 연예기획사 대표 지위라는 위력을 행사하였는지에 대해서는 특정하여 언급하지 않았다(의정부지방법원 2017.1.24. 선고 2016노3012 판결[6]).

결국, 업무상 위력의 '존재' 여부와 '행사' 여부를 분리하여 그 위력이 '행사'되어야만 업무상 위력에 의한 간음죄가 성립할 수 있다고 본 1심 판결은 형법 제303조 제1항의 입법취지 및 관련 법리, 그간의 판례의 태도에 위배되는 것으로, 해당 조문의 적용 범위를 매우 축소시키는 부당한 결과만을 낳았다. 따라서, 형법 제303조 제1항에 대한 문리적·법규적 해석을 바탕으로, 피고인이 ① 업무상 위력으로써 ② 피해자의 의사에 반하여 피해자를 간음(추행)하였는지 여부를 업무상 위력에 의한 간음(추행)죄의 판단기준으로 삼은 대상판결은 매우 타당하다 할 것이다.

---

5   이 판결은 대법원 2009.2.26. 선고 2008다89712 판결에 의하여 확정되었다.
6   이 판결은 대법원 2017.4.14. 선고 2017도2699 판결에 의하여 확정되었다.

2. 피해자 진술의 신빙성 여부를 둘러싼 1심 판결과 대상판결 간의 차이점

대상판결은 피해자 진술의 신빙성을 인정하고 이로써 피고인에 대한 공소 사실이 입증된다고 하였으나, 1심 판결은 다양한 이유를 들어 피해자의 진술이 서로 모순적이거나 납득하기 어렵다고 하였다. 이하에서는 피해자 진술의 신빙성 여부에 관한 1심 판결과 대상판결 간의 주요 차이점을 각 공소 사실별로 살펴보도록 하겠다.

1) 2017년 7월 30일경 피감독자간음(러시아 호텔)

1심은 피고인이 피고인의 지시에 따라 맥주를 가지고 객실에 방문한 피해자를 갑자기 껴안는 등의 행동을 하자 당황하여 그 상황을 받아들일 수밖에 없었다는 피해자의 당시 상태가 '긴장성 부동화 또는 심리적 얼어붙음' 혹은 '그루밍(성적 길들이기)'에 해당하는지 여부 등을 장황하게 서술하며, 피해자의 경우는 이에 모두 해당하지 않는다고 하였다. 그러면서, '긴장성 부동화 또는 심리적 얼어붙음', '그루밍(성적 길들이기)' 등에 해당하지도 않는 피해자가 피고인의 권세에 의해 자유의사를 제압당하여 그 상황을 받아들일 수밖에 없었다고 하는 것은 신빙하기 어렵다는 취지로 판시하였다.

또한, 1심은 피해자가 간음 몇 시간 후인 당일 아침에 피고인이 순두부를 좋아한다면서 순두부집을 물색하려고 애쓴 점, 당일 저녁에 피고인 및 현지 통역관 부부와 함께 와인바에 동행하여 담소를 나누었던 점 등을 언급하며, 이러한 행동에 비추어볼 때 피고인으로부터 간음 피해를 당하였다는 피해자의 진술을 그대로 믿기 어렵다고 판시하였다.

하지만, 대상판결은 ① 러시아 출장을 같이 간 일행들이 피해자와 친밀한 사람이 아니었기에 피해자가 러시아 현지에서 피고인의 행위에 대해 대처할 방법이 딱히 없었던 점, ② 피고인의 국내에서의 지위 및 러시아 일정에서 받는 예우 등을 고려하면 피해자가 즉시 피해 사실을 밝히기도 어려웠던 점, ③ 특히 피해자로서는 첫 여자 수행비서에 대한 기대와 우려 등이 있는 상태에서 피고인의 요구를 강하게 거부할 경우 한 달 만에 수행비서직에서 잘릴 수도 있다는 걱정을 하였던 점 등을 고려하여, 당시는 당황하여 상황을 받아들일 수밖에 없었던 피해자가 7개월 후에야 피해 사실을 밝힌 경위 등은 납득할 만하다며, 피해자 진술을 신빙할 수 있다는 취지로 판시하였다.

또한, 대상판결은 늘 피고인의 심기를 살피고 배려하며 피고인이 요구하면 맥주까지도 객실로 직접 가져다주어야 하는 수행비서 업무의 특성을 고려하면, 피고인의 식사 메뉴를 확인, 보고하는 업무가 수행비서 본연의 업무에 속하는 이상, 간음 피해에 대해서 곧바로 문제를 제기하지 않기로 마음먹은 피해자가 간음 피해를 입은 당일 아침이라 하더라도 수행비서로서 피고인을 위하여 순두부집을 물색하려 애쓰는 모습을 보일 수 있다고 하였다. 특히, 정형화된 성범죄 피해자상(象)을 전제로 하여 순두부집 물색, 와인바 동행 등을 문제 삼는 피고인 측 주장은 "특정하게 정형화한 성범죄 피해자의 반응만을 정상적인 태도라고 보는 편협한 관점에 기반한 것으로서" 그 자체로 받아들이기 어려운 주장임을 명확히 하였다(판결문 25쪽).

즉, 대상판결은 1심 판결과는 달리 러시아 출장 당시 및 출장 전후로 피해자가 처하였던 상황을 충분히 고려함으로써, 피해자에 대한 일방적 편견에 근거하지 아니한 채로 피해자 진술의 신빙성을 인정하였다.

2) 2017년 8월 13일경 피감독자간음(강남구 호텔)

1심은 피고인과 피해자가 2017년 8월 13일 간음에 이르게 된 경위를 살펴보았을 때, 그것이 업무상 위력에 의한 간음이라는 피해자의 진술은 신빙할 수 없다고 하였다.

피고인은 2017년 8월 12일 밤늦게까지 서울 서초구 소재 호프집에서 회식을 가지던 중 갑작스레 피해자에게 서울에서 숙박을 할 것이라며 호텔 예약을 지시하였고 이에 피해자는 서울 강남구 소재 호텔의 객실 2개를 예약하였다. 이 과정에서 피해자는 운전비서에게는 "지금 (예약한 호텔이) 거의 다 만실입니다"라고 하며 다른 숙소를 예약하도록 하였는데, 1심 재판부는 이를 근거로 피해자의 진술을 그대로 믿기 어렵다고 판단하였다.[7] 또한, 당시 피고인은 호텔 체크인 후 피해자에게 '씻고 오라'고 하였는데, 1심은 '씻고 오라'는 지시에 대해 피해자가 구체적인 용건을 묻지 않고 피고인의 객실에 방문한 사실 역시 피해자의 진술을 그대로 믿기 어려운 사정이라고 하였다.

이에 대해 대상판결은 당시 비서실장 및 전임 수행비서의 각 진술, 피해자의 통화 내역, 피해자가 후임 수행비서에게 보낸 인수인계 관련 문자메시지 내용 등을 살펴보았을 때, 피고인이 갑작스레 서울 숙박을 결

---

7   대상판결에 의하면, 피고인 측에서는 위 사실에 미루어볼 때 "피해자가 피고인과 단둘이 투숙하기 위하여 운전비서에게 호텔이 만실이라고 거짓말"하였다는 취지의 주장을 하였음을 알 수 있다(판결문 49쪽).

정하여 피해자가 급하게 객실을 알아보았고 실제로 예약이 불가하다는 호텔이 있어서 여러 호텔에 전화를 하였던 점, 운전비서는 피고인 및 수행비서인 피해자와는 별개로 알아서 숙소를 잡는 것이 일반적인 업무 관행이었던 점 등이 인정되므로, 피해자가 운전비서에게 다른 숙소를 예약하도록 한 것을 근거로 피해자 진술을 신빙하지 아니할 이유는 없다는 취지로 판시하였다.

또한, 대상판결은 피해자의 평소 역할 및 업무태도 등에 비추어보았을 때 피고인의 '씻고 오라'는 말을 짐을 풀고 씻고 오라는 것으로 이해하여 '피고인이 무슨 할 말이 있으신지 뭘 하실지 모르는 상황이었지만 오라고 하니까 갔던 것'이라는 피해자의 진술은 납득할 만하다고 하였고, 더욱이 수행비서인 피해자가 피고인의 지시를 무시하거나 거절하기 어려웠을 것이므로 '씻고 오라'는 피고인의 지시를 거부하지 아니하였다고 하여 피해자 진술을 신빙하지 아니할 이유는 없다는 취지로 판시하였다.

즉, 대상판결은 1심 판결과는 달리, 제3자의 진술 및 객관적 증거 등을 바탕으로 하여 당시의 상황과 수행비서로서의 업무 관행 등을 구체적으로 파악함으로써, 피해자 진술의 신빙성을 인정하였다.

3) 2017년 9월 3일경 피감독자간음(스위스 호텔)

1심은 피고인과 피해자가 2017년 9월 3일 간음에 이르게 된 경위를 살펴보았을 때, 그것이 업무상 위력에 의한 간음이라는 피해자의 진술은 신빙할 수 없다고 하였다.

1심이 문제 삼은 것은 크게 첫째, 피해자는 피고인과 다른 동의 객실을 사용할 예정이었는데 교체 요청을 하여 피고인과 같은 동의 객실을 사용하였던 점, 둘째, 피고인은 2017년 9월 3일 새벽 무렵 반복하여 피해자에게 '…'이라고 문자메시지를 보내며 성관계 등을 바라면서 연락하였던 것으로 보이는데[8] 이를 피고인의 불쾌함이나 침묵으로 해석하고 무섭고 두려움을 느꼈다는 피해자의 진술이 믿기 어려운 점, 셋째, 피고인이 담배를 가져다달라고 지시하자 비서실장에게 '(피고인이) 부른다, 어떻게 하냐?'고 묻기까지 하는 등으로 성폭행을 당할 두려움이 있었음에도 '들어가지 마라'는 비서실장의 조언을 듣지 않고 피고인의 객실에 들어가서 담배를 가져다주었던 점 등이다.

이에 대해 대상판결은 충청남도 업무 매뉴얼[9] 등을 살펴보았을 때, 수행비서인 피해자의 객실은 피고인과 가급적 근거리의 객실로 배치되어야 한다는 사실이 충분히 인정된다고 하였다. 또한, 수행비서인 피해자가 피고인의 지시를 곧바로 수행하지 않기는 어려웠던 근무환경이었던 점, 특히, 피고인이 자신의 객실로 기호품을 가져다 달라는 지시를 할 때마다 매번 간음 행위를 하였던 것은 아니기에 피해자로서는 피고인이 자신을 성폭행할 것이라고 미리 예상하고 피고인의 지시를 따르지 않기는 매우 어려웠던 점 등을 고려하면, '들어가지 마라'는 비서실장의 조언에도 불구하고 피고인이 지시한 대로 담배를 가져다주러 피고인의 객실을

---

8 1심 판결은 "피고인은 긍정의 의미로 'ㅇ(응)'이라고 보낸 후 재차 '…', '담배', '…'라고 보냈는바, 피해자에게 문자를 보낸 시각과 상황 및 전체 맥락 등을 볼 때, 피고인은 피해자에게 담배 외에도 성관계 등을 바라며 문자메시지를 보낸 것으로 보인다."라고 판시하고 있다(판결문 53~54쪽).
9 대상판결은 "충청남도 경제통상실에서 2017년 8월경 작성한 'UN인권이사회 지방정부 인권패널 토의 참석 도지사 스위스 제네바 방문 활동 계획'의 부록에 의하면 '※ 지사님과 수행비서는 가급적 같은 층(근거리 객실)에 배치'라고 명시되어 있는 점"을 명확히 하였다(판결문 61쪽).

방문할 수밖에 없었던 사정을 납득할 수 있다고 판단하였다.

즉, 대상판결은 1심 판결과는 달리, 객관적 증거 등을 바탕으로 피해자에 대한 일방적 편견에 기인한 판단을 배척하였고, 스위스 출장 당시 및 출장 전후로 피해자가 처하였던 상황과 수행비서로서의 평소 업무 관행 등을 구체적으로 고려하여 피해자 진술의 신빙성을 인정하였다.

4) 2017년 11월 26일경 성폭력처벌법위반(업무상위력등에의한추행) (관용차 안)

1심은 2017년 11월 26일 당시 제3자(관용차 운전자)가 추행 상황을 알아차릴 것이 두려워 스스로 바지 벨트를 푸는 행위를 하였다는 피해자의 진술은 일반적으로 납득할 수 있는 범위를 넘어섰다며 피해자 진술을 신빙할 수 없다고 판단하였다.

1심은 매우 단호하게 "추행 사실을 두려워해야 하는 주체는 피해자가 아니라 피고인임이 분명(판결문 62쪽)"하다며, 피고인이 아닌 피해자가 오히려 추행 사실을 차량 운전자가 알게 될까 봐 두려워하였다는 것을 이해할 수 없다는 취지의 판시를 하였다. 나아가 1심은 피해자가 짧은 비명 소리나 나지막하게 저항하는 목소리만으로도 피고인의 추행을 저지할 수 있었을 것으로 보임에도, 그러한 행동을 하지 않았다는 것 역시 이해할 수 없다고 판단하였다.

하지만, 대상판결은 당시 차량 운전자가 충남도청 일반직 공무원이었으므로 그가 추행 사실을 눈치챌 경우 피해자가 향후 충남도청 공무원들에게 불필요한 오해를 살 염려를 할 수 있었던 점, 특히 당시 반복되는 성폭력 피해를 당하면서도 이를 밝힐 결심을 하지 않았던 피해자로서는 그러한 상황이 타인들에게 알려지는 것을 더욱 두려워할 수밖에 없었다는 점 등을 고려하면, 계속되는 벨트의 딸그락거리는 소리로 인하여 차량 운전자가 추행 상황을 알게 되기 전에 스스로 벨트를 풀었다는 피해자의 진술은 수긍할 수 있다고 판단하였다.

즉, 대상판결은 1심 판결과는 달리, 당시 지속적으로 성폭력 피해를 당하면서도 이에 대한 대처 방안을 결정하지 못한 채로 피고인의 지근거리에서 수행비서로서의 업무를 수행할 수밖에 없었던 피해자의 업무환경 등을 충분히 고려함으로써, 피해자 진술의 신빙성을 인정하였다.

5) 2018년 2월 25일경 피감독자간음(마포구 오피스텔)

1심은 피고인과 피해자가 2018년 2월 25일 간음에 이르게 된 경위 및 전후 사정 등을 살펴보았을 때, 그것이 업무상 위력에 의한 간음이라는 피해자의 진술은 신빙할 수 없다고 하였다.

1심은 피해자가 2018년 2월 25일에는 수행비서에서 정무비서로 보직이 변경된 상태여서 더는 피고인의 개인적인 업무 처리 등을 위한 수행업무를 할 필요가 없었다며, 그럼에도 불구하고 비업무일인 토요일 늦은 저녁 시간에 '서울 마포에 있는 오피스텔로 오라'는 피고인의 문자메시지를 보고 대전에서 KTX를 타면서까지 피고인의 오피스텔에 방문한 피해자의 행위를 이해할 수 없다는 취지로 판시하였다.

반면, 1심은 피해자가 "간음을 당한 직후 엘리베이터를 타고 내려오면서 귀걸이를 다시 착용하는 듯한 모습(판결문 72쪽)"을 보였다는 사실을 언급하면서, 위 사실을 통해 어떤 법적 판단을 도출해낼 수 있다는 것인지에 대해서는 구체적으로 서술하지 않았다. 이는 아마도 '귀걸이를 다시

세상을 바꾼 성평등 판결

착용하는 듯한 모습'은 전형적인 성범죄 피해자의 모습과는 모순된다는 점을 부각하기 위함이었던 것으로 해석된다.

이에 대해 대상판결은 당시 피해자가 정무비서로서 주로 담당하고 있었던 업무인 '도정 DB 정리 및 관련 시스템'은 피고인의 향후 정치 행보에 있어서 매우 중요한 역할을 하는 피고인을 위한 DB 시스템 구축 작업으로서, 정무비서로 보직이 변경되었어도 여전히 피고인의 지위는 피해자의 자유의사를 제압하기에 충분한 무형적인 세력이었다고 판단하였다. 나아가, 대상판결은 당시 피해자가 보직이 변경되면서 이것이 실제로는 퇴출 수순이라고 생각하고 다른 공무원들로부터 무시당할까 봐 걱정을 하였던 상황이었음을 고려하여,[10] 피고인의 지시나 요구를 거부하기 더욱 어려웠을 것이라는 취지의 판단을 하였다.[11]

더불어, 대상판결은 피고인 경선캠프의 수행팀장이자 전 전임 수행비서였던 사람의 증언을 근거로 하여 피해자가 위 사람에게 간음 피해 사실을 알리게 된 경위 등이 피해자의 진술과 대체로 일치한다는 점에 비

10 대상판결은 "●●●은 당심 법정에서, '1심 때는 공개재판이라 말하지 못하였는데, 피해자가 정무비서로 옮길 때 호소한 취지는, "수행비서에서 정무비서로 가면 공무원들이 자기를 깔본다. 한직인 거 아니냐"였다'고 진술한 점, ◎◎◎도 피해자가 보직변경시 다른 사람들이 밀려난 사람처럼 이야기하는 게 너무 싫다고 하였다고 진술하고 있는 점, ◇◇◇도 인수인계과정에서 피해자가 울면서 '사람들이 저 한직으로 밀려난대요'라고 말하였다고 진술한 점" 등을 근거로 들고 있다(판결문 69쪽).

11 대상판결에 의하면, 당시 피해자는 "그가 한 얘기에 저는 약간의 두려움과 협박을 느꼈다. 정무비서에서 더 이상 내려갈 수 있는 자리는 없으니까, 잘리는 거니까. 그의 말에 수긍을 해주고 계속해줘야 된다고 생각이 들었고"라고 진술하였다고 한다(판결문 80쪽).

추어볼 때[12) 피해자 진술의 신빙성을 충분히 인정할 수 있다고 하였다.

즉, 대상판결은 1심 판결과는 달리, 당시 정무비서로 보직이 변경된 피해자의 구체적인 상황 등을 충분히 고려하여 피해자 진술의 신빙성 여부를 판단하였을 뿐만 아니라, 귀걸이 착용과 같이 성폭행 여부와는 아무런 관련이 없는 정황을 제시하며 피해자 진술을 배척하기보다는, 제3자 진술과의 일치성 등을 근거로 하여 피해자 진술의 증명력을 인정하는 합리적인 판단을 하였다.

6) 피고인 진술의 신빙성과의 비교

대상판결은 각 공소 사실별로 피해자 진술의 신빙성과 함께 피고인 진술의 신빙성에 관하여도 함께 살펴보았던바, 이는 "공소 사실을 인정할 증거로 사실상 피해자의 진술이 유일한 경우에 피고인의 진술이 경험칙상 합리성이 없고 그 자체로 모순되어 믿을 수 없다고 하여 그것이 공소

---

12 대상판결에 의하면, "○○○은 검찰에서 '2018년 2월 25일경 평창올림픽 폐막식장으로 출발하기 전에 피고인도 폐막식에 참석하는지 궁금하여 피해자에게 물어보려고 전화를 하였고, 대화를 하던 중 피해자의 상태가 좋지 않다는 점을 알게 되었다. 피해자가 통화를 하던 중 "숨쉬기가 어렵고, 더 이상 얘기하기가 불편하다"라는 말을 하였다. 재차 피해자에게 "무슨 일이냐 내가 도와줄 것이 없느냐, 왜 그러냐"라고 묻는 과정이 반복되다가 피해자가 울기 시작했고, "절대 말할 수 없는 기억이다. 있어도 없는 일이다"라는 표현을 하였으며, "도움을 줄 테니 이야기해달라"고 하자 "밤에 피고인의 오피스텔로 불려가 그런 일을 당하였다"라고 하기에 "니가 원해서 한 관계이냐"라고 물었더니 "전혀 아니다. 떠올리고 싶지 않은 일이다"라고 대답하였다. 저는 너무 큰 충격을 받아서 한동안 말을 하지 못하다가 "그것은 범죄에 해당하니 신고를 해야 한다"라는 말을 하였다'고 한다."(판결문 74쪽)

사실을 인정하는 직접증거가 되는 것은 아니지만, 이러한 사정은 법관의 자유판단에 따라 피해자 진술의 신빙성을 뒷받침하거나 직접증거인 피해자 진술과 결합하여 공소 사실을 뒷받침하는 간접 정황이 될 수 있다(대법원 2018.10.25. 선고 2018도7709 판결 등 참조)"는 법리에 기인한 것이다.

1심 판결은 피고인 진술의 신빙성을 살펴보기는커녕 피해자 진술에 비하여 피고인 진술을 과도하게 너그럽게 해석하였다는 비판을 강하게 받았던바, 예를 들어 2017년 9월 3일 새벽 무렵 스위스 호텔에서 피해자가 끈이 달린 실크 소재의 속옷(슬립)에 팬티만 입은 채 맨발로 피고인의 방으로 왔다는 피고인의 주장에 대하여, "피고인은 421호실을, 피해자는 513호실을 각 사용하여 피해자가 피고인의 객실로 가기 위해서는 5층의 복도를 거쳐 계단 또는 엘리베이터를 이용해 한 층을 내려온 후 다시 4층의 복도를 지나야만 하는 등 다른 투숙객과 마주치지 않고 속옷 차림으로만 내려오기 어려운 측면이 있다"고 하면서도, 단지 피해자가 피고인의 방에 방문할 당시 구체적으로 치마를 입었는지 바지를 입었는지는 기억나지 않는다고 증언하였다는 것을 이유로 "피해자의 복장에 관한 피고인의 주장이 …(중략)… 일고의 가치가 없어 배척할 정도라고 단언하기는 어려운 측면이 있다"고 하였다.

이러한 1심 판결과는 달리, 대상판결은 각 공소 사실별로 "피고인 진술의 신빙성에 관하여 살펴본다"는 항목을 두어 이를 검토함으로써, 피고인의 진술이 계속해서 번복되었다거나 객관적 사실과 배치된다거나 일반의 상식에 비추어볼 때 납득이 어렵다는 점 등을 밝혀내었고, 이를 피해자 진술의 신빙성을 뒷받침하는 간접 정황으로 활용하였다. 예를 들어, 피고인은 피해자가 2017년 7월 30일 간음 다음 날 자신이 이혼하였던 사실을 밝히며 '부담 갖지 마세요'라고 하였다고 진술하였으나, 실제로 피해자가 직장 동료에게 보낸 문자메시지에 의하면, 피해자는 2017년 11월경까지도 직장 생활에 불이익이 있을까 걱정하며 피고인에게 이혼 사실을 밝혀야 하는지 여부를 고민하여 왔음이 드러났다(판결문 30쪽).

이와 같이 피고인 진술의 신빙성을 검토하여 이를 공소 사실을 입증하는 간접 정황으로 활용하는 판단 방법은, 공소 사실을 입증할 직접증거가 피해자의 진술밖에는 없고 해당 진술이 피고인의 주장과 극명하게 대립되는 많은 성범죄 사건들의 실체적 진실을 밝히는 데에 매우 효과적으로 활용될 수 있을 것이다.

7) 소결

대상판결은 피해자가 처해 있었던 특별한 상황, 예를 들어 수행비서라는 업무적 특성 및 특수한 업무환경, 관행 등을 구체적으로 고려함으로써, 성폭행 피해자에게 일반적으로 기대되는 행동 패턴과는 다소 차이가 난다고 여겨질 수 있는 피해자의 진술까지도 신빙하여 그 증명력을 인정하였다.

또한, 대상판결은 1심 판결과는 달리, '피해자라면 마땅히 이러해야 한다'는 고정관념에 사로잡혀 피해자 진술의 신빙성 여부를 평가하기보다는, 다양한 주변 인물들의 증언 및 통화 내역, 업무 매뉴얼 등의 객관적 자료, 그리고 피고인 진술의 신빙성 등과 같은 간접 정황을 종합적으로 검토하여 피해자 진술의 신빙성 여부를 객관적으로 평가하고자 시도하였다.

이러한 대상판결은 "법원이 성폭행이나 성희롱 사건의 심리를 할 때에는 그 사건이 발생한 맥락에서 성차별 문제를 이해하고 양성평등을 실현할 수 있도록 '성인지 감수성'을 잃지 않도록 유의하여야 한다. …(중략)…
개별적, 구체적인 사건에서 성폭행 등의 피해자가 처하여 있는 특별한
사정을 충분히 고려하지 않은 채 피해자 진술의 증명력을 가볍게 배척하
는 것은 정의와 형평의 이념에 입각하여 논리와 경험의 법칙에 따른 증
거판단이라고 볼 수 없다(대법원 2018.10.25. 선고 2018도7709 판결)"는 최근
의 대법원 판시에 부합하는 판결이라 할 것이다.

3. 결론

살펴본 바와 같이, 대상판결은 두 가지 측면에서 큰 법적 의미가 있는
판결이다.

첫째, 1심 판결에 의하여 그 적용 범위가 부당하게 축소될 뻔 했던 업
무상 위력에 의한 간음(추행)죄 판단기준을 타당하게 재확립하였다는 의
미가 있다. 1심 판결은 업무상 위력에 의한 간음(추행)죄가 성립하기 위해
서는 업무상 위력이 '존재'하여야 하고 나아가 그 위력이 '행사'되어야 한
다고 함으로써, '존재'와 '행사'를 엄밀하게 구별하기 어려운 현실에서의
위력의 작동 방식을 간과한 판단기준을 제시하였다. 대상판결은 1심 판
결이 제시한 이러한 판단기준을 수용하지 아니하고, ① 업무상 위력에
의하여 ② 피해자의 의사에 반한 간음(추행)이 있었는지 여부만을 살폈던
바, 이는 업무상 위력에 의한 간음(추행)죄의 입법 취지 및 관련 법리, 그
간의 판례의 태도 등에 부합하는 판단으로 평가받을 수 있다.

둘째, 1심 판결 및 그간의 다양한 성범죄 관련 판결에서 문제되었던 성
범죄 피해자에 대한 고정관념에서 탈피한 판단을 하였다는 의미가 있다.
1심 판결은 피해자가 간음 피해를 당한 다음 날 자신의 본연의 업무인 피

고인의 식사메뉴를 챙기는 행위를 하였다는 이유로 피해자 진술을 신빙할 수 없다고 판단한 등으로 "특정하게 정형화한 성범죄 피해자의 반응만을 정상적인 태도라고 보는 편협한 관점"을 곳곳에서 드러내었던바, 이는 '직장상사로부터 성범죄 피해를 입으면 즉각 업무 수행을 거부하는 프로페셔널하지 않은 태도를 보여야 하는 것이냐'는 조롱 섞인 비판을 받기까지 할 정도로 일반의 상식에 어긋나는 판단이었다. 하지만 대상판결은, 당시 피해자가 처하였던 특별한 사정 등을 충분히 고려하는 동시에 여타의 간접 정황 등을 참작함으로써, 소위 '피해자다움'이라고 일컬어지는 정형화된 관념에서 벗어난 판단을 한 것으로 평가받고 있다.

Ⅳ. 나가며

피고인은 2019년 2월 15일 대상판결에 대해 상고하였으나, 대법원은 2019년 9월 19일 피고인의 상고를 모두 기각하였다. 이로써 대법원은 원심의 판단, 즉 낯선 외국 출장지에서 직장상사로부터 성폭행을 당한 피해자라면 마땅히 그 다음 날 자신의 업무를 내팽개치고 피해 호소에 나설 것이라는 등의 '피해자다움'에 대한 고정관념은 옳지 않다는 목소리를 다시 한번 확인해주었다. 앞으로도 더 많은 판결들에서 '피해자다움'이라는 고정관념을 거부하는 목소리를 확인할 수 있기를 바란다.

대한민국은 미군 기지촌의 포주였는가

오현희

 대상 판결

서울중앙지방법원 2017.1.20. 선고 2014가합544994
　관여 법관 : 전지원(재판장), 어준혁, 김초하

서울고등법원 2018.2.8. 선고 2017나2017700
　관여 법관 : 이범균(재판장), 진현민, 김승주

오현희 여성인권위원회의 가족법팀에 소속되어 활동하고 있으며 이주여성법
률지원단에서도 활동하고 있습니다.

대한민국은 미군 기지촌의 포주였는가

Ⅰ. 시작하며

2012년 발족된 '기지촌여성인권연대'는 일본군 '위안부' 문제와 미군 기지촌 '위안부' 문제의 연결점을 찾아 전시 여성에 대한 폭력 문제를 논의하였다. 전쟁과 국제 역학 관계 속에서 본질적으로 동일하게 피해자가 된 여성들이었으나 일본군 '위안부'만이 정당한 '피해자'라는 인식을 전환한 결과였다. 그 당시 일본군 '위안부' 생존자였던 고(故) 길원옥 할머니는 미군 기지촌에서 성매매 종사자로 일했던 피해 여성들에게 아래와 같은 연대의 메시지를 보냈다.

> 저는 소외받고 (살아)온 길원옥입니다. 일본군 "위안부"로 있다가 해방되어서 한국에 왔는데, 고향 간대니 평양으로 가는 줄 알았더니, 온 게 인천입니다. …(중략)… 부끄러워서 누가 알까 봐 무섭고 숨어살다시피 했는데, 정대협을 알아서, 거기에 나와 가지고 가만히 젊은이

들 하는 걸 보니까 내가 부끄러운 게 아니라 일본 정부가 부끄러운 건데 내가 여태까지 착각하고 나만 부끄러운 건줄 알았구나. …(중략)… 그런데 여러분들, 정말 세상에 내놓기가 부끄럽지요. 그런데 여러분들이 부끄러운 게 아니라 정부에서 시켰으면 정부가 부끄러운 거지, 내가 부끄러운 게 아니지요. 그러니까 떳떳하게 나서서 할말 있으면 하고 정부한테도 요구할 게 있으면 요구하세요. …(중략)… 세상에 밝히고 나같이 다시는 고생하지 말고 우리 후세대는 편안한 삶 살라고 이렇게 다니는 겁니다. 그러니까 여러분, 이제 같이 손잡고 일합시다.[1]

이와 같은 연대와 격려에 힘입어 미군기지촌에서 성매매에 종사했던 여성들이 2014년 6월 25일 대한민국을 상대로 손해배상청구소송을 제기하였다. 1인당 1,000만 원의 배상을 청구하는 소송을 제기하면서 원고들은 성명서를 통해 "한국에는 일본군 위안부만이 있는 게 아니다. 대한민국 정부가 미군 '위안부' 제도를 만들고 철저히 관리했다"고 밝혔다. 또한 "모든 성매매를 불법으로 정해놓고 '특정지역' 설치라는 꼼수를 써 위안부가 미군에 성매매를 하도록 했으며 '애국교육'이라는 이름으로 정신교육까지 시켰다"고 주장했다. 또 "전쟁 이후 가난해서 또는 인신매매되어 기지촌에 온 우리는 각종 폭력에 의해 강제로 미군을 상대했다"며 "수렁 같은 기지촌을 빠져나가려 경찰 등에 도움을 요청했지만 오히려 그들 손에 끌려 돌아왔다. 국가의 누구도 우리를 보호하지 않았으며 오히려 외화벌이로 이용했다"고 주장했다.[2]

용기 있는 미군 기지촌 여성들과 이들과 함께 한 대리인단[3]의 헌신으

1 http://baram.news/221372390798
2 「기지촌 여성' 국가 상대 집단 손배소송」, 『경향신문』, 2014.6.25.
3 1심 또는 2심에 관여한 대리인은 다음과 같다. 김진, 김수정, 김유정, 김종귀, 남

로 서울중앙지방법원 제22민사부는 2017년 1월 20일 한국 내 미군기지촌 '위안부' 피해 여성 57명의 정신적 피해에 대해 국가배상 책임을 인정하는 의미 있는 판결을 내렸다. 2018년 2월 8일 항소심은 원심판결에서 더 나아가 원고들 117명에게 700만 원 또는 300만 원의 위자료를 지급할 것을 명하였다.

이 판결에서 법원은 국가가 성매매에 관여했다는 사실과 '강제'적 성매매와 '자발'적 성매매의 구분이 중요하지 않음을 인정했다. 강제적으로 끌려간 일본군 위안부 할머니들의 경우와 불법성의 정도는 동일시될 수는 없는 자발적인 기지촌 유입이라고 하더라도, 국가가 성매매를 적극적으로 조장하고 정당화하는 상황에서 겪은 인권 침해의 불법성을 부정할 수 없다고 본 것이다.

II. 대상판결의 분석

1. 사건의 당사자 및 개요

이 사건의 당사자인 원고들은 1957년경부터 대한민국 내 각 지역에 소재한 미군 주둔지 주변의 미군을 상대로 한 상업지구(이하 기지촌이라 한다)에서 미군을 상대로 성매매를 하였던 여성들인 미군 기지촌 위안부이다. 미군 기지촌 위안부였던 122명의 원고들은 기지촌 여성 인권연대, 새움

성욱, 하주희, 오현정, 김미경, 김영주, 조숙현, 위은진, 김진형, 김자연, 원민경, 박진석, 김종우, 신윤경, 차혜령, 안시현, 박삼성, 천지선, 조아라, 김세은, 안식.

터, 국가배상소송공동변호인단과 함께 지난 2014년 6월 25일 국가를 상대로 손해배상청구소송을 제기하였다. 국가가 미군 기지촌을 형성·관리하며 사실상 성매매를 방조·권유·조장하기까지 한 불법행위를 하였으니, 원고 1인당 1,000만 원씩을 배상하라는 소송이었다. 이 소송에서 원고들이 주장한 내용을 요약하면 다음과 같다.

① 윤락행위 방지법에 성매매와 관련한 모든 행위, 즉 권유, 유인, 강요, 조장, 장소제공을 금지하고 있음에도 불구하고 성매매가 가능한 '특정지역'을 지정하고, 미군을 상대로 한 성매매가 이루어지고 있다는 사실을 알면서도 피고 대한민국은 산하에 '기지촌정화위원회'를 만들어 미군기지 주변의 성매매를 권유·조장하였다(기지촌 조성 및 관리·운영 주장).

② 피고 대한민국은 기지촌 여성들을 모두 등록하게 하고, 특별한 법적인 근거가 없이 모든 기지촌 여성에게 성병 검진을 강제하고, 역시 특별한 법적 근거 없이 성병 감염자로 의심되거나 성병에 감염된 자를 성병 관리소에 감금하여 약물을 투여하기도 하였다(조직적·폭력적 성병 관리 주장).

③ 피고 대한민국은 기지촌 여성들을 상대로 정기적으로 '애국교육'을 실시하여 "달러를 벌어들이는 여러분은 진정한 애국자이며, 나중에 국가가 취업보장, 노후보장, 전용아파트제공 등의 방법으로 보상할 것"이라며 직접적으로 기지촌 성매매를 독려하기까지 하였다. 이러한 기지촌 여성들의 관리에는 국가 혹은 지방자치단체의 관리하에 한미친선협의회나 자매회 같은 민간조직이 동원되기도 하였다(성매매 정당화·조장 주장).

④ 끝으로 피고 대한민국은 기지촌 내에서 불법적인 성매매 뿐만 아니라, 포주에 의한 감금 및 화대 착취, 미군에 의한 성병 단속 등 불법행위가 벌어지고 있다는 사실을 알면서도 이에 대한 아무런 조치를 취하지 않았다(단속면제 및 불법행위 방치 주장).

피고 대한민국의 이와 같은 행위가 위법함은 피고 대한민국 스스로 1962년 조약 933호로 발효한 인신매매 금지 및 타인의 매춘행위에 의한 착취 금지에 관한 협약을 통해서도 확인할 수 있다. 위 협약은 체약 당사국에게 "성매매 목적의 일체의 행위를 처벌하여야 할 의무"를 부과하고 있을 뿐만 아니라, "성매매 행위에 종사하거나 또는 종사한다는 요의를 받는 자들이 특별등록, 특별문서의 소유 또는 감독과 통고에 관한 특별한 요건에 따르도록 하는 취지를 규정한 모든 현존 법규 또는 행정규정을 폐지하기 위하여 필요한 모든 조치를 취할 의무"도 부과하고 있다. 따라서 피고 대한민국의 기지촌 형성·관리 성매매 권유 조장은 위법함이 분명하고 이로 인하여 원고들에게 정신적 고통을 주었으므로 손해를 배상할 의무가 있다.

2. 재판의 진행 경과

1심[4]은 2017년 1월 20일, 원고들 중 57명에 대해서만 그 신체적·정신적인 피해에 대한 국가의 배상 책임을 인정하여 500만 원씩의 지급을 선고하였다. 1심은 원고들이 주장한 기지촌의 조성 및 관리·운영, 단속 면

---

4   서울중앙지방법원 2017.1.20. 선고 2014가합544994 판결.

제 및 불법행위의 방치, 성매매 정당화와 조장에 관한 국가의 직접적인 책임은 인정하지 않았다. 다만 조직적이고 폭력적인 성병 관리, 그중에서도 전염병예방법 시행규칙 시행 이전에 이루어진 성병감염인('낙검자')에 대한 격리수용에 대해서만 일부 책임을 인정하였다. 반면 항소심[5]은 원고들 중 74명에 대해 국가가 약 700만 원씩 배상해야 한다고 판결(74명의 원고에 대하여 700만 원, 43명의 원고에 대하여 300만 원을 인정)했다. 항소심에서는 1심보다 배상 범위와 배상액이 증가한 것이다. 항소심은 1심과 달리 국가가 불법적인 기지촌 조성과 운영·관리, 조직적이고 폭력적인 성병 관리, 성매매의 정당화와 조장 행위를 하였음을 인정하고 전염병예방법 시행규칙의 시행 이후에 이루어진 격리 수용에 대해서 국가도 책임이 있음을 인정했기 때문이다. 이 사건의 1심 소송이 2014년 6월 25일 제기된 이후 6년째에 접어들었지만 대법원은 아직까지 이에 대한 판단을 미루고 있다.

3. 기지촌 조성 및 관리·운영 주장에 관한 판단

1) 인정된 사실관계

1심과 항소심은 모두 다음과 같은 사실관계를 인정하였다. ① 피고 대한민국(이하 피고라 한다) 산하 보건사회부, 내무부, 법무부 장관이 1957년 7월경 '유엔군 출입지정 접객업소 문제 및 특수 직업여성(이하 위안부라 한

---

5 서울고등법원 2018.2.8. 선고 2017나2017700 판결. 항소심에는 1심에 참여하였던 원고들 중 117명의 미군기지촌 위안부가 참여하였다.

다)들의 일정 지역으로의 집결 문제'에 합의하였고, 피고 산하 보건사회부는 1957년 2월 28일부터 구 전염병예방법 및 전염병예방법 시행령을 제정·시행함으로써 위안부를 의무적인 건강검진 대상으로 하였다. ② 1960년대 들어 피고는 성매매를 전면적으로 금지하는 구윤락행위방지법을 제정·시행하고 인신매매금지협약에 가입하는 한편, 1962년 6월 보건사회부, 법무부, 내무부 3부의 공동지침으로 국내 총 104개소에 성매매영업이 가능한 '특정지역'을 지정하고 위 특정지역 내 성병감염자 및 성매매여성 등의 현황을 파악하였다. 또한 피고는 1962년 1월 20일 구 식품위생법을 제정하여 같은 해 4월 21일 시행하였는데 이 법 및 이 법 시행규칙은 유흥영업종사자를 '영업적으로 객과 동석하여 주류를 작배하거나 객의 흥을 돋구는 것을 업으로 하고자 하는 부녀자'라고 정의하고, 이들에게 유흥영업종사자등록증과 보건증을 발부받도록 하였다. ③ 또한 피고는 1961년 8월경 구 '관광사업진흥법'을 제정하고 1963년 개정하였고, 이에 따라 기지촌 소재 미군 상대 유흥시설인 '클럽'들은 '특수관광시설업체'로 지정되어 면세 주류를 합법적으로 공급받았다. ④ 피고는 1971년 12월 22일 '기지촌정화위원회'를 발족하였고 1972년 2월 '기지촌 종합대책'을 발표하였다. 이러한 기지촌 정화의 내용으로는 크게 '기지촌 내 흑인병사들에 대한 인종차별을 줄이는 것'과 '성매매 여성을 지역 경찰과 보건소에 등록시키고 성병 검사와 치료를 하는 것' 외에 기지촌의 전반적인 환경정화로서 도로 확장이나 업소의 위생설비 개선 등도 포함되어 있었다. ⑤ 피고 산하 내무부는 1984년 기지촌 주변 종합개발계획을 수립하였고, 1986년 12월경 기지촌 환경 개선사업이 전국단위로 확대되어 1987년부터 1991년까지 5개년의 기지촌 정비계획이 수립되었다. 경기도에서 1988년 1월 8일 평택군 등에 보낸 '89 도서·기지촌 사업

계획 및 예산확보 지침시달' 공문에는 기지촌 정비 추진방침 중의 하나로
'외국인과 윤락여성 출입지역의 집단화를 유도, 일반주택가와 분리, 환경
오염을 방지 : 외국인 위락시설이 주택가에 혼재, 지역주민의 정착의욕을
저해'라고 기재되어 있다.

2) 쟁점에 관한 판단

1심은 위와 같은 사실관계로부터 피고가 1961년 구 윤락행위방지법
제정 이후 성매매를 원칙적으로 금지하였음에도 특정 지역에서는 이를
허용한 뒤 환경개선정책 등을 통하여 특수지역으로 분류·관리한 점은
알 수 있으나 이와 같이 피고가 특정 지역을 설치하고, 기지촌에 관하여
환경개선정책 등을 시행한 행위가 원고들에 대한 불법행위라고 인정할
수는 없다고 판단하였다.

또한 피고가 국가로서 국민을 보호할 의무를 위반하였는지에 관하여,
특정지역 지정지침, 기지촌 정화 운동, 기지촌 주변 종합개발계획 등은
모두 지역사회의 환경 개선과 성매매 관련자들에 대한 성병 검진·치료
등 공익적 목적을 달성하기 위한 것으로 보이고, 개인의 성매매업 종사
를 강요하거나 촉진·고양하는 것을 목적으로 한다고 보기는 어렵다고
판단하였다. 또한 피고가 정책적으로 특정 지역을 설치하여 성매매 단
속을 하지 아니하였다고 하여도 스스로 특정 지역 내에서 위법한 성매
매 행위를 한 원고들이, 자신의 의지로는 기지촌 내 성매매를 시작하지
아니하거나 그만두지 못할 정도의 사회·경제적 상황 혹은 신체·정신
적 상태에 있었고 피고도 이러한 상황을 인식하고 있었거나 조금만 주의
를 기울였더라면 인식할 수 있었으며, 원고들 스스로 신체·정신적 손실

을 방지하기 위하여 법에 따른 요청을 하였음에도 피고가 그에 상응하는 조치를 하지 않고 오히려 법을 위반하여 성매매 영업을 하도록 하였다는 등과 같은 특별한 사정이 입증되지 않는 한, 피고가 국민을 보호할 의무를 위반하여 불법행위가 성립한다고 판단할 수 없다고 하였다.

항소심은 원고들이 기지촌에 유입된 경위에 따라 원고들을 ① 경제적 어려움으로 스스로 기지촌에 들어가 성매매에 종사하게 된 유형(제1유형)과, ② 무허가직업소개소 등을 통해 기지촌에 유입된 후 성매매에 종사하게 된 유형(제2유형)으로 대별하고 ① 유형의 경우 원고들과 성매매업에 관련된 이해관계를 직접적으로 맺고 이들을 관리 · 통제한 것은 피고가 아니라 기지촌 내의 사인(私人)인 영업주 내지 포주들이므로 원고들이 기지촌 내에서 영업주들과 이해관계를 맺고 성매매에 종사하였다는 사정만으로는 피고에게 국가의 보호 의무가 발생했다고 보기 힘들다고 판단했다. 또한 유형과 관계없이 원고들이 기지촌 내 성매매 과정에서 직접적인 생명 · 신체의 안전과 같은 피해를 국가(피고)에게 호소하고 구제를 요청했다면 국가의 보호 의무 위반 여지가 있을 수 있으나 이와 같은 사실을 인정할 수 없어 국가의 보호 의무 위반을 인정할 수 없다고 보았다.

4. 단속면제 및 불법행위 방치 주장에 관한 판단

원고들은 1심과 항소심에서 피고 소속 공무원들이 성매매알선업자들과 유착관계에 있었고, 원고들을 포함한 기지촌 위안부들이 미군에 의한 살인, 폭행, 감금 등의 범죄 피해를 당하고 이를 신고하더라도 경찰이 수사를 진행하지 않았으며, 성매매알선업자들에 의한 범죄 피해를 묵과하는 것에 그치지 않고 위안부들이 성매매알선업자로부터 도망쳐 나와 적극적으로 구조를 요청할 때마다 이를 외면하고 이들을 다시 성매매알선 업자에게 넘기는 등의 불법행위를 하였다고 주장했다.

그러나 아쉽게도 원심과 항소심은 모두 원고들이 미군으로부터 폭행을 당했으나 경찰공무원이 제대로 수사를 진행하지 않았다거나 인신매매를 당하여 성매매알선업자에게 팔려온 원고가 구조를 요청하였으나 경찰공무원이 아무런 도움을 주지 않았다는 원고들 작성의 진술서만으로는 원고들의 주장을 인정할 수 없다고 판단하였다.

5. 조직적·폭력적 성병 관리 주장에 관한 판단

1) 인정된 사실관계

원심과 항소심은 모두 ① 성병에 감염된 것으로 결과가 나온 위안부들뿐만 아니라, 미군으로부터 컨택, 즉 성병을 옮긴 성매매 상대방으로 지목당한 위안부들, 그리고 토벌 당시 보건증(또는 속칭 '패스')을 소지하고 있지 않았거나 이를 소지하였더라도 정기 성병 검진을 받았다는 도장이 찍혀 있지 않은 위안부들까지도 곧바로 낙검자 수용소 등으로 끌려가 강제로 격리 수용된 사실, ② 수용된 위안부들은 완치 판정을 받을 때까지 수용소 밖으로 나갈 수 없었고 수용소를 탈출하려다가 부상을 입는 위안부들이 있었다는 사실, ③ 낙검자 수용소에 수용된 위안부들에게는 치료제로 쓰인 페니실린 주사로 쇼크를 일으키거나 사망하는 위안부가 있었고 이에 의사들이 투약을 꺼리자, 보건사회부가 1978년 2월경 페니실린 투약으로 인한 쇼크 사고를 수사하는 검찰에 '필요한 응급조치를 하면 면책될 수 있도록 하고, 수사를 신중하게 해달라'라는 협조 공문을 발송하여 이에 응하는 취지의 회신을 받은 사실 등을 인정하였다.

2) 쟁점에 관한 판단

위와 같이 원고들 중 일부에 대해 성병 관리 등 격리수용 행위가 이루어진 사실을 인정하는 데 대한 판단은 1심과 항소심이 같은 태도를 보이는 듯했으나 그 행위의 불법성에 대해서는 판단을 달리하였다. 1심은 구 전염병예방법 시행규칙이 제정·시행된 1977년 8월 19일까지는 성병환자를 격리수용할 법적인 근거가 없으므로 1977년 8월 19일 이전에 일부 원고들을 강제격리 수용하여 치료한 행위는 헌법상의 신체의 자유 규정에 위반되는 불법행위로서 이로 인한 원고들의 신체적·정신적인 손해가 충분히 인정되므로 피고가 국가배상법 제2조 제1항 본문 전단에 따라 원고들의 손해를 배상할 의무가 있다고 판단하였다. 그러나 구 전염병예방법 시행규칙이 제정·시행된 이후인 1977년 8월 19일 이후에 이루어진 성병 관리 등 격리수용 행위는 법령에 근거를 둔 것이어서 위법한 행위가 아니라고 판단하였다.

반면 항소심은 구 전염병예방법 시행규칙이 제정·시행된 이후의 성병 관리 등 격리수용 행위에 대해 원심과 다른 판단을 하였다. 구 전염병예방법 시행규칙 및 개정 전염병예방법에 따라 격리 수용되어 치료를 받아야 할 대상자는 제3종 전염병 '환자', 즉 성병 등에 감염된 것으로 의사 등 의료전문가가 '진단'한 사람에 한정된다고 보았다. 따라서 1977년 8월 19일 구 전염병예방법 시행규칙의 제정·시행 이후에 이루어진 격리수용 치료행위라 하더라도 의사 등 의료전문가의 진단 없이 성병 의심자에 불과한 위안부들을 곧바로 낙검자 수용소 등에 격리 수용한 경우, 즉 ①

'토벌'이라 이름 붙여진 합동 단속 당시 보건증(패스)을 소지하지 않았거나, 이를 소지하였다 하더라도 정기 성병 검진 도장이 찍혀 있지 않다는 이유만으로 대상자를 곧바로 격리 수용한 행위, ② 외국군이 성병을 옮긴 성매매 상대방으로 지목하였다는 이유만으로 의료 진단 없이 대상자를 격리 수용한 '컨택'에 해당하는 행위의 경우, 여전히 법령상 근거 없이 행해진 강제 수용 내지 사실상의 구금행위로서 위법하다고 판단하였다.

6. 성매매 정당화 · 조장 주장에 관한 판단

성매매 조장 · 정당화에 관한 부분은 사실인정에서부터 1심과 항소심이 다르다. 1심은 피고가 기지촌 위안부들을 '지역재건부녀회'에 가입시켜 등록하도록 하고 이들을 대상으로 교육을 시행한 사실을 인정하면서도 지역재건부녀회 등록제의 실시와 기타 의무적인 교육 등이 피고가 성매매를 조장하기 위해 이루어진 것으로 보지 않았다.

그러나 항소심은 피고가 기지촌 위안부들을 위안부 등록제나 지역재건부녀회, 자매회 등의 자치조직 구성 등을 통하여 체계화 · 조직화한 뒤, '애국교육'이라는 이름으로 정기교육을 시행한 데에 주목하면서 담당 공무원들이 원고들에게 '외화를 벌어들이는 애국자'라고 치켜세우면서 성병 검진의 중요성을 강조하고, '가랑이를 벌리지 말라'라든가 '다리를 꼬고 무릎을 세워 이렇게 앉아라'라는 등 통상 성매매업소 운영자나 포주가 성매매 여성들에게 지시할 만한 내용들을 직접 교육하였다는 점을 지적하였다. 또한 고위 공무원들까지 이러한 교육 자리에 나서서 원고들에게 전용아파트 건립 등의 각종 혜택을 약속하기도 하였으나 추후 실제로 이러한 혜택이 주어진 사실은 없다는 점도 지적하였다. 이와 같은 사실

인정에 따라 항소심은 원심과 달리 피고가 '애국 교육'의 실시 등을 통해 기지촌 내의 성매매 행위를 능동적·적극적으로 조장·정당화하였다고 판단했다.

Ⅲ. 나가며

1심 판결은 한국 내 미군 기지촌 위안부 피해 여성에 대한 국가의 배상 책임을 인정한 최초의 판결로서 의미가 크다. 1심은 미군 기지촌 위안부에 대한 국가의 강제적 성병 관리와 격리수용이 불법행위였음을 인정하였다. 재판부는 "국가가 조직적이고 폭력적으로 미군기지촌 위안부 여성들의 성병을 관리했고, 성병에 감염됐다는 진단을 받거나 미군에게 지목된 위안부들을 '낙검자 수용소'에 강제로 격리수용해 치료한 정부의 조치가 위법했다"고 명시했다. 또한 재판부는 국가권력기관에 의한 국민의 불법 수용과 가혹행위 등 중대한 인권침해사항은 공소시효 적용이 배제되어야 한다고 명시했다. 피고 대한민국은 그동안의 소송과정에서 손해배상채권은 시효가 5년이므로 원고들의 권리는 이미 소멸되었다고 주장했지만 재판부는 다음과 같이 판시하며 이를 받아들이지 않았다.

"이 사건의 경우 국민이 국가 소속 기관의 불법 수용 등 가혹 행위에 따른 손해배상청구권을 가짐에도 앞서 본 바와 같이 그 권리 행사 기회를 국가에 의하여 사실상 차단당한 채 장기간 시일이 경과하였다는 것인바, 이러한 사실 상태 아래에서 국가가 계속하여 손해배상청구권이 행사되지 않을 것이라고 믿는 것은 보호할 가치가 있는 믿음이라고 할 수 없다. …(중략)… 원고들은 일부 허용되는 특정 지역에서 종사한 것이기는 하나 당시 윤락행위등방지법을 통하여 사회 전반적으로 금지되었고 금기시되었던 성매매업에 종사한 사람들이고, 격리 수용 경험을 드러내어 그 불법성을 주장하는 것은 필연적으로 원고들의 위와 같은 성매매업 종사 경험을 밝히는 것을 전제로 하게 된다. 또한 위와 같이 강제격리수용치료를 받은 때로부터 상당한 기간이 경과한 후에도 상당 기간 동안 지속되었던 권위주의 통치시대와 그 당시 미군 위안부 등에 대해 폐쇄적이었던 국민 정서, 남성 중심적이고 가부장적으로 형성되었던 사회문화 등을 고려하여보면, 원고들이 이 사건 소를 제기하기 전까지 손해배상청구권을 행사하지 못한 것을 들어 그 권리를 방치하였다고 평가할 수도 없다."

그러나 앞서도 살펴본 바와 같이 1심 판결은 기지촌의 조성 및 관리·운영 등 성매매 정당화·조장에 관한 직접적인 책임을 인정하지 않았다는 점에서 명확한 한계가 있는 판결이었다. 항소심 재판부는 이러한 1심 판결의 한계를 넘어서는 판결을 하였다. 기지촌의 운영 및 관리에 관한 국가의 관여를 인정하였고 이로 인한 인권침해에 대한 국가의 배상 책임을 인정하였다.

위와 같은 일련의 판결들에도 불구하고 아직 미군 기지촌 위안부 문제와 관련해서는 밝혀야 할 진실이 많이 남아 있다. 당시 특정지역으로 설정된 기지촌이 32개라는 점을 감안하면 원고들은 일부 지역에 국한된 사람들이어서 그 전체적인 피해나 실태가 충분하고 구체적으로 파악되었다고 보기 어렵기 때문이다. 이와 관련하여 19대 국회에서는 김광진 전 의원이 대표발의자가 되어 '주한미군기지촌 성매매 진상규명 및 지원에 관한 특별법안'을 제안한 바가 있다.[6] 그러나 입법은 이루어지지 않은 채

6   2014년 7월 7일 '주한미군기지촌 성매매피해 진상규명 및 지원에 관한 특별법

위 법률안은 임기만료로 폐기되었고, 관련 입법은 20대 국회의 숙제로 남은 상태이다.

"우리는 태어난 내 나라에서 버려졌습니다. 우리는 직업소개소에 속아 기지촌에 빚을 지고 가게 됐습니다. 10대였지만 아무도 도와주는 어른은 없었습니다. 너무 무섭고 싫어 도망을 가도 다시 잡아와 때리고 더 큰 빚을 지고 팔려갔습니다. 나오려고 해도 나올 수 없게 만든 국가로부터 사과 받고 싶습니다." 2019년 4월 15일 유승희 더불어민주당 의원과 경기도가 공동으로 주최한 '기지촌 미군 위안부 진상규명 및 피해자 지원을 위한 입법 토론회'에서 1970년대 초 의정부 기지촌에서 위안부로 피해를 입은 박영자[7] 씨는 위와 같이 진술하며 눈물을 흘렸다. 대법원의 판결이 아직 남아 있다고는 하나 이미 1심과 항소심을 통해 명확히 확인된 사실들이 있다. 그 사실 또는 진실이 국회가 입법권을 행사하기에 충분한 이상 국회는 더 이상 국가의 불법행위로 피해를 입은 피해자를 보호하고 위로할 입법 의무를 방기해서는 안 될 것이다.

안이 김광진 의원의 대표발의 · 의안번호 11089호로 발의되었으나 임기만료로 폐기되었다.

7 박영자 씨는 기지촌 위안부 피해의 공개증언을 하여 소송을 승소로 이끄는 데 큰 기여를 한 원고이다.